U0590033

DAXUESHENG CHUANGXIN SIWEI XUNLIAN YU SHIJIAN

职业本科教育新形态一体化教材

学生创新思维

练与实践

主编 吴　敏
　　　陈巧巧
　　　刘德胜

副主编

兰明博
汪　涛

张　进　李婷婷
　　　　张少兵
张斌斌

中国教育出版传媒集团
高等教育出版社·北京

内容提要

本书是职业本科教育新形态一体化教材。

本书深入贯彻落实党的二十大精神，坚持立德树人根本任务，服务科教兴国、人才强国、创新驱动发展等国家战略，积极探索新时代拔尖创新人才培养新模式。本书以"三全育人"理念为指引，以培养高水平、高层次的创新型技术技能人才为目标，以培养大学生创新意识、创新思维、创新实践能力为导向，基于对创新教育相关知识、能力和素养要点的梳理，构建以创新的基本认知、创新的程序和步骤、常见的创新思维类型、常用的创新方法、实用的科技创新理论工具，以及创新成果保护与运用为主要内容的知识体系，力求有效培养学生的批判性思维和探究精神，提升学生的创新能力与综合素质。

本书既可作为职教本科院校开设创意创新类课程的核心教材，也可作为社会学习者和企业员工开展创新实践的参考资料和培训用书。

图书在版编目（CIP）数据

大学生创新思维训练与实践 / 吴敏，陈巧巧，刘德胜主编 . -- 北京 ：高等教育出版社，2023.9（2024.4 重印）
ISBN 978-7-04-061204-2

Ⅰ . ①大… Ⅱ . ①吴… ②陈… ③刘… Ⅲ . ①大学生
—创造性思维 Ⅳ . ①B804.4

中国国家版本馆 CIP 数据核字（2023）第174014 号

Daxuesheng Chuangxin Siwei Xunlian yu Shijian

策划编辑	陈 磊	责任编辑	陈 磊	封面设计	赵 阳	版式设计	马 云
责任绘图	易斯翔	责任校对	张 然	责任印制	高 峰		

出版发行	高等教育出版社	网 址	http://www.hep.edu.cn
社 址	北京市西城区德外大街 4 号		http://www.hep.com.cn
邮政编码	100120	网上订购	http://www.hepmall.com.cn
印 刷	北京汇林印务有限公司		http://www.hepmall.com
开 本	850mm×1168mm 1/16		http://www.hepmall.cn
印 张	13.75		
字 数	310千字	版 次	2023 年 9 月第 1 版
购书热线	010-58581118	印 次	2024 年 4 月第 2 次印刷
咨询电话	400-810-0598	定 价	38.00元

本书如有缺页、倒页、脱页等质量问题，请到所购图书销售部门联系调换
版权所有 侵权必究
物料号 61204-00

前言

发展是第一要务，人才是第一资源，创新是第一动力。

习近平总书记指出："创新是一个民族进步的灵魂，是一个国家兴旺发达的不竭源泉，也是中华民族最鲜明的民族禀赋，正所谓'苟日新，日日新，又日新'。"在世界百年变局和世界经济复苏面临严峻挑战的形势下，抓创新就是抓发展，谋创新就是谋未来。

党的二十大报告将"实现高水平科技自立自强，进入创新型国家前列"纳入2035年我国发展的总体目标。我国实施创新驱动发展战略，是应对发展环境变化、把握发展自主权、提高综合国力和核心竞争力的必然选择，是加快转变经济发展方式、破解经济发展深层次矛盾和问题的必然要求和战略举措。

"创新之道，唯在得人"，人才是创新的根基，创新驱动实质上就是人才驱动，换言之，谁拥有一流的创新人才，谁就拥有了创新发展的优势和主动权。高校作为培养人才的重要基地，肩负着培养高素质创新人才并将其输向社会的重任。国务院办公厅下发《关于深化高等学校创新创业教育改革的实施意见》（国办发〔2015〕36号）、《关于进一步支持大学生创新创业的指导意见》（国办发〔2021〕35号）等文件，为高等学校开展大学生创新创业教育指明了方向并提出了具体的要求。

《国家职业教育改革实施方案》中提出："推动具备条件的普通本科高校向应用型转变，鼓励有条件的普通高校开办应用技术类型专业或课程。开展本科层次职业教育试点。"职业本科教育是面向行业产业的高端领域，培养具备新技术应用与应用技术研发能力人才的本科层次职业教育，是我国高等教育的重要组成部分，其培养的人才必须具备创新思维能力和创新实践能力，才能在新一轮的科技革命及"中国制造2025"战略规划中发挥国家赋予创新人才的使命，才能在人工智能、大数据、云计算、区块链技术、生物技术等新兴科技发展中为国争先。

为全面贯彻落实党的二十大精神，深化"三全育人"改革，编者针对职业本科院校创新教育的知识、能力和素养要点进行系统梳理后，构建了科学实用的教材体系，力求打造一本具有中国职业教育特色的本科层次职业教育教材。

本书以培养大学生创新意识、创新思维方法应用与实践能力为导向，构建了以创意、创造、创新和创业的基本认知，创新的程序和步骤，常见的创新思维类型与创新方法，实用的创新理论工具，以及创新实践为主要内容的知识体系，同时引入企业产品开发实例，培养学生的批判性思维和探究精神，提升其创新能力与综合素质，最终实现高层次技术技能人才的培养目标。

创新思维课程属于大学生创新创业教育体系的通识教育部分，对于后续开设的创业基础与实践等课程具有"基石"作用。

本书具有以下主要特色。

思政领航　培根铸魂

本书编写坚持落实立德树人根本任务，注重发挥教材思政育人功能的最大化，在讲授理论与实践知识的同时，将习近平新时代中国特色社会主义思想全面融入课程教材，在潜移默化中引领学生进行正确价值的塑造。本书在案例选取及栏目编排设计上有机融入并系统展开社会主义核心价值观、中华优秀传统文化、爱国主义精神等思政元素，旨在以理想信念教育为精神坐标，引领学生坚定"四个信念"，明确时代担当，充分把个人理想追求融入党和国家事业之中，从而用实际行动为我国迈入创新型国家前列贡献应有之力。

多元共建　优势集成

本书由中国科学技术大学、安徽信息工程学院、安徽财经职业技术学院、安徽建筑大学、万博科技职业技术学院、内蒙古工业大学、皖南医学院、马鞍山职业技术学院的一线教师和企业专家共同编写。书中的案例由高校与企业共同完成遴选与撰写，案例与知识技能点紧密结合，多为学生身边能看到、听到、观察到的真实产品与项目案例，通过发掘产品及项目背后的故事，培养学生产品思维，深化学生职场认知，提升学生职业素养与共情能力，助力学生从新时代优秀企业家精神中汲取前行的智慧和奋进的力量。

学做一体　适宜实用

本书立足职业本科教育属性及特征，在体系构建时充分考虑适宜性和实用性。创意和创新需要载体，因此本书在唤醒学生创新意识、培养学生创新思维、提升学生创新能力的同时，通过深入介绍创新成果的保护与运用等相关知识，积极推动创新要素集成和科技成果转化，助力营造良好的创新生态环境。

本书采用体验式教学法，根据学生的认知特点和规律，通过创设情境和营造实践机会，展现教学内容，使学生在亲历的过程中理解并构建知识体系、发展能力、产生情感、生成感悟。本书以二维码方式一体化配套了教学视频、试题库等数字化资源，随扫随学、方便快捷，大大增强了可视性和易用性，可有效帮助学生更好地理解和掌握有关知识技能点。

书赛融合　赛教融通

为推动"以赛促学、以赛促教、赛课融合"教学模式改革，本书引入有关创新创业大赛的内容及案例，力求提高学生的学习积极性和主动性，促进学生全方位提升职业素养，进而取得教学竞赛、教学改革和人才培养相辅相成、相得益彰的实效。

本书由吴敏、陈巧巧、刘德胜任主编，兰明博、张进、汪涛、李婷婷、张少兵、张斌斌任副主编。具体编写分工如下：李婷婷编写第一讲；兰明博、汪涛编写第二讲；陈巧巧编写第三讲；陈巧巧、刘德胜编写第四讲；张斌斌编写第五讲；汪婷婷、赵靓、任丽娜、李婷婷编写第六讲。全书由陈巧巧设计编写方案；李婷婷、陈松林、任晨晨、张进、张少兵负责全书总纂定稿；周静负责全书思想政治部分的编写，刘德胜负责审核；李婷婷、王睿负责"课前热身""课中互动"及"自我评测"的编写，洪杰负责审核；陈巧巧、汪婷婷负责全书线上学习资源的录制，陈巧巧负责审核。

本书在编写过程中引用了中国科学技术大学关于大学生创造力研究的成果，参考并借鉴了国内外部分书刊资料的有益见解，在编写和出版过程中还得到了高等教育出版社陈磊编辑的大力帮助和悉心指导，在此一并表示衷心感谢。

本书虽然经过编者反复研讨审读，但由于时间和水平有限，书中难免存在疏漏与不妥之处，敬请有关专家和读者批评指正并提出宝贵意见。

编　者

2023 年 6 月

目 录

万象更新　乘风破浪——创新认知

>> 我们要坚持教育优先发展、科技自立自强、人才引领驱动，加快建设教育强国、科技强国、人才强国，坚持为党育人、为国育才，全面提高人才自主培养质量，着力造就拔尖创新人才，聚天下英才而用之。

——党的二十大报告

学习地图

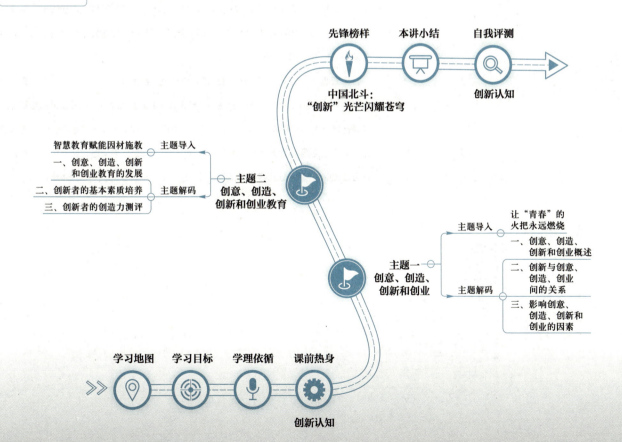

学习目标

● 知识目标

在理解创新发展理念的基础上掌握创意、创造、创新和创业的概念及特点，构建创新的基本逻辑框架。

● 能力目标

熟练运用常见的创造力测评工具。

● 素养目标

树立创新发展理念，弘扬自信自强、守正创新、踔厉奋发、勇毅前行的精神品质，做具有创新精神的新时代大学生。

学理依循

创新是人类特有的认知能力和实践能力，是人类主观能动性的高级表现，是推动民族进步和社会发展的不竭动力。实施创新驱动发展战略，要激发全社会的潜力、活力和创造力，打造发展新引擎。

创新驱动，离不开创新型人才驱动。科技进步靠人才，人才培养靠教育。高校作为创新人才培养的前沿阵地，要深刻认识创新人才培养对我国实现高质量发展的重要意义，准确把握新时代创新人才培养的战略机遇，勇担新征程上创新人才培养主力军的历史使命。大学生需要系统学习关于创新的知识和技能，做好创新实践，努力投身祖国建设和社会发展的进程中，让青春在全面建设社会主义现代化国家的火热实践中绽放绚丽之花。

课前热身：
创新认知

【主题导入】

让"青春"的火把永远燃烧

1998年，怀揣"中文语音技术应由中国人做到最好"的远大理想，21岁的大四学生胡国平选择跟随师兄刘庆峰加入实现理想的征程。2020年，由他掌舵的认知智能国家重点实验室，成为在社会主义现代化建设中事迹突出、社会影响广泛、典型示范作用强的先进集体，获得中国青年的至高荣誉——"中国青年五四奖章集体"。

"燃烧最亮的火把，要么率先燎原，要么最先熄灭。"这句话激励着如胡国平一般的青年在科技创新的道路上探索前行。实现理想过程中，青年们经常"每天看着星星升起又落下，基本都是三四点钟睡觉"，把出租房当作"星星工作室"。时光荏苒，青年们一直前行在创新之路上，致力于技术的不断进步。基于该团队多年来不断的技术突破与超越，2017年科技部正式批准依托该团队建设我国首个认知智能国家重点实验室。

作为实验室的领头人，胡国平总结出"顶天立地"四字经验。坚持核心技术的"顶天"，持续进行认知智能的源头技术创新，应用"立地"。2017年，认知智能国家重点实验室的"智医助理"项目取得突破。"智医助理"在2017年国家执业医师考试中获得了456分的优异成绩（满分600分，及格线360分），超过了96.3%的人类考生，成为首个通过医考的机器人。新冠疫情期间，"智医助理"在前线助力抗疫。在全国范围内，"智医助理"电话机器人提供了超五千万次自动电话随访服务，为疫情防控作出贡献。特别是在武汉，"智医助理"通过前期大量的认知智能研究积累，做重点人群随访和患者跟踪，护航康复患者隔离观察，在降低医护人员感染风险的同时，有效减轻医护人员工作负担。另外，在疫情期间，"智医助理"诊疗助手还通过病历分析，筛查潜在高危患者，辅助基层医生诊断和防控，为卫健委提供决策参考。

怀揣理想初心，传承技术革新。青春因磨砺而出彩，人生因奋斗而升华。追梦路上，一批又一批胸怀理想的青年们从未改变。他们锐意创新，在被称为"人工智能皇冠上明珠"的认知智能领域勇攀世界之巅，立志用人工智能建设更加美好的世界。

◎ **分析与启发**

通过学习青年立志做最好的中文语音技术的创新实践，作为新时代的青年，应始终坚持学习，始终坚持实践；要学会创新，转变自身思维，将思维的发展与新时代特色相结合；要走在创新创造的前列，做锐意进取、开拓创新的时代先锋；要拥有敏锐的双眼，时刻从生活中发现创新的闪光，在实践中不断完善自我，成为时代引领者。

【主题解码】

创意及在创意基础上产生的创新行动和创新产物是人类社会发展进步的核心动力。纵观人类历史，每一次进步都是一次重大的改变。从马车到蒸汽机车，再到内燃机车，速度的创新让世界越来越小；从有线电话到传呼机，再到智能手机，通信方式的创新不断拉近人与人的距离……这些对时代发展和社会生活产生巨大影响的改变，可能最初只是一种看似异想天开的"想法"，而最终通过创新的途径成为现实。因此可以说，社会的进步源自创新，而创新的起点往往就是一种对现实和传统进行改变的"想法"。

一、创意、创造、创新和创业概述

（一）创意

1. 创意的概念

创意是指有创造性的想法、构思等。我们可以理解为，创意是通过创新思维意识，进一步挖掘和激活资源组合方式，进而提升资源价值的方法，它源于人类在长期的劳动实践中展现的创造力、技能、才华、直觉和灵感，是人类综合运用逻辑思维、形象思维、逆向思维、发散思维、系统思维、模糊思维和直觉、灵感等多种方式，在实践中对现实存在的事物所衍生出的一种新的抽象思维和行为潜能。

简单来说，创意是人们基于事物现状及对事物现状进行革新的需求，经过一系列独立、开放的思维过程，所产生的尚未实现的新颖、独特、有价值的想法或设想，是指导后续可能发生的创造产物和创新价值的意识源头。

2. 创意的特点

创意主要包括以下几个特点。

（1）思维过程的独立性和开放性。创意的产生，依赖于思维人的思维模式和方法，但又保持相对的思维独立，不被现有理论和认知领域束缚，不受事物现状和逻辑的影响，其产生的思维过程是相对独立和开放的。

（2）新颖性和独特性。创意应该是一种新颖独特的想法，大部分的创意应该是在创意出现之前未曾被提出或者构想出来的，也不简单是对于原有想法的部分延伸和扩展。

（3）价值导向性。创意的产生初衷是追求某事物现状的改变，实现事物在整体或者局部要素（如性能、结构、成本、效率、方法等）方面的价值迭代更新或者新价值的创造。

（4）实现的不确定性。创意只是一种新的构想，既基于事物现状和人的认知层次，又不一定受事物发展规律、技术、市场、资金等外部资源条件的制约，因此创意可能产生的实际创新行为及其结果产出是不确定的。

（5）关联性。关联性是指创意的产生是基于某种事物的现状或者属性的，即使创意本身无限灵活，不受思维和知识层次的约束，但始终与事物原状存在关联，而不是凭空捏造的奇思异想。

创意与创新的概念

创 意 绳 结

准备一根绳子，请用双手抓住绳子的两端，在不松开的情况下，给绳子打一个死结，怎样才能做到？

◎ 成功密钥

双手交叉放在胸前，抓住绳子的两端，轻轻一拉绳子便是一个死结。一般情况下，在听到该问题时，大多数人都会限制自己的想法，局限于先用双手抓住绳子，往往很难在抓绳子之前进行创新。思路是创新之魂，思路正确，创新才有好方向，解决问题的思路不断激发创新活力。在解决问题的过程中，我们通过不断地深入思考、分析研究、反复论证，对问题进行再深化、再认识，努力形成科学完备的解决问题的思路，用解决问题的思路来倒逼创新，不断迸发智慧的火花，激发创新的活力。

（二）创造

1. 创造的概念

创造是"首创前所未有的事物"之意。学术界对"创造"的概念众说纷纭。从创造的不同侧重点出发，有的学者注重创造的过程，有的学者注重创造的结果，有的学者着重创造的主体。此外，有学者指出创造的核心是新，是人们通过自己的思维与实践活动，产生新思想、创立新理论、设立新方法、开发新产品、提交新产品的过程。

无产阶级精神领袖马克思认为，只有人才是世界上唯一能够从事自主的、独立的、全面的创造性活动的存在物，只有人的活动才称得上真正的创造。综上，我们可以把创造理解为伴随着新事物的产生和旧事物的灭亡，具备自由自觉的主体人在思维与实践活动中产生新思想、创立新理论、设立新方法、创造新事物的过程，创造注重"结果"和"产出"。

2. 创造的特点

创造主要包括以下几个特点。

（1）新颖性。创造的新颖性具有两层含义：一是仅对于创造者自己来说是新颖的；二是对其他人，甚至对全人类来说都是新颖的。仅仅是重复了自己过去的或明知道别人所做而重复别人所为的活动，不能称为创造活动。

（2）实践性。创造的实践性一方面指满足实际需求而产生新的事物，另一方面指创造过程是一个实践性过程。创造活动普遍存在于人们的各种活动之中，并不是某些地区、某段时间或某些人所独具的活动。

（三）创新

1. 创新的概念

经济学家约瑟夫·熊彼特（Joseph Schumpeter）在1912年发表的《经济发展理论》一书中首次提出"创新"的概念，他认为创新是生产要素的重新组合，包括五种形式：一是引进一种新产品；二是采用新的生产方式；三是开辟新市场；四是开辟和利用新的原材料；五是采用新的组织形式。

简单来说，创新是指人们为了发展需要（或者为了解决当前已经存在或者今后可能出现的某一问题），运用已知的知识和资源条件，对事物的整体或局部进行优化调整（包括从外部引进新的要素加入事物之中）或重组变革等，从而发现或产生某种新颖的、价值和效用更加优化的思想和物质产出的过程。

2. 创新的特点

创新主要包括有以下几个特点。

（1）问题解决导向性。创新更多的是解决当前存在的问题，但也可能是为了解决今后可能出现的问题，但无论是对当前问题的解决还是对今后可能出现问题的事先创新研究，都以解决问题为出发点，即没有无缘无故的创新，创新不是天马行空的空想。

（2）价值效用优化性。我们判断一个经过所谓创新之后的新事物是否符合创新的要求，关键是看某一创新维度在创新前后其价值和效用是否得到优化改进。例如，为了解决键盘输入的速度问题而开发了语音输入技术，输入效率提高了数十倍，在"输入效率"这个创新维度上，价值和效用得到了显著性改进，这就是一种创新。当然，判断是否是好的创新，不仅要看事物局部的创新前后价值和效用对比，还要看整体的价值和效用对比，这些价值和效用包括效率、质量、成本、用户体验等多个方面，好的创新应该使事物在创新前后各要素综合价值和效用得到改进。

（3）新颖独特性。这个方面的特性与创意的特性一致。创新既强调思维过程的新颖和独特，又讲究创新结果的新颖和独特。例如，液晶电视机屏幕尺寸从传统的20~30英寸（1英寸=2.54厘米）发展到如今的50~60英寸，是一种创新，但是在这个基础上，如果还是单纯地增加屏幕尺寸，就不再是创新，因为"增加液晶屏幕的尺寸"的创新方法已经被使用，不算新颖。然而，同样为了解决屏幕尺寸给用户带来的视觉感知问题，如果采用家庭影院类的投影仪，或者个人使用的虚拟现实（virtual reality，VR）眼镜等方式，就属于另一种创新。

（4）现实依赖性。创新的现实依赖性是指创新的过程需要依赖人们现有的认知程度（知识和理论水平等）、主观意愿（创新的意愿、潜在动力等）、资源条件（技术、资金、设备、市场等），只有各方面的条件满足，才能产出创新的成果。在条件资源不能满足的情况下，创新只能停留在"设想"层面，不能形成创新行动和创新产出。

（5）非唯一性（灵活性）。创新的非唯一性是指解决某一问题的思维模式和创新方法不是唯一的，这体现了创新的灵活性。例如，为了改变人们看电视的视觉效果，不断通过技术创新把屏幕变大是一种创新方法，直接把液晶屏幕换成投影仪也是一种方法，甚至可以直接取消可见的屏幕，从人的视觉本身出发，运用VR技术获得影院级的屏幕效果，也是一种方法。

（6）持续迭代性。创新是一个不断调整和优化的过程，对一个事物的创新永远没有终点。正如手机通信设备的更新迭代，从传统的"大哥大"，到"翻盖—滑盖—平板机"，

创新的
特点

再到现在的智能触屏手机，甚至发展到了类似儿童智能手表的"手表式手机"，创新在不断迭代优化。手机已经发展到可以戴在手腕上、可以满足各种智能应用的程度，这是手机的终点了吗？同学们都可以发散地想想，未来的手机还有哪些可能性？

（四）创业

1. 创业的概念

《辞海》中对"创业"的解释是"开创建立基业、事业"。创业学家杰弗里·蒂蒙斯（Jeffry Timmons）认为，创业是一种基于思考、品行素质，杰出才干的行为方式，需要在方法上全盘考虑并拥有和谐的领导能力。

简单来说，创业是创业者及创业搭档对他们拥有的资源或通过努力能够拥有的资源进行优化整合，从而创造出更大的经济或社会价值的过程，是一种需要创业者及其创业搭档组织经营管理、运用服务、技术、器物作业的思考、推理和判断的行为。创业是一种价值创造的实践活动，是一种主体开拓创新和建功立业的体现。

2. 创业的特点

创业主要包括以下几个特点。

（1）社会性。创业是一种社会实践活动，创业的一切条件来源于社会。当代社会分工越来越精细，一个创业者不可能既是生产资料的生产者，又是生活资料的生产者，他必须依赖他人的活动。因此，创业不可能超越原有的社会生产力水平，而是在社会实际基础上逐步提高。

（2）功利性。创业的目的具有明确的功利性。创业活动都是直接或间接地为人类社会的物质与精神财富的积累作出贡献，同时兼顾个人应有的回报。如果创业结果没有使创业者在精神或物质上得到相应的回报，那么创业者的创业动机就会减弱，就不会有进一步创业的行为。但社会利益与个人利益的统一不是完全一致或同步的，因此，创业者不能因个人的眼前利益而患得患失，而应把眼前利益和长远利益结合起来。

（3）开拓创新性。创业就是创业者积极主动地寻求机遇，力争有所作为。创业是自主自觉的行为过程。创业者要根据自身的条件，排除各种不利因素，甚至放弃已有的优厚条件，主动地寻求个人能力和价值的发展空间。

（4）艰巨性和挑战性。俗话说"创业难，守业更难"，其实创业过程中没有纯粹意义上的守业。创业白手起家，举步维艰，不但受到环境和物质条件的限制，而且可能在精神和经验上准备不足。与艰巨性相生相伴的就是风险。创业是与风险共存的，创业者必须有一定的冒险精神，特别是在物质资料生产行业。

二、创新与创意、创造、创业间的关系

从经济学角度来看，创意、创造和创新贯穿于整个创业环节中——创业主体通过创建新企业、融合创意、创造价值、结合创新和各种经济要素，通过提供新产品或服务获得利润。

创意是灵光一现的"点子"，它是创造、创新和创业的前置过程和基础；创造是在创

意的基础上取得一定的"结果"；创新是从无到有或从有到优，在"结果"的基础上产生了效益；创业则是将创新或者创造商业化的过程。

（一）创新与创意的关系

一切创新始于创意。创意是一种思维活动，创意促生创新动机，创新动机促进主体实践，物化的产品或服务构成创新。创意是创新的一部分。从创新的广义概念来看，具有开拓性的思想、行为、成果等都被称为创新，换言之，一切创新都离不开最初创意的萌芽。验证创意和创新成型是两者在实践中获得认可的关键。创新是创意的理想结果。创意是人体大脑的思维活动，主体通过"创意—策划—执行—反馈"的循环往复过程，将创意物化，实现创意的终极目的。因此，可以说创新是创意的理想结果。

（二）创新与创造的关系

创新是一个创造性过程。谈及创造就不得不提及创造力，创造力贯穿于创造性活动的始终，是创新、创造活动中最积极、最活跃的因素之一。创造力既是推动创造活动的动力，又是开展创造活动的基础。没有创造力的参与，创新、创造活动缺乏生机和活力。创造成果是创造力作用的结果。没有创造力的作用，就不会有新事物的诞生。创造力通过创造活动和创造成果显示出来。在创造活动中，创造力会得到不断激发和加强，最终呈现的是创新成果。

创造力与创新、创造活动不可分割，创造力对创造性成果的生产具有重要作用。一个人的创造力越强，创造能级越高，创造性发挥得越好，则生产的创造性成果越多，生产速度越快，创造效率越高，创造价值越大，带来的影响也越深远。创造成果与创造力呈正相关。

（三）创新与创业的关系

创新是创业的基础。创业把创新成果转化为生产力，属于价值创造。企业的持续创新可以保护创业成果。新的模式出现会被模仿和赋值，持续创新是维护品牌领先地位的关键。创新是推动企业持续发展的动力。改革创新是企业活力的源泉，当主体获得创新意识和能力之后，会将其不断地应用到企业的创新发展之中。

综上，创意是创造和创新的起点，创造是创新的基础，创业是创新的价值体现。它们之间是紧密联系、相辅相成、无法割裂的关系。通俗地说，创意产生思路，创造产出作品，创新产生效益，创业体现价值。

三、影响创意、创造、创新和创业的因素

（一）影响创意的因素

1. 影响创意的主体因素

影响创意的主体因素主要包括领域知识异质性和创意技能异质性两个方面。领域知识异质性和创意技能异质性对复杂创意团队创意能力的形成和快速提升具有重要的影响。异

质性反映了创意人员在领域知识和创意技能方面的差异。复杂创意是一个集体创意的过程，创意人员之间的差异性导致团队内部的领域知识和创意技能存在多元化和异质性，这些异质性的元素能够激发创意人员的灵感，实现团队内部信息、观点、认知和价值观的相互碰撞，从而对复杂创意团队创意能力的形成具有重要的影响。

2. 影响创意的客体因素

创意任务是影响团队创意能力的主要客体，任务的复杂性和自主性是影响创意能力的主要因素。个体完成的任务复杂性越高，越容易激发其创意思维。当创意人员拥有了对创意任务的决策权时，便可以自由安排并协调时间，这有助于激发创意人员工作的积极性，可以激发其创意的产生。

3. 影响创意的环境因素

环境是影响团队创意过程的主要因素，包括创意支持和参与安全感。在人们进行创意交互时，如果可以获得技术、资金、政策、行为等方面的支持，那么他们就会充分发挥个体的主观能动性和积极性，从感知上认识到自己所承担的创意的重要性。与此同时，如果团队成员感受到轻松愉悦的氛围，则有利于团队成员对创意的保护，并尝试新的创意。如果团队成员之间经常交流与沟通，不定时分享并传播不同领域、不同范畴的知识和感悟，则有利于团队成员之间解决各种创意问题。

（二）影响创造的因素

1. 影响创造的思维风格因素

在同等条件下，具有一些特定思维风格的人更具创新倾向。独立性较强并乐于尝试新鲜事物、喜欢创造和提出规则的人更富有创造性，其思维方式也更灵活。思维风格本身不存在固定的优势与劣势，主要在于思维风格能否与情境、任务相匹配。思维风格既可以适应选择环境、也可以被环境所塑造。因此，学校环境对学生思维风格的形成具有重要影响。

2. 影响创造的知识因素

知识对创造力的影响，主要表现为两种倾向：第一种是"基础观"，认为知识是创造力的基础。"十年定律"[①]说明，若想在某一专业或领域有所创造，必须具备大量的知识储备。第二种是"张力观"[②]，认为知识与创造力呈倒 U 型关系，具备中等以上程度的知识是培养创造力的最佳条件。研究表明，过于丰富的知识和经验对创造力有消极作用，容易使人受限于惯性思维或表现出思维定式现象，进而阻碍创造性发挥。可见，一定数量的知识储备和良好的知识结构是创造力发展的必备条件。

3. 影响创造的制度文化因素

如果创造主体所处的环境是一个生态系统，那么制度、文化可以被看作一个大系统，

---

① "十年定律"是学者赫伯特·西蒙（Herbert Simon）和威廉·蔡斯（William Chase）在研究国际象棋大师的成长时总结出来的。他们推测，国际象棋大师能够在长时记忆系统中存储 5 万至 10 万个棋局组块，而获得这些专业知识大概需要 10 年，故首次提出专业技能习得的十年定律。

② "张力观"的核心在于，知识不是越多越好，太多的知识会限制个体的思维方式，从而阻碍其创造力的发挥，即知识与创造力之间应保持适度的张力。

它是创造力得以发展的前提条件，是中小系统有序运作的"指挥棒"。首先，领导者、管理者、教育者的价值理念将直接渗透到工作、学习中，影响主体创造力的发挥；其次，充满活力的、鼓励创造的开放民主管理机制有利于造就一批富有创造性的管理者，继而作用于创造主体创造力的发挥；最后，多元的评价手段和方法有利于培养主体的创造力。

（三）影响创新的因素

1. 影响创新的内在因素

影响创新的内在因素主要包括人的思维模式、思维能力、知识积累、创新意识意愿、创新行动力等主要因素。

影响创新的内在因素

思维模式是人们思考问题时意识的触发起点、思考方向和路径，以及思考结果形成的综合体，即人对事物认知的起点、思维路径和思维结果形成的过程。思维模式对于个人来说一般比较稳定，它决定了人们思考问题的出发点和方法、路径及得出判断的结果，对于创新是有显著性影响的。

思维能力其实就是思考问题的能力，是运用思考工具、思维策略的选择和组合能力。思维能力决定了人们接触事物时的观察、理解、信息存储、反应速度、联想、归纳、推理、逻辑构建、思维转向等完整的脑力活动过程，而创新本身需要这个思维过程，因此思维能力对于创新有着决定性影响。

创新的过程需要依赖人们现有的认知程度，但知识并不是创新的必需条件。一些学者把知识积累当作影响创新的先决条件，我们对此持保留意见。我们承认知识积累在创新过程中的必要性和重要性，但是从创新的动态过程来看，知识积累不是必需条件。

创新意识和意愿。人的行为大部分取决于内心，创新亦是如此。如果没有创新的意识和意愿，那么即使具有灵活的思维模式、较高的思维能力、丰富的知识积累，也很难转化为外在的创新行动。创新意识是指人们面对一件事物时是否会审视、质疑其合理性或者科学性，而创新意愿则是指当人们通过审视、质疑等发现了存在的问题时，是否愿意探寻更优的解决方案的意愿。

要将创意转化为创新的产出，必须将想法通过思维、行动、资源条件等进行实现，这个过程需要创新行动力。创新的核心价值在于产出效果更优的解决方案或者产出物，如果没有行动，只有奇思妙想，也不会有创新的成果。

2. 影响创新的外在因素

影响创新的外在因素主要包括技术条件、资金保障、市场需求、机制与文化等。

影响创新的外在因素

（1）技术条件。形成一个新颖独特的创意想法或者创新思路本身并不困难，因为思维过程是开放和灵活的。但是要形成具体的创新成果，就不得不依赖于现实技术。技术条件包括技术理论研究水平、技术手段、技术设备、技术工艺等。

（2）资金是创新的硬性保障。创新的过程可能涉及购买新材料、雇佣工程师、技术转让、场地租赁、餐饮、交通费等一系列开支，这需要资金作为保障。

（3）市场需求对于创新的影响。一方面其决定创新的成果能不能满足市场需求，另一方面其决定创新者基于对市场风险和回报的考虑也会影响创新者的意愿和行动力。创新不是任性的折腾，在市场化的今天，企业的创新行为更多是理性、综合的，是创新的成本与市场收益之间平衡的结果。

（4）机制与文化对于创新的影响。更多地体现在政策导向、政策保护、创新环境和氛围等方面。党的二十大报告指出，扩大国际科技交流合作，加强国际化科研环境建设，形成具有全球竞争力的开放创新生态。这体现了我国积极融入全球创新网络、深度参与全球科技治理的决心，也为构建更大范围、更宽领域、更深层次、更高水平的科技创新开放合作新格局指明了方向。

📎 知识链接　创新思维能力测试

测试内容

下面有 10 道题，如果符合你的情况，则回答"是"，如果不符合你的情况，则回答"否"，拿不准则回答"不确定"。

（1）你认为那些使用古怪和生僻词语的作家纯粹是为了炫辞。　（　　）

（2）无论什么问题，让你产生兴趣总比让别人产生兴趣困难得多。　（　　）

（3）你不看好那些经常做无把握之事的人。　（　　）

（4）你常常凭直觉来判断问题的正确与否。　（　　）

（5）你善于分析问题，但不擅长对分析结果进行综合与提炼。　（　　）

（6）你审美能力较强。　（　　）

（7）你的兴趣在于不断提出新的建议，而不在于说服别人接纳这些建议。　（　　）

（8）你喜欢那些一门心思埋头苦干的人。　（　　）

（9）你不喜欢提出那些显得无知的问题。　（　　）

（10）你做事总是有的放矢，从不盲目行事。　（　　）

评分标准

创新思维能力测试评分标准如表 1-1-1 所示。

表 1-1-1　创新思维能力测试评分标准

题号	得分		
	是	不确定	否
1	−1	0	2
2	0	1	4
3	0	1	2
4	4	0	−2
5	−1	0	2
6	3	0	−1
7	2	1	0
8	0	1	2
9	0	1	3
10	0	1	2

测试评价

（1）得分22分以上：说明被试者有较高的创造思维能力，适合从事环境较为自由、没有太多约束、对创新性有较高要求的职业，如美术编辑、装潢设计师、工程设计师、软件编程人员等。

（2）得分21～11分：说明被试者善于在创造与习惯做法之间找出平衡点，具有一定的创新意识，适合从事管理工作，也适合从事许多与人打交道的职业，如市场营销专员等。

（3）得分10分以下：说明被试者缺乏创新思维能力，属于循规蹈矩的人，做人总是有板有眼、一丝不苟，适合从事对纪律性要求较高的职业，如会计、质量监督员等。

（四）影响创业的因素

在我国，各高校都开设了创新与创业教育类课程，并为大学生创业实践努力提供专业的创业指导和良好的创业环境，因此，大学生的创业意识得到了显著提升，呈现出较好的发展态势。目前影响大学生创业（主观意愿）的因素主要有以下几点。

1. 专业因素

专业类型是影响大学生创业的主要因素之一，不同专业之间的培养模式存在较大的差异，这会影响学生的创业意愿。高校专业是按照不同领域和标准进行划分的，不同的专业，学习框架的构建是有所不同的，因此，不同专业学生产生的逻辑思维和认知也存在较大的差异，继而会促使大学生作出不同的职业生涯规划。有关调查研究表明，经济贸易类和信息技术类等专业的学生创业意识相对较强。

2. 自身因素

调查表明，当大学生学习创新创业相关知识比较活跃时，他们的创业意识较强。当大学生通过学习积累了一定的创业知识后，他们的创业主动性就会更强，更加愿意参加创业比赛，创业意愿更加强烈。可见，学生自身积极性和创业意愿存在正相关的关系。

3. 环境因素

大学生的创业意愿与学校的创业环境有着非常密切的关系。我们可以将高校的创业环境分为以下三个维度：创新创业教育课程、创业扶持和创业实践。无论哪个维度，都会对大学生的创业意愿和创业能力造成巨大影响。因此，学校创业环境与大学生创业意愿同样存在正相关的关系。

主题二　创意、创造、创新和创业教育

【主题导入】

智慧教育赋能因材施教

天堂寨小学位于安徽六安天堂寨，处于大别山的腹地，风景非常优美，但地理问题使得这里像是一座坚实的堡垒，将内外的资源都隔断开来，因此当地教育资源设施等较为落后。智慧教育的到来为天堂寨小学带来生机与希望。

科技赋能教育，创新引领未来。针对天堂寨小学的各种教育问题，智慧教育为其打造了因材施教的解决方案，运用智慧课堂系统进行课堂智慧教学。教师可以实时查看学生的作业完成情况，根据系统给出的分析建议，有所偏重地备课教学。通过一套系统、几台设备，使因材施教成为现实。

智慧教育还包括课后服务综合解决方案、智慧心育——中小学心理健康教育整体解决方案、AI智慧窗一体机、AI创新教育、AI学习机、AI翻译笔等技术产品和服务。智慧教育针对教育教学场景，提供了包括学校教学、教师发展、智慧考试、素质教育、自主学习等领域的教育全场景产品及服务体系。AI听说课堂2.0为教师提供了互动式教学的教材资源和对应的优质课件；为学生提供系统带读带练，实时反馈学情；针对备考，基于与中高考英语听说考试同源的口语评测技术和本地化资源，为师生提供了全真评测模拟。

此外，多维度学情报告也为精准教、个性学提供了有力支撑。

目前，智慧教育已经在全国35 000多所学校中得到应用，服务师生超过1亿人。相信未来这个数字将继续增长。

◎ 分析与启发

在这个案例中，我们需要明确，在数字化时代，人工智能等新技术与教育相结合，不仅实现了科技创新，还促进了综合国力的发展，而培养创新型人才是一个必备途径。智慧教育应以新的教育思想、教育观念指导信息技术在各教育部门和领域实现广泛应用，应根据创新人才培养的要求，合理利用信息技术，探索新的教育模式，促进教育现代化。智慧教育正在引领教育的创新与变革。

【主题解码】

创新是社会进步的灵魂，创业是推动经济社会发展、改善民生的重要途径。党的二十大报告指出"创新是第一动力"，并强调要"坚持创新在我国现代化建设全局中的核心地位"。青年大学生富有想象力和创造力，是创新创业的有生力量。高校作为人才培养的主

阵地，在培养人才创新精神、创业意识和创新创业能力等方面有着无可替代的重要作用。

一、创意、创造、创新和创业教育的发展

（一）国内外创意教育的发展

创意教育是创新教育和创业教育的出发点，是创新人才培养的启蒙教育，在创新型人才的培养中起着根本性的作用。

改革开放以来，我国教育改革和发展取得了巨大成绩，国民素质明显提高，为现代化建设培养了一大批人才。然而，我国的教育与社会经济的发展仍无法满足人们的需求，距离人们理想中的教育仍有一定的差距。因此，加强教育改革，提高学生综合素质与创新精神迫在眉睫。基于此，我国创意教育的发展可以从以下几个途径开展：首先，我们要不断更新创意教育理念，区分其与传统教育的区别，联合各类学科，实现多领域综合发展，不断更新教学理念与方法，并注重培养学生的文化素养。其次，我们要设置多元化课程，充分发挥不同学科不同领域的优势；不断提高师资团队水平，鼓励教师跨学科教学，整合多种教学方式，实现多元化发展，提升教学效果，加强国际交流与合作。

国外创意教育研究起步相对较早，尤其是英国的创意教育研究在世界处于领先地位。英国高等教育以"优秀"为培训目标，主要为社会培养行业精英和优秀的创业者，通过开展大量社会调查和产业调研，优化课程内容，丰富课程体系，为社会培养创新型人才，为高校设置创新型课程。英国创意教育的一个显著的特点是：在设置课程时，企业和行业用人单位通过调研，基于创意企业的现实需要，聘请单位人员在高校课程体系中查找可能存在的缺陷，促使高校及时开放和优化课程体系，严格按照相关行业标准，将专业知识带入课程体系中，并开展教育教学。在教学内容方面，英国创意教育时刻追求"优越"，基于现实需求，将理论与实践相结合，通常采取分组讨论、课外实践、动手操作、成果展示等多种形式，使教学内容具备独特的优越性。这些理念让英国在创意教育的研究中处于领先地位，并以此打造了英国创意教育的巅峰。

（二）国内外创造教育的发展

在我国，教育家陶行知是第一个明确提出创造思想的教育家，他不仅提出了创造性教育的系统理论和方法，还进行了大量的创造性教育实践。但直到20世纪70年代末、80年代初，中国学者才陆续开始研究创造教育的基本理论。1983年，全国第一届创造学学术讨论会在南宁举行，这标志着我国的创造学正式建立。自此，我国的创造教育研究在全国普遍开展并发展迅速。还有一批教育实验在全国范围内得到开展，专门以培养学生的创造力为目标，学者们展开了积极研究，并逐渐开始研究影响创造学的相关因素。起初，关于创造教育的课程在我国没有完整的教材，体系也不系统、科学，基本上都是在原有学科的基础上进行修改与调整。通过借鉴国外成功教学经验，再结合我国特色，总结出行之有效的创造教育方法，如请教教学法、尝试教学法等。通过摸索与探讨，我国创造教育在理论与实践方面取得了较大进展，并且开展了众多实验，通过提升学生的创造性思维能力，

培养学生的创造力，并且开设了创造教育主题课程。

相对而言，国外关于创造教育的研究起步较早，一般把创造力研究称为创造学，在理论研究和实践研究中都有涉及，且较为丰富。20 世纪初，美国学界把创造学的理论探究或创造教育的实际应用列为专门领域，20 世纪 30~40 年代创造力的研究达到高潮，以亚历克斯·奥斯本（Alex Osborn）为代表的研究者开发了一套创造力培育的特殊方法——智力激励法，也称为头脑风暴法。此后，奥斯本在美国各地培训并推广头脑风暴法的研究与应用，先后出版了《思考的方法》《所谓创造能力》等著作。1950 年，心理学家乔伊·保罗·吉尔福特（Joy Paul Guilford）发表了"创造力"演说，拉开了创造力研究的序幕，推动了创造力研究与心理学的进一步结合，并出版了《实用的想象》一书，较为系统地阐述了创造力的开发方法，在学术界产生了重大影响。美国创造力研究与发展主要表现为理论探讨与实践应用双重路径：理论上，特别注重创造力与教育学、心理学的结合，尤其是将创造力与教学有机结合在一起，进一步提升了教育对创造力培养的重大意义；实践上，创造力的应用特别广泛，从军队到企业均现出了关于创造力、创造性思维能力等的培训班，并在航空学、农学、建筑学、体育学、新闻学、化学、地理学等专业开展了创造力开发教学。

（三）国内外创新教育的发展

创新是人类社会发展与进步的永恒主题。当今世界正在从传统工业文明向现代信息文明迈进，知识经济初见端倪，而知识经济的核心在于创新。在知识经济条件下，世界各国综合国力的竞争越来越多地表现为创新型人才的水平和数量的竞争，创新已成为世界上许多国家教育改革的焦点和核心，是实施科教兴国战略和素质教育必须重视的问题。

其实早在 20 多年前，国内众多学者就开始从知识经济的角度对创新教育展开研究，1998 年中央经济工作会议之后，"知识经济"更是成为人们的关注重点。人们逐渐认识到，创新教育是实现知识经济的关键因素，创新是知识经济发展的强大动力，知识经济的竞争在一定程度上是知识创新与技术创新的竞争。国家发展的根本核心在于人才，教育界必须担当培养人才的重要使命，归根结底，知识经济的竞争也可以说是教育的竞争，大力发展创新教育势在必行。创新是民族进步的灵魂，是国家兴旺发达的不竭动力。党的十八大以来，我国不断完善科技创新人才培养体制机制，为创新人才营造良好的生态环境，将人才作为支撑发展的第一资源。在人性化、多元化、国际化的国际教育形势下，我国扎实推进教育创新、教育理念和方法创新，逐步形成各类人才辈出、拔尖创新人才不断涌现的局面。

国外在创新素质教育和创新能力培养方面的研究相对更早。西方国家进入工业化时期后，科技革命与创新推动了社会的发展。教育家对科技创新、知识创新与创新人才培养有了更为深刻的认识，纷纷开始研究它们之间的关系，并且对于人才创新与培养高度重视。随着工业化的发展，社会生产迫切需要知识创新型人才，在这种情况下，国外一些高校开始了对知识创新型人才教育的研究。19 世纪末，创造性教育在美国率先得到重视，并迅速扩展到其他国家。在高等教育的改革和实践中，世界各国都把创新能力和创新精神的培养放在了重要的位置。

（四）国内外创业教育的发展

创业教育在我国是一种新的教育形式，其本质是一种实践教育，目的是培养学生的创业意识、创业精神和创业实践能力，使其成为具有扎实的知识基础的创业型人才。1989年，在北京召开"面向21世纪教育国际研讨会"上，联合国教科文组织首次提出创业教育的概念，并提出创业教育为"第三本教育护照"①，创业教育的地位得到了提升。在我国，2007年国内学者首次提出创新与创业教育相结合的定义。关于创新与创业教育的内涵，我国学者主要从两个角度进行了研究：一方面是将两者相结合，创新创业教育是把创新教育与创业教育的内涵有机结合在一起，形成一种新的教育理念；另一方面则认为创新教育是创业教育的一种形式，而创业教育以创新教育为先决条件，使得创新教育更加实际具象。2010年教育部出台的文件正式使用"创新创业教育"的概念，并认为这是一种符合我国经济、社会、民族发展战略要求的教学理念和模式。创新创业教育符合新时代提升学生素质的新要求，面向所有学生，面向所有教育阶段，目的是让学生利用所学的知识、熟练掌握所学的技能，在受教育过程中获得创新意识的培养和创新能力的提高，以更强的综合实力面对社会生产过程中出现的挑战。

美国于20世纪50年代开始创业教育研究，在中学和大学开设了创业教育相关课程。1949年出版的《创业历史探索》，是世界上第一本创业主题类期刊，为美国的创业教育研究夯实了基础，也推动了美国学术界对人才创新创意意识的培养和研究。随着深入研究与发展，美国出现了彼得·德鲁克（Peter Drucker）、杰弗里·蒂蒙斯等优秀的创业教育家，并且出版了《论企业》《论创业经济学》等学术著作，为创业教育研究奠定了理论基础。哈佛商学院在大学生创业教育研究中开设了"新创企业管理"课程，这是创业教育领域的第一门专业课程，该课程的内容也得到了创业教育研究者的高度关注。实际上，高校创业教育主要侧重学生的创业意识培养，即使学生具备创建、拥有、经营和管理自己企业所需的创业技能、态度和价值观。对于那些有强烈创业意图的个人，创业教育可以帮助他们为建立和经营自己的企业做好准备。还有一种课程主要为已经开始运营的企业家提供管理培训，重点是确保企业的良好发展，因此也称为"创业培训计划"。

二、创新者的基本素质培养

创新者的基本素质培养是创新教育教学的重点和难点。概而言之，需要从以下几个方面入手。

创新者的
素质要求

（一）创新者要具有批判性思维

批判性思维主要指人们针对某个事物进行判断的思维能力，但从字面上我们很容易理解为对待事物持一种"批判""否认"的态度。具备批判性思维的人一般都善于探究，他们在面对某个事物时，往往会进行发问并追溯根源，如该事物的本质是什么、为什么要这

---

① 创业教育被联合国教科文组织称为"第三本学习护照"，被赋予了与学术教育、职业教育同等重要的地位。

样操作、是否还有其他应对措施等，通过质疑来判断事物是否符合人类需求。批判性思维在一定程度上可以帮助人们打开思维，突破常规，避免固化地思考问题和解决问题。

有关批判性思维的内容，我们将在本书第三讲主题二做重点介绍。

（二）创新者要乐于探究

乐于探究的主要特点是：当你接触一件事物或面对一个问题时，会考虑"这个事物在产生之前是什么状态？""是什么原因导致这个事物出现的？"等问题。乐于探究是一种可贵的品质，它不仅帮助人们通过追溯式的思考来发掘更多、更全面的知识，还能够使人们对事物的现状、来源把握得更加具体。

（三）创新者要善于观察和想象

观察和想象的能力都属于影响创新的"思维能力"的构成部分。很多的创新成果都来自对事物细节的观察及由观察基础上产生的各种想象。创新者需要具备观察和想象的能力，尤其是对于事物整体和细节的观察，同样一件事物，在不同的人眼中观察的完整性、细致性及观察的角度都会不同。

（四）创新者要乐于接触新鲜事物

具有创新精神的人，往往会积极接触新事物，喜欢新事物带来的改变。面对变化，我们要善于观察，并且要拥抱并适应变化。时代不断变化，万物不断发展，变化在一定程度上会促进创新的发展，接触新鲜事物也可以激发人们的灵感与创意。

（五）创新者要积极实践

创新无处不在，创新贵在动手实践。"非学无以广才，非志无以成学"，创新者需要勤于动手，将自己的设想在有限的资源和条件下逐步变成现实。我们身边不乏乐于动脑和动手的创新者，他们在自己的专业知识范围内，利用现有的条件进行了大胆的创新和创造，为自己的生活带来了更多的便捷。想一想，在你大学四年的学习和生活里，能不能"折腾"出一个便于你学习和生活的"新鲜玩意儿"？

（六）创新者要积极拓宽知识面

创新依赖于知识、技术等现实条件的、知识积累与创新有很大关系，但是并不能决定创新的过程。如果要作出更多的创新成果，就必须积极学习，拓宽视野，逐步扩大知识面，这样才能在面对不同的事物时，脑袋中有更多的"知识数据"可供调用、迁移、联想等。主动扩大知识面是创新者必备的素质之一，在大学的学习中，主动扩大知识面表现为积极主动地学习新知识和新技能。

三、创新者的创造力测评

（一）创造力测评的理论依据

创造力测量，即依据一定的创造力理论，使用测验对创造力进行定量描述的过程。长期以来，心理专家基于心理测量模型开发了大量创造力测评工具，并广泛应用于实践和研究中。创造力的维度结构及测量在创造力研究和实践中处于核心地位，由于创造力的复杂性和多维性，创造力的维度和测量研究一直比较困难，是创造力研究的热点，但也是争论的焦点之一，原因在于：一是有学者认为对创造力的测量是不可能的；二是有学者认为创造力可测，但是对测量方法持批评态度，认为不能反映创造力的某些维度。创造力的测评吸引了多个领域的学科专家进行研究，主要学科包括心理学、教育学、管理学等。

研究者一般认为，1883 年心理学家弗朗西斯·高尔顿（Francis Galton）发表的《对人类能力的探求》唤起了人们测量创造力的兴趣，到 1950 年心理学家吉尔福特在美国心理学会上的演讲后，创造力测量领域的研究开始进入高峰期，主要表现在以下两个方面：一方面，创造力测量成为创造力研究的方法学基础，它为进一步研究创造力提供了有力支持。一项研究报告表明，各种创造力量表和问卷是创造力研究中收集信息的第一选择，其应用远远多于访谈法或文献分析法。另一方面，各种创造力测量技术蓬勃发展，研究者围绕创造力主体、环境、思维等方面展开对创造力的测量，创造力测量得到飞速发展。19 世纪初，人们认为创造力与智力之间具有紧密关联，主要表现为个人特质，具备高智力的人才具有创造力。认知心理学家罗伯特·斯滕伯格（Robert Sternberg）将智力分为三类，即分析家、创造家和实干家，这与 1997 年其提出的成功智力理论相呼应，即分析性智力、创造性智力和实践性智力。随着经济社会的发展，人们的思维方式逐渐发生变化，认为创造力不仅是个人的某种特质，还是人人都具备的一种属性，并可以通过后天培养挖掘创造力。

关于创造力测量的研究最早从某个单一能力或特质的角度出发，后来人们逐渐认识到创造力的关键不是某个单一能力或特质（如创造性过程、创造性的人、创造性的产品，以及创造性的环境四个方向之一），而是多个维度的综合。

课中互动　　　　　　　　　　　不完全图形

请同学们根据图 1-2-1 展开自由想象与发挥，并将其绘制成一幅完整的画。

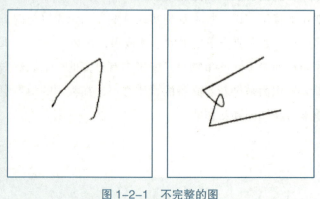

图 1-2-1　不完整的图

◎ **成功密钥**

创造性思维是指我们观察后提出想法或场景，并找到解决问题的新方法的能力。最重要的是，这种技能并不局限于如设计师、音乐家、作家等这样有创造力的人。很多人可以从这种思维方式中获益，还可以获得一系列的好处，此外还有各种各样的想法可以激发变化。通过开发创造性思维，我们可以在自己的想法中建立信心，并开始为团队和自己的工作作出贡献。

（二）创造力测评的常用工具

所谓创造力测评，就是测量和评估创造力。创造力的测量是创造力研究中不可或缺的环节，相关研究较多，但同时也存在较多争议。在 20 世纪 50 年代以前，人们普遍认为创造力与智商有极高的联系，只有高智商的人才拥有创造力，才能产生具备独特性的创造产品，因此在那个年代拥有创造力的人群是很容易被识别的，对于创造力的测量也没有被关注。在 20 世纪 50 年代以后，随着社会的不断发展，人们的想法也逐渐发生变化，不再认为创造力是天才的特有属性，而是人人都具备的，并且可以不断培养开发的，关于创造力的测量与分类也开始逐渐被人们关注。由于创造力本身的复杂性，对于创造力的概念，不同的学者有不同的侧重，因此有不同的评价标准。

1. 托兰斯创造力测验

1972 年，教育心理学家埃利斯·保罗·托兰斯（Ellis Paul Torrance）提出了托兰斯创造力测验（Torrance Test of Creative Thinking，TTCT），依据吉尔福特的"智者的结构"发散性测验（Structure of Intellect，SOI）编制而成，主要分为言语创造思维测验和图画创造思维测验。托兰斯创造力测验具有一定的客观性，1974 年托兰斯对量表进行了完善，使其适用于各年龄段，美国约有 95% 的研究运用托兰斯创造力测验进行创造力测验。相关学者的研究表明，托兰斯创造力测验与个体的社会方面创造力无显著关联，与个体的部分创造力行为具有一定关联。

托兰斯创造力测验是国内外目前使用最为广泛的创造力测验之一，通过流畅性、独特性和灵活性三个维度对被试者进行打分。

托兰斯创造力测验包括两个版本：TTCT-verbal 和 TTCT-figural，每个版本又有 A 和 B 两个平行测验组成。TTCT-verbal 由七种活动组成，包括：提问题、原因猜测、结果预测、产品改造、非常规用途、非常规问题和设想场景。评分分为三个维度，包括：流畅性、变通性和独特性。TTCT-figural 由三种活动组成，包括：构成图画（给定一个形状，要求被试者画出一幅图并且必须将给定形状作为图的一部分）、完成图画（使用 10 种不同的未完成图画构建并命名一个新的作品）和用线或圆形重新绘制图形（使用 30 个圆或线制作新的作品并为其添加标题）。每个活动 10 分钟，测验在 30 分钟内完成。TTCT-figural 的评分分为四个维度，即流畅性、变通性、独特性和精细性。

托兰斯创造力测验包括 12 个分测验（称为活动），以缓解被试者紧张心理，它适合幼儿直至成人被试者。主要有三套测验，每套皆有两个副本。

言语创造性思维测验：包括七项活动。前三项活动要求被试者根据呈现的图画，列举出他为了解该图而欲询问的问题、图中所描绘的行为可能的产生原因及该行为可能的后果；第四项活动要求被试者对给定玩具提出改进意见；第五项活动要求被试者说出普通物体的特殊用途；第六项活动要求被试者对同一物体提出不寻常的问题；第七项活动要求被试者推断一种不可能发生的事情一旦发生会出现什么后果。测验按流畅性、变通性及独创性计分。

图画创造性思维测验：包括三项活动。第一项活动要求被试者把一个边缘为曲线的颜色鲜明的纸片贴在一张空白纸上，贴的部分由他自己选择，然后以此为出发点，画一个非同寻常的能说明一段有趣的振奋人心的故事的图画；第二项活动要求被试者利用所给的少量不规则线条画物体的草图；第三项活动要求被试者利用成对的短平行（A本）或圆（B本）尽可能多地画出不同的图。此套测验皆根据基础图案来绘图，可得到流畅性、灵活性、独创性和精确性四个分数。

声音词语创造性思维测验：这是后发展起来的测验，两个分测验均用录音资料来实施。第一项活动为音响想象，要求被试者对熟悉及不熟悉的音响刺激作出想象；第二项活动为象声词想象，要求被试者根据 10 个如"嘎吱嘎吱"等模仿自然声响的象声词展开想象。两个活动皆言语性反应，对刺激作出自由想象，并写出联想的有关物体或活动。根据反应的罕见性、独特性计数。

托兰斯测验的评分者信度为 0.80~0.90，其复本及分半信度在 0.70~0.90，没有可靠的效度证据。

以上两个测验是常用的创造力测验，它们多用于研究工作。此外，创造力测验至今仍停留于探索阶段，它与成就测验的相关度很低，但它为了解创造力、训练创造力提供了方法和思路。

托兰斯创造性人格自陈量表

量表介绍

发散思维测验是托兰斯进行创造力研究的主要方法，但不是唯一的方法。仅就测验而言，除创造性思维测验外，托兰斯在 1965 年还编制了简便、易行、有效的创造性人格自陈量表《你属于哪一类人》，其中包括 66 个从 50 项有关研究中收集来的创造性人格特征。

题目形式是强迫性选择，即"二择一"式，其目的是让被试者提供其创造人格特征的报告，以了解他们的创造性水平。

量表内容

下面是托兰斯创造性人格自陈量表中的一些例题。在完成该测验时，被试者须根据与自己相符合的情况，在每项后面的括号里打"√"或"×"。

（1）办事情、观察事物或听人说话时能专心致志。　　　　　　（　　）

（2）说话、作文时经常用类比的方法。　　　　　　　　　　　（　　）

（3）能全神贯注地读书、书写和绘画。　　　　　　　　　　　（　　）

（4）完成教师布置的作业后，总有一种兴奋感。　　　　　　　（　　）

（5）敢于向权威挑战。　　　　　　　　　　　　　　　　　　（　　）

（6）寻找事物的各种原因。　　　　　　　　　　　　　　　　（　　）

（7）能仔细地观察事物。　　　　　　　　　　　　　　　　　（　　）

（8）能从别人的谈话中发现问题。　　　　　　　　　　　　　（　　）

（9）在进行创造性思维活动时，经常忘记时间。　　　　　　　（　　）

（10）能主动发现问题，并能找出与之有关的各种关系。　　　（　　）

（11）除日常生活外，平时大部分时间都在读书学习。　　　　（　　）

（12）对周围事物总持有好奇心。　　　　　　　　　　　　　（　　）

（13）对某一问题有新发现时，精神上总感到异常兴奋。　　　（　　）

（14）通常能预测事物结果，并能正确地验证这一结果。　　　（　　）

（15）即使遇到困难和挫折，也不气馁。　　　　　　　　　　（　　）

（16）经常思考事物的新答案和新结果。　　　　　　　　　　（　　）

（17）具有敏锐的观察力及提出问题的能力。　　　　　　　　（　　）

（18）在学习中，有自己选定的独特研究课题，并能采取自己独有的发现方法和研究方法。　　　　　　　　　　　　　　　　　　　　　　　（　　）

（19）遇到问题时，能从多方面探索可能性，而不是固定在一种思路或局限在某一方面。　　　　　　　　　　　　　　　　　　　　　　　　　（　　）

（20）总有新设想在脑子里涌现，即使在游玩时，也能产生新设想。（　　）

评分标准

符合上述标准的打"√"，给1分，最后算出总分。

测试评价

总分0~13为一般，14~17为好，18~20为很好。

实质上，吉尔福特和托兰斯都是从认知心理学方面进行检测的，目的在于认知创新能力的培养，通过被试者思维的发散来认识他们的创新能力，这种方法是存在一些缺陷的，以上两套试题被怀疑是否能全面检测学生的创新能力，因为人的创新能力不仅是思维创新能力，还包括聚合思维能力和辩证思维能力，以及动手创新能力，应该根据具体的情况选择最好的、可操作的方法，对人的创新能力进行全面的评价。

2. 主观评价法

主观评价法是研究者或专家根据一定的标准，对被试者的创造力进行评价的方法，测量的对象包括被试者的各方面，不能仅凭一个研究者或专家进行测评，需要多个人共同完成测评。研究表明，心理学家高尔顿于1870年在《遗传的天才》中就利用主观评价法对当时社会上的杰出人物进行了综合测评。主观评价法主要有三个步骤：首先需要组建专业的测评团队，对象包括研究者、专家、骨干教师等；其次由测评团队的成员从各方面对被试者的创造力进行评价；最后根据测评团队所有成员的评价结果，得出对于被试者创造力的结论。主观评价法虽然现实性较强，且成本相对较低、实施方便，但同时由于主观性较强，充分依赖测评团队的主观感受，缺乏一定的客观性。

3. 同感评估技术

同感评估技术（Consensual Assessment Technique，CAT）是1982年由心理学家特蕾莎·阿马比尔（Teresa Amabile）提出的一种在测量创造力方面应用较为普遍并具有代表性的主观评价法，适用于多种情境。阿马比尔认为，对同一产品，同领域的专家会有相似的见解，即内隐标准。因而同感评估技术主要是评价者根据产品的评价维度，通过内隐标准对此产品的新颖性和适宜性进行主观评价。评价者是同感评估技术实施的重要因素。但是，基于内隐理论[①]的同感评估技术要求评价者对相关领域比较熟悉。在评价时，要求评价者根据自己对创造力的内隐态度[②]，对产品或反应的创造性作出独立的评价。同感评估技术不仅适用于实验产品，还适用于非实验产品，目前主要用于评价语言创造力、艺术创造力等相关领域。主观评价法操作简便，贴近现实，仅需专家团队对被试者的创造力进行综合评价，但缺乏一定的客观性。

一般来说，同感评估技术对引发创造性产品或作品的任务有如下要求。

（1）能够引发产品或可清楚观察的反应，以供观察者对其评价。

（2）所有被试者的测试环境、实验材料和指导语是相同的。

（3）对应于创造力的概念定义，任务是启发式的，即具有足够的开放度，允许产品具有相当的灵活性和新颖性。

（4）在社会心理研究中，任务不能过于依赖某些特殊技能。

（5）引发的产品或反应可以由适宜的评价者对其进行信度较高的评价。

在对某个作品或某类作品进行评价时，首先要挑选熟悉相关领域的成员组织评价小组；其次要告诉评价者，应该对作品的哪些方面进行评价；最后由评价者对所有被试的产品或反应作出独立评价。所有评价者根据创造力的内隐理论对作品或反应作出评价，通常有三种做法：第一种是按照产品具有的创造性，由高到低对所有产品进行排序；第二种是将所有产品分为五类，即创造性很低、创造性一般、无法判断、创造性稍高和创造性很高；第三种是采用李克特量表（Likert Scale），并在其中三个产品上分别写上高、中和低。在这三种方法中，第三种方法的评价者一致性较高、使用较多。

采用同感评估技术进行评价时，应注意以下几点：一是评价者必须熟悉该领域，即有该领域的工作经验；二是所有评价者必须对作品进行独立评价；三是评价者必须先了解要评价的所有作品，再根据作品的相对水平对创造性高低作出评价；四是评价时，应该以随机顺序评价作品。

---

① 内隐理论，亦称内隐观、公众观。认为一般公众会在日常生活和工作背景下形成关于某些问题或事物的看法，且以某种形式存于个体头脑中的理论。为个体的日常理解和解释提供范式和框架，并影响着个体的社会生活与实践。

② 内隐态度是个体对事物所持的积极或消极的认知、情感或反应，由不自觉的以往经验或不能归因于以往某一确定经验所引起。

4. 威廉斯创造力倾向测量表

20世纪60年代,创造力教学研究专家雷蒙德·威廉斯(Raymond Williams)的研究表明,一般具备想象力、好奇心、挑战精神和冒险精神的人创造力较强。基于此,他创立了威廉斯创造力倾向量表(Williams Creativity Scale,WCS)。威廉斯创造力倾向量表通过测验个人的一些性格特点,包括冒险性、好奇性、想象力和挑战性,来测量个人的创造性倾向。它可以用来发现那些有创造性的个体。高创造力的个体在进行创造性工作时更容易获得成功,低创造力的个体则循规蹈矩,更适合从事常规性的工作。趋于冒险、好奇心强、想象力丰富、勇于挑战未知的人就是创造性倾向强的人,因此该测验亦可用于职业规划方面的研究。

创造性的个体被认为具有以下认知和情感特质:想象流畅灵活,不循规蹈矩,有社会性敏感,较少有心理防御,愿意承认错误,与父母关系密切等。

该测验共有50个题目,每题后有完全符合、部分符合和完全不符合三种作答选项。分为冒险性、好奇性、想象力、挑战性四个维度。测试后可得四种分数,加上总分,可得五项分数,分数越高,说明创造力水平越高,具有较好的信度与效度,广受研究者们青睐。

先锋榜样

中国北斗:"创新"光芒闪耀苍穹

习近平总书记在党的二十大报告中强调,"加快实施创新驱动发展战略,坚持面向世界科技前沿、面向经济主战场、面向国家重大需求、面向人民生命健康,加快实现高水平科技自立自强""加强基础研究,突出原创,鼓励自由探索"。

党的十八大以来,国之重器——北斗(全称为中国北斗卫星导航系统)进入发展"快车道"。2018年12月,完成19颗卫星基本星座部署;2020年7月,北斗三号全球卫星导航系统正式开通,标志着北斗系统进入全球化发展新阶段。实时更新的天气信息、无人机配送、自动探测存放量的垃圾桶……新时代的北斗正照亮中国人的智慧生活。2022年上半年,仅在手机地图导航中,北斗定位服务日均使用量就已突破1 000亿次。北斗产品、技术已经在全世界一半以上的国家得到应用。未来我们还要继续成体系地推动北斗应用。

摸索中起步

1970年11月,在"东方红一号"卫星成功发射后6个月,我国第一份研制导航卫星的论证报告完成,限于当时的条件,未能继续下去。在我国开始规划北斗蓝图时,欧美一些发达国家已经完成了全球卫星导航系统布局。中国必须寻找一条全新的技术路径,北斗人必须通过自主创新实现弯道超车。最终,北斗导航卫星系统采用了"先区域、后全球"的建设思路,集中精力为我国本土和周边服务,摸索更好的经验来推动事业的发展。

1994年,北斗一号系统工程立项,卫星研制队伍组建,全面展开研制工作。然而当时国外进行技术封锁,国内的部件厂家尚未成熟,北斗一号研制只能在摸索中起步。

掌握核心技术

北斗工程的研制,并不如它的名字那样浪漫、在起步阶段,有过很多坎坷经历。核心技术要靠自己。作为北斗卫星的"心脏"——铷原子钟，它的每一次跳动都直接决定着北斗卫星定位、测速和授时功能的精度。从打破国外技术封锁到不断设计研发更高精度、更强能力的国产原子钟，北斗团队付出了数十年的努力，走出了一条自主创新、自我超越的发展之路。

北斗二号有了自己的"中国心"，用上了自主研制的星载原子钟。如今，北斗团队自主研制成功的铷钟精度已从最初 30 万年误差 1 秒的 10 米定位精度，提升到 300 万年误差 1 秒的 1 米定位精度。北斗三号所有部件和核心器件达到 100% 国产化，核心技术完全自主可控。每一个新的难题都在考验着北斗人。因此，加快建设国家战略人才力量，努力培养造就更多大师、战略科学家、一流科技领军人才、创新团队、青年科技人才、卓越工程师、大国工匠、高技能人才成为关键。

创新不停歇

2008 年 5 月 12 日，汶川大地震的震波环绕了地球 6 圈。天崩地裂间，汶川、映秀等地的通信瞬间中断。数小时后，一支携带北斗终端的救援队伍沿着马尔康、黑水的 317 国道进入汶川，并通过北斗短报文技术将消息传递出来，北斗成为震区当时唯一的通信方式，大大提高了救援的效率。

2020 年年初，在武汉火神山、雷神山医院建设中，北斗卫星导航系统的高精度定位设备发挥关键作用，确保工地大部分放线测量一次完成，为两座医院迅速施工争取了宝贵时间。

在上海，它记录着所有公交车轨迹，提供实时到站预报；在伊犁，它精确引导拖拉机，每千米播种作业偏差不超过 2.5 厘米；在青海，它守护着藏羚羊迁徙路线，看着藏羚羊穿越长夜昏晓，穿越无人之地……

从夜观北斗到建用"北斗"，从仰望星空到经纬时空，中国北斗未来可期、大有可为。斗转星移，北斗前进的脚步没有停止，创新发展的精神也不会停歇。

本讲小结

没有创新的语言是乏味的，没有创造的事业是盲目的，没有创业的人生是平淡的。本讲对创意、创造、创新与创业的概念做了基本介绍，并且对它们之间的关系与各自的影响因素进行了详细介绍，此外还介绍了常用的创造力测评工具。作为新时代的大学生，需要具备良好的创新意识、创新思维、创新技能和创新品质，以激扬的锐气、坚定的意志、务实的态度，站在时代前列。

自我评测：
创新认知

拾级而上　步步为营——创新过程

>> 能正确地提出问题就是迈出了创新的第一步。

——李政道

学习地图

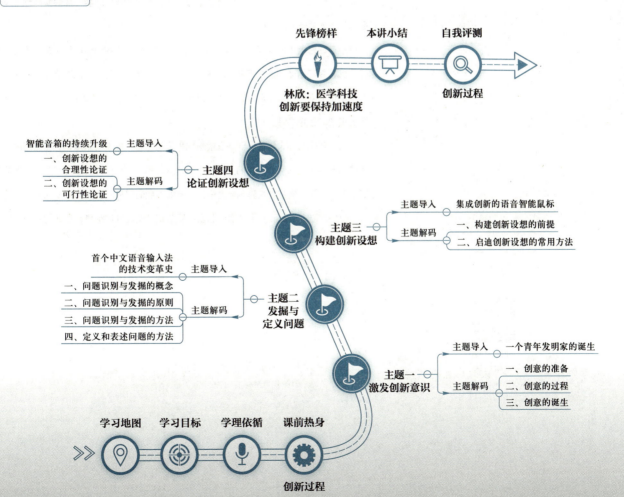

先锋榜样　本讲小结　自我评测

林欣：医学科技
创新要保持加速度　　　　　　创新过程

智能音箱的持续升级　主题导入
一、创新设想的
合理性论证　　　　　主题四
二、创新设想的　主题解码　论证创新设想
可行性论证

集成创新的语音智能鼠标
主题导入
主题三　主题解码　一、构建创新设想的前提
构建创新设想　　　　二、启迪创新设想的常用方法

首个中文语音输入法
的技术变革史　主题导入
一、问题识别与发掘的概念
二、问题识别与发掘的原则　主题解码
三、问题识别与发掘的方法　主题二
四、定义和表述问题的方法　发掘与
定义问题

一个青年发明家的诞生
主题导入
一、创意的准备
主题一　主题解码　二、创意的过程
激发创新意识　　　　三、创意的诞生

学习地图　学习目标　学理依循　课前热身

创新过程

学习目标

● 知识目标

理想创意的过程，掌握创新的步骤流程。

● 能力目标

具备构建及论证创新设想的能力。

● 素养目标

坚持问题意识，涵养创新意识，做新时代创新实干的表率。

学理依循

　　党的二十大报告指出，"创新才能把握时代、引领时代"，要"加快实施创新驱动发展战略，增强自主创新能力"。

　　创新意识是指人们根据社会和个体生活发展的需要，产生创造前所未有的事物或观念的动机，并在创造活动中表现出的意向、愿望和设想。它是人类意识活动中的一种积极的、富有成果性的表现形式，是人们进行创造活动的出发点和内在动力，是形成创造性思维和创造力的前提。

　　作为一名新时代大学生，要激发创新的兴趣与欲望，提高创新意识。在生活中，可能会遇到各种各样的问题，我们要善于发现这些问题，并从多方面思考问题，把问题看全面、考虑全面，慢慢地培养创新意识。但是如果我们只从一个角度来看问题，则思维很容易受到限制。因此，我们要善于激发问题意识，发现并识别身边存在的问题，了解创新需要的程序和步骤。

课前热身：
创新过程

主题一　激发创新意识

【主题导入】

一个青年发明家的诞生

20世纪70年代初，周林在上海求学。每年冬天，他和许多同学一样手脚长满了冻疮，痒痛难忍，四处求医用药，都治标不治本。冻疮的痛苦折磨着他，也引发他的思考："难道世上就没有更好的办法对付冻疮吗？"带着这个问题，周林四处打听信息并查阅资料，结果都令人失望。在这种情况下，周林"独上高楼"，产生了求解冻疮治疗难题的悬想[①]。

彻底治愈冻疮的新办法在哪呢？周林进入"苦索"境界。他利用各种机会收集民间偏方进行试验，分析各种治疗方法也无进展。在反复琢磨中，他逐渐感到再现前人的研究是没有出路的，只有走前人没有走过的路，才有新的希望。但是，这条新路又在何方？几年过去了，周林仍举目茫茫。毕业后，他在工作岗位上仍念念不忘治疗冻疮的课题，苦苦寻找新的治疗方案。在那些日子里，他走路想、吃饭想，连做梦都在思考。体重减轻了，面庞憔悴了，但顽强的周林对治疗冻疮的新方案仍"苦恋"不止。

终于有一天，周林步入"顿悟"境界，找到了攻克难关的新思路。那天，他在一台大型砂轮旁打磨铸件，沉重的铸件在砂轮的磨削下产生巨大的冲击振动。瞬间，一股强大的振荡冲击波从双手传遍全身，周林感到热血沸腾。此时，一个灿烂的创意火花在脑海突闪："谐振—发热—治冻疮"这一顿悟使周林中断了的思维变得通畅，他想到了用电谐振刺激人体血液循环的治疗冻疮方案。

从此以后，周林潜心从生物医学工程和现代频谱技术的结合方面进行研究，终于发明创造出一种治疗冻疮的仪器。这种仪器的核心部件是电热频谱管，它能产生特殊的谐振波，将长有冻疮的手脚放在管下，便开始治疗，实践证明效果明显。

时至今日，周林又提出了生物频谱"新中医"治疗理论，借助我国上千年的中医药精华，结合40年临床实践的生物频谱医学，形成现代中国的新中医体系。目前，我国仍在世界生物频谱研究与应用方面占据主导地位。

◎ 分析与启发

发明创造，各人有各人的经历，不可能都沿着同一条"思维运河"前进。但从大量的发明创造案例分析中，我们发现这样一个规律——发明创造只是一种过程，它不可能一步登堂入室。因此，将发明创造全过程划分出若干阶段，认识各阶段的特点和应采取的对策，对渴望加入"发明创造俱乐部"的人来说，无疑是一种入门技法。

---

① 悬想是指凭空想象，常用于形容对某种事物或人物的猜测或想象。

【主题解码】

创意是创意人从事创造性社会实践的过程，是一个与自然环境、社会环境不断交换信息的过程。如今，随着社会的飞速发展，科学技术水平日益进步，如何提高创意的效率，成为我们关注的重点。

一、创意的准备

创意的准备过程是一个外部信息输入的过程，即掌握问题和搜集材料。创意活动的前提是提出有价值的问题，创意思维围绕这些问题展开，并确立思维方向。创意不是"无米之炊"，不是"空中楼阁"，它蕴含着创意人长期的努力。灵感不是突然出现的，杰出的创意是创意人"积累"的爆发，这就是创意的准备，创意的准备过程主要确定创意的目标是什么。它是一个"发现问题—界定问题—设立目标"的过程。

（一）发现问题

发现问题

发现问题就是明确创意对象。它是创意的开端，是创意的首要任务。只有正确地发现问题，才能进行有针对性的创意思维活动，提高创意效率。正确发现问题，是创意的有效开始，明确创意对象，是整个创意活动的基础。如果不能正确地发现和认识问题，就会失去创意方向和目标，不可能有效地解决问题，创意就成了无的放矢。因此，发现问题是直接影响和决定创意能否成功的第一步，也是关键的一步。

在这一步骤中首先应弄清什么是问题，正确认识和发现问题对于创意有什么意义或作用，怎样才能正确地认识、发现、提出问题。这样才有可能正确地认识和发现问题，成功迈出创意的第一步。

所谓问题，是指社会实践活动的预期效果或理想效果、或应有效果与实际效果之间的差距，即有差距就有问题。问题是社会活动主体的期望、设想与现实的差距所形成的客观矛盾，问题就是矛盾，发现问题就是发现矛盾。正确地认识和发现问题，就是要正确地认识和发现矛盾。

1. 必须磨炼问题意识

要在实践中敏锐地发现问题，必须磨炼问题意识，有无问题意识是能否发现问题的思想基础和先导。如果缺乏问题意识或问题意识淡薄，就难以发现问题，即使面对很明确的问题，也可能因视而不见而与问题擦肩而过。所谓磨炼或确立问题意识，就是要创意人在思想中保持"有问题"的意念，在任何客观事物或社会活动中，问题都是普遍存在的，没有无问题的客观事物和社会活动，即使"再好的情况"，也可能存在某种问题，这就是问题意识，即"没有最好，只有更好"。有了这种问题意识，才能积极思考和探索问题，才能对问题反应敏锐，才能高效地发现和认识问题，如果放弃"有问题"的意识，则会造成问题意识淡薄，对存在的问题疏忽、麻痹、视而不见。强烈的问题意识，是创意人的基本素质。

2. 必须进行调查分析和收集整理资料

发现问题是一个对客观情况进行分析研究的过程，它是通过收集客观事物发出的各种信息，将其分析转化为特定认识的过程，也就是调查研究的过程，只有通过充分仔细的调查研究，才有可能正确地认识和发现问题。

客观情况调查是一个调查收集信息资料的过程，调查是分析的起点和依据，因此调查必须严谨、扎实、全面，注重调查资料的丰富性、详尽性、客观性和准确性，既不能有水分、虚假，也不能有遗漏，否则就难以保证分析的正确性。

课中互动 　　　　你发现问题所在了吗？

有这样一道证明题：求证 100 元 =1 元。同学们一看就知道要证明的结论显然是错误的，100 元怎么可能等于 1 元呢？以下是互联网给出的证明过程，同学们能看出其中推理的谬误所在吗？

已知，100 元 =10 000 分 =100 分 ×100 分。

又知，100 分 =1 元。

所以，100 元 =10 000 分 =100 分 ×100 分 =1 元 ×1 元 =1 元。

◎ **成功密钥**

发现问题之后，我们得到的结果可能是可以直接解决根本性问题，也可能是可以解决浮在表面的浅层问题，并未有效触及问题的本质。因此，采用有效的方法准确定义真正的问题（或者课题），是有效解决问题的先决条件。

（二）界定问题

界定问题是对上一阶段发现或提出的问题进行分析辨别，作出界定。界定问题要明确问题的性质和内容，即确定是什么样的问题、问题的实质和内容是什么等。也就是要明确创意对象"是什么"的问题，使创意具有针对性，达到有的放矢、对症下药。只有正确辨别和明确问题性质，才可能实现有针对性、高效性和高水平的创意。界定问题是对问题的明确过程和把握过程，应注意以下几点。

1. 正确分析判断问题和把握问题

分析判断问题包括揭示问题实质、搞清问题的内容、摸清问题来龙去脉及形成原因等。要弄清是什么样的问题或问题究竟是什么，问题的核心是什么，问题的要害是什么，问题的影响程度、重要程度如何等。只有对问题的这些方面明确界定，才能把握问题。例如，明确问题是否是事关全局的根本性问题；是重点问题，还是一般问题；是表面性问题，还是潜在的深层次问题；是占主导地位的主干性问题，还是处于被支配地位的枝节性的次要问题；是普遍性的问题，还是特殊性的问题；是现实问题，还是将来的问题；是长期性问题，还是短期性问题；是新问题，还是老问题等。通过对问题的分析和识别，判断问题的特性，从而正确地分析、判断和把握问题。

2. 找出问题的症结所在

诊断问题，找出问题的症结所在，以便对症下药。这实际上就是对问题进行深入剖析，找到问题的要害和关键。这就是运用矛盾分析的方法解剖矛盾、识别矛盾、分析矛盾的活动过程。由于矛盾的不定性和变动性，在界定问题时应充分注意问题的相对性和变化性。问题的相对性是指问题的重要程度、影响力都是相对的，同一问题在不同的场合和条件下，其重要程度和影响力是不一样的，问题作用力度也是不一样的。问题的变化性是指问题性质和作用都是在不断变化的，在一些场合是关键、主要的问题，而在另一些场合则有可能是次要的、一般的问题；在一些场合是很次要的问题，在另一些场合可能是根本的、关键的问题。要根据不同的时间、地点、条件来认识和分析问题，这样才能真正把握问题。

3. 选准创意问题

选准创意问题即选准作为创意对象的问题，以明确创意需要什么且能够解决什么问题。创意要做什么，必须是明白无误的，否则就会导致创意失误。如果选择了力所不能及的、在现有条件和能力及主观努力下解决不了的问题，那么就必然碰壁，遭遇失败。如果确定要解决的问题很简单，则又失去了创意的意义。因此，创意活动必须正确确定需要解决的问题，要在对创意问题识别的基础上，合理选择最有意义且有能力解决的问题作为创意要解决的问题。无论是组织还是个人，在一定的时间阶段都会面临一系列的问题，而由于人们的资源和精力在一定时间阶段内是有限度的，不可能同时解决面临的所有问题，只能集中力量一个一个地解决问题。因此，要首先选择关键性的或有影响力的重点问题加以解决，即按轻重缓急、先后次序来解决。这就必然要求在对问题进行识别的同时，对创意问题作出最合理的选择。一般来说，应把最有现实意义和普遍意义、社会活动主体最感兴趣且有能力解决的问题作为创意的问题，而把所有存在问题都作为创意对象一锅煮、一把抓，则必然造成精力分散、效率低下，最终可能一事无成、劳而无功。

选择确立创意问题应进行全方位思考，全面衡量利弊。可从以下三个方面去考虑和把握。

（1）要考虑效果性。首先要考虑所要解决的问题的预期效果如何、能达到什么样的效果（社会效益、经济价值如何）。衡量效果时，应从经济和社会的角度、短期的与长期的效应，以及利益实现来进行考虑。选择既有显著的经济效益和社会效益，又有短期的"轰动"效应和现实利益，更有长期的影响作用和长远利益的问题作为创意对象。

（2）要考虑可能性。要根据主客观条件考虑解决问题的可能性有多大、问题解决能达到什么样的程度。解决问题的可能性越大，或者能完全彻底解决的问题，越能成为创意对象问题。否则，解决问题的意义再大也不能作为创意对象问题。

（3）要对所有预备作为创意对象问题的效果性和可能性进行比较评价、对比、选择，确立最有意义且最能解决的问题作为创意对象。

经过以上几点，确定的创意对象是比较准确的，能提高创意效率，增强创意效果。

二、创意的过程

创意的孕育，即提出假设与构想的"沉思阶段"，也称为创意的酝酿期。创意的准备过程是有意识地积累所研究的领域的知识，并按一定规则划分知识，形成一种"问题态"，在此基础上进行创意活动。创意的产生（灵感迸发）是一个从酝酿期到明朗期的过程，具体来说是一个从提出假设、构想到制作方案、设计的过程。

（一）对创意进行立意和设计主题

进行创意就是开展多种创新构想并将其落实转化为开展社会活动的具体设计和规划等。把创新构想或设计编制成规范性的创意方案，这一过程就是根据已界定的问题和已经掌握的主、客观情况及设置的目标，探索和设定解决问题的具体步骤和方法。在这一活动中，主要进行创意立意和设计主题。

立意就是对所要进行的社会活动明确意义，以作为方案构想、构思的指导思想。也就是把开展的社会活动的内容确定在一个意义或作用层次上，明确其具有什么样的品位和价值。立意不是具体的创意方案，它是对创意总体意义的要求、总体规范和总体思想指导。例如，创意要反映什么样的文化品位、达到什么效果、从什么样的角度去审视创意方案等，都是对创意的立意要求。因此，创意立意应高远，立意越高远，创意越卓越，越能获得成功。立意是创意的着眼点，是创意的立足点和基本思想要求，是对创意的定位。立意决定着创意的发展方向、水平和质量。为了提高创意效果，立意必须立足于新颖、高远、高尚、卓越、气度恢宏，能体现时代的进步和发展，体现不同于一般的高层次创意思想和思路。

（二）突破常规并遵循创意的内在基本原理

为了使创意过程更加深刻与广泛，应注意把思想的范围从熟悉的领域扩大到表面上没有联系的其他专业领域和以前不被注意的领域。这样有利于冲破传统思维方式和权威的束缚，打破成见，开辟捷径；有利于获得多方面的信息，利用多学科知识进行杂糅，在一个更高的层次上把握创意活动的全局，寻找到创意的突破口。同时，创意是一种复杂高级的思维活动，它存在一些基本的内在原理。

1. 综合择优原理

选择最可操作且最能实现意图的创意。在创意的过程中，选择无时不有、无处不在，只有通过综合择优，才能使创意的整体功能最优化。

2. 综合移植原理

客观事物中存在很多相似现象。相似不是相同，而是"相同加上变异"。"他山之石，可以攻玉"，通过某些事物的启发，可以创造新事物，寻找创意技巧。

3. 综合组合原理

创意往往表现在系统要素、方法间的重新组合上。

4. 综合逆反原理

按照事物间存在的对应性、对称性去构思，实现创造意图。要走自己的路，创出自己的特色，则需要逆向思维，不能跟在别人的后面亦步亦趋。

在酝酿创意的过程中，以上几条原理往往是相互渗透和相辅相成的，在实际运用中应灵活应变。

（三）拓展思路构想多种方案

在酝酿创意的过程中，需要从不同的角度、用不同的思路去构想同一问题的不同解决方法，或对同一活动的所有内容进行构想，然后对各种思路产生的构想方案进行比较，选择较全面科学的创意方案或将多种构想内容重新组合为新的更好的创意方案。这样才可能构想或编排出真正能解决问题或取得社会活动成功的最佳方案。

在构想方案时，应注意以下两点：一是要注意立足于实际；二是充分运用智慧的力量。立足于实际，但不是拘泥于现实，应超越现实、高于现实。要充分发挥丰富的想象力，创造性地构想方案，但必须注意每一方案的实践性和现实性，创意的目的是更好地指导社会实践活动，如果方案脱离了现实，就失去了现实意义；如果方案拘泥于现实而不能高于现实、超越现实、驾驭现实，就失去了指导性作用，失去了创意的意义。

在构想方案时，要体现知识和智慧的含量。要充分发挥知识和智慧的作用，在创意时注入丰富的文化意蕴、智慧含量，使创意充分体现智慧的能量，使整个创意充满睿智、充满理性，智慧内涵丰富，文化品位高，充满艺术和技巧。构想创意方案时，应多角度思考，发挥创意，锤炼创意，选择创意。

（四）尝试采用一些另辟蹊径的创意方法

在创意的构想中，可采用一些创造性解决问题的方法。

（1）逆向技术。变换角度看问题，用新的眼光看待某个事物，从而发现不同的意义，这是一种很重要的能力，这种能力对于创造性地认识问题、解决问题是很有帮助的。逆向技术可以帮助我们多角度看问题，它是创造性技术中常用的方法，也是一种雄辩术。逆向技术要求从相反的角度来看待事物，旋转180度来提出问题。

（2）纵深技术。纵深技术是对思维纵向的运用，它是将同一个洞挖深，收集解决问题的所有可能方法，挖掘各种可能，这种技术最好的运用方法是问为什么，通过几次深入提问，能挖掘出问题的根源，以找出解决方案，通过不断提问，可以找出问题的症结，避免问题重复发生。

（3）广角技术。广角技术就是在原有的思维模式上的拓展和延伸。从思维的角度来看，思维又分为纵向思维和横向思维，纵向思维以事物的产生、发展为线索，通过比较事物的过去、现在和未来，使我们能够科学地认识事物发展的客观规律，纵向思维具有一定的深度，但缺乏一定的广度。横向思维是一种同时性的横向比较思维，它研究的是同一时间内同一事物的不同方面，或一事物与他事物之间相互联系的特点。

三、创意的诞生

创意的诞生即顿悟和灵感产生，是创意的成型阶段，也称为创意的豁朗期。顿悟是指发现具体的解决方法，即发现解决问题的途径与方法，形成解决问题的初步假设，找到问题的答案或得出结论。顿悟是指经过长时间的酝酿之后，创意思维火花猛烈爆发，新的观念在极为短暂的时间里脱颖而出，其中直觉、灵感等非逻辑思维往往起着决定性作用。顿悟和灵感虽然是在极短时间内出现的，但它们是整个创意过程中的转折点。

这一时期为灵感来临时期，创造性的新观念会随着头脑中事物各部分和关系的突然接通，产生豁然开朗的感觉，正可谓"山重水复疑无路，柳暗花明又一村"。这一心理活动过程即灵感的产生。灵感的突然来临，有时是突然的，有时是具有戏剧性的，有时会出现在半睡眠的模糊状态，甚至有时还会出现在其他活动中。例如，在你临睡前，回忆你的问题，将它放入"大脑库"，交给你的潜意识去接管，也许转机就在睡梦中。如苯环分子结构的发现就是梦境给德国化学家弗雷德里希·凯库勒（Friedrich Kekule）带来的灵感；古希腊物理学家阿基米德（Archimedes）为了测定王冠含金的纯度，废寝忘食，苦无所得，却在洗澡时不经意间发现了"浮力定理"。

需要注意的是，灵感的出现不是轻而易举的，而是在付出艰苦的脑力劳动以后出现的。灵感不是在体力和脑力劳动相当疲劳、心情烦躁，或高度紧张焦虑时出现的，而是在思维活动长期紧张以后的暂时放松状态下产生的。因为当大脑处于紧张状态时，是难以接受新信息并进行有效思考的，只有当大脑处于较松弛状态时，外界的有关信息才有可能与脑中原有信息进行重新组合，使问题得到顺利解决。因此，听音乐、参观艺术走廊、散步都有助于思考，凡是能让大脑开始新的组合的活动都可以做。

问题的明朗化可以是突发的、跳跃的，也可以是渐进的、连续的，可以是直觉的，也可以是逻辑的。但这一阶段获得的观念可能是正确的，也可能是错误的，这时产生的创意还有待进行验证。从心理状态上来看，这一阶段是高度兴奋的。正所谓"众里寻他千百度，蓦然回首，那人却在，灯火阑珊处"。豁然开朗的顿悟常常是突如其来的，有时创意人自己也感到惊愕。

🔗 知识链接　　　　　　　创意思维的九大原则

一个具体的创意需要符合一定的操作规律。这些规律不是对创意活动的限制，相反，它会使创意本身能够更为有效地与实际情况相结合，使创意更加高效、更有针对性。

冒险性原则

创意是思维的创造性活动，因此敢于承担风险、勇于面对困难、乐于接受挑战是创意人必备的基本素质之一。

信息交合原则

我们每个人其实都只是信息多维坐标上的一点，获得的信息很受局限，容易被现成的事物和习惯的做法所束缚。因此，要从事创意实践，必须打破这些条条框框的束缚，相互交换信息，多进行多方位甚至是边缘化的信息交合。

专注性原则

具有创造性思维的人，在思考问题时要能够心无旁骛、集中精力、全神贯注，彻底进入创意的最佳角色，从而取得创新的突破。

独特性原则

良好的创意应是新颖而独特的，代表着从不同寻常的角度和不依常规的思路思考问题；

不复制他人，也不重复自己，体现为一种别具一格的方法、一种方法论上的区别。

批判性原则

具有创新思维的人敢于对现存的事物提出疑问，敢于对一些人们看来"完美无缺"的事物找毛病、挑缺陷，甚至敢于否定被视为"金科玉律"的理论。良好的创意，往往就是在貌似完美的事物上挑出不足，大胆提出自己的设想。

比较优势原则

比较优势原则是指创意活动的成果强调比较优势而不是绝对优势。"没有最好，只有更好"，创意只有相对来说更加适合的。

系统辩证原则

创意活动不只是想出点子而已，在创意思考活动中，要从多个角度辩证地思考问题，具体包括正面与反面创新法和系统辩证法两个方面。

实践性原则

创意活动的最终结果应能够被灵活而创造性地运用于实践，只有具备操作能力的创意活动才是有意义、有价值的。

简单性原则

人们对事物本质属性的认识最终都是趋于简单的。创意活动不是越复杂越好，它不需要空泛的形式主义和繁文缛节，而需要一针见血、简单高效，从而便于理解和实施。

主题二　发掘与定义问题

【主题导入】

首个中文语音输入法的技术变革史

讯飞输入法是第一款中文语音输入法，也是一款面对个人用户的免费产品，于 2010 年 10 月 28 日正式发布，如今历经 10 多年的发展，早已进入亿万用户的手机中，实现日语音交互次数超过 10 亿次，累计服务设备数超过 5 亿台，语音用户占比超过 70%，成为智能手机的热门 App。

讯飞输入法诞生的灵感源于"鸡尾酒会"效应（Cocktail Party Effect）。这是指人的一种听力选择能力，在这种效应下，人的注意力集中在某个人的谈话之中，而忽略了背景中其他的对话或噪声，该效应揭示了人类听觉系统中令人惊奇的能力，即我们可以在噪声中谈话。讯飞输入法着眼于解决语音识别在复杂环境下的普适性问题。

对于诸多用户来说，他们见证的是输入法版本的更新迭代、语音识别效率的不断优化、界面的选择更加多样、体验感日益舒适。之所以能成为输入法界的"头部玩家",是因为它在技术上不断创新,具体如下:不断提高复杂的语言模型,运用识别模型,通过神经网络提取音素特征,提升识别准确率;运用相关技术,实现了声学个性化识别;2016年,语音识别准确率达到97%,离线、噪声、远场识别率显著提升;2017年,创新融合个性化语音和语音模型,实现智能适应语音识别;2018年,通过结构优化大幅提升并发路数,语音识别准确率突破98%;2019年,实现中英文免切换语音识别;2020年,全新AI输入引擎实现自我突破,搭载动态自适应编解码语音识别引擎,实现多模态输入和领域个性化识别,涵盖更多使用场景;2020年,上线武汉话转普通话功能,助力医患沟通,在短时间内累计服务人数达3万人;2021年,构建语音识别框架技术,支持包括阿拉伯语、俄语、意大利语、英语等12种外国语言的语音输入和随声译,AI技术升级;2022年,继续突破人机交互的难点,新增"方言免切换"识别模式,具备更强大的人机交互能力,从而开辟方言保护和文化传承的新场景;2023年,加入"超大词库",不仅实现日常经典字词句的"一网打尽",同时还涵盖网络热词流行语,配合智能组词策略。

回顾十几年的发展历程,讯飞公司始终践行"中文语音技术做到全球最好"的理念。随着5G时代的到来,讯飞输入法也将继续以过硬的技术实力直面行业发展的挑战与机遇,不断提高语音输入的行业天花板,为用户带来高效率的输入体验,使用户乐享沟通。

◎ **分析与启发**

很多技术是看不见的,但是相应的技术正在改变世界。很多学生的手机上都下载了案例中提到的输入法,能够体会到诸多的技术更新与迭代。其实,稍加留心,我们就能发现问题对于产品更新的巨大推动作用。在产品设计中,多数设计者是以问题发现和改进为导向的,凭借各种奇思妙想,一代代改进产品的方方面面,从而体现创新带来的价值。

【主题解码】

创新是持续的改进过程,创新是没有绝对的固化终点的。只要我们善于观察事物、善于发现、发掘事物现状存在的问题,就能够在事物的某些方面作出更好的创新设想,甚至可以凭借掌握的知识、工具等促进某种创新的实现。下面为同学们讲解关于问题识别与发掘的相关知识。

一、问题识别与发掘的概念

问题识别与发掘是指人们针对某一事物多个方面的属性,通过观察、对比、质疑、思考、剖析等方法,以满足需求为基本导向,对事物存在的显性问题进行梳理、对隐性问题进行深层次发掘的过程。

问题识别与发掘是有机结合的过程。第一个阶段是对事物现状问题的识别,在这个过程中,要达到的主要目标是挑"毛病",这些"毛病"往往是比较显性的、表象的。第二个阶段是在挑"毛病"的基础上，进一步追溯这些表象的"毛病"背后关联的因素，从而尝试找到层次更深的新问题，这个阶段要达到的主要目标是找到表象问题的关联问题，将原本藏在表象问题背后的关联问题发掘出来。

二、问题识别与发掘的原则

（一）以是否合理为基本切入点

我们面对一个事物进行问题的识别与发掘时，从外观、材质、功能、成本等任何一个维度进行问题识别，最基本的入手点都是审视事物某个方面现状的"合理性"。这里所说的"合理性"，一方面是指需求是否得到有效满足、是否达到了预先设定的某种目标，另一方面是指在满足原先需求或者目标的基础上，是否带来了其他的不利影响或者不便。

例如，传统的插座面板（图 2-2-1）存在明显的不合理；而改进后的同样大小的插座面板（图 2-2-2），在布局上更为合理；后续以此问题为基础，从平面思考到立体思考，运用创新思维研发的魔方组合插座（图 2-2-3）则提高了使用效率、优化了用户使用体验。

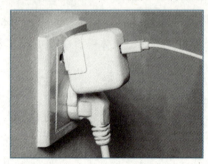  

图 2-2-1　传统插座面板　　图 2-2-2　改进的插座面板　图 2-2-3　创新的魔方组合插座

（二）以事物的改进为基本导向

除了以是否合理作为问题识别与发掘的基本入手点，还有一种问题识别与发掘的原则，就是"怎样才是更合理的"，即以事物的改进为基本导向。

从创新的价值意义来说，对于问题的识别与发掘应有利于事物某个方面或者某些方面的改进。这种改进导向就是价值导向——为了满足某种需求、改善某种体验、提高某种性能等。如果只是无厘头地提出与改进并不相关的问题，单纯地为了挑"毛病"，那么这种问题的识别与发掘意义并不大。

例如，我们针对高铁的运行进行问题识别。A 学生认为，目前高速列车速度很快，但是乘客从买票到排队安检进站程序烦琐，从而影响人们的出行效率，因此高铁站应该增加人脸识别、二维码检票、机器人扫描安检等，以提高乘客进站的效率。这个问题以提高进站效率为导向，符合改进导向。B 学生认为，高铁目前的轨道宽度太窄，从而导致运送量有限，因此应该把高铁的轨道扩展到现有轨道宽度的若干倍以提高乘客容量。这种问题的识别虽然属于挑"毛病"的一种，但是从改进的意义而言，单纯对高铁轨道宽度进行调整的意义并不大，甚至成本远高于需求，会导致经济效能下降。

（三）问题的提出要有客观的判断依据

针对事物现状提出的问题，应该存在合理的依据。问题提出的合理性更多地体现为其依据的"客观性""必要性""可实现性"等，而非简单代表个人意愿或者少数人意愿的"主观性"。

例如，某款手机有红、黄、蓝、绿、白五款不同的颜色，假设 A 学生通过样本调查认为选取的颜色并不能代表市场大多数潜在用户的需求，从而认为该产品设计在颜色选取方面存在缺陷；市场调研，就是该问题提出的合理性依据（假如这个市场调研是有信度的）。但 B 学生直接提出该产品应该像其他手机一样也配置五种颜色，这个问题的提出，如果缺乏调研和数据分析，则更多是其基本的主观推测或者臆断。

⮂ 课中互动　　　　　　　魔 方 拼 图

首先给予每组相应数量的小魔方，同时给每队发放任务图案；各小组成员按照任务书所给图案，通过魔方进行拼图，拼出相对应图案。

应在规定时间内完成拼图，时间截止停止拼图；禁止损坏魔方；拼图过程中合理分配时间，进行合适的时间管理，从而完成任务。

◎ 成功密钥

创新灵感无论是对学生个人学习水平的提高，还是对个人未来综合成长，都具有重要作用，开展拼图活动可以利用学生想象能力，激发学生创新灵感，充分挖掘学生思维潜能，促进学生未来综合发展。

三、问题识别与发掘的方法

对待一件事物，要发现或者深层次发掘其存在的问题其实并不难。只要我们以一颗好奇、质疑的心，借助自己的观察、想象、推理、判断等思维能力，就能很容易地抽取出存在的问题，甚至可以初步得到问题解决的思路。下面介绍几种比较易于掌握的问题识别和发掘方法，掌握了这些方法之后，面对诸多现实存在的事物时，我们就能很容易找到发现问题的入手点了。

（一）近似对比法

近似对比法的关键点在于"近似"，核心方法是"对比"。通过对于同类的、近似的参照物进行同类维度或者近似维度的对比，可以较为容易地发现事物本身存在的问题或者"待改进点"。使用近似对比法需要注意两点：一是选取的对比物原则上应该有较为直接的联系或较为近似。例如，我们拿到一部手机，要想在此基础上发现新的问题，首先可以在市场上找寻与之档次相当的手机，从不同的属性进行对比，发现它需要改进的地方；其次在进行对比时，要选取近似甚至相同的某个属性进行比较（如外观比较、材质比较、价格比较、功能设置比较等）。

（二）质疑探究法

质疑探究法主要是指对待事物首先用质疑的思维去审视其现状，然后探寻质疑背后的逻辑。通过这种方法发现并提出问题分为两个步骤：首先，要用质疑的态度面对事物现状，不随波逐流地相信某种结论一定是正确的或者合理的，不迷信权威；其次，质疑并非彻底的驳斥和对立，在质疑提出后更应该从提问的角度来进行答案探寻。在学者尼尔·布朗（Neil Brown）及斯图尔特·基利（Stuart Keeley）共同编著的《学会提问》一书中，比较清晰地介绍了"学会提问"的方法，这些方法和思路也是质疑探究法中"质疑"的重要构成部分。该书中罗列的一些框架思路可以作为我们面对一件事物时质疑和提出问题的基本参考，具体内容如下。

（1）结论是什么？应不应该是这样的？

（2）得出结论的理由是什么？我为什么要相信？

（3）这个结论的假设条件是什么？这个假设与结论本身是不是相悖的？

（4）推理的过程及其逻辑有没有谬误？

（5）证据、信息、样本等可靠吗？

（6）因果的对应关系真的成立吗？

（三）缺点列举法

缺点列举法是指积极地寻找并抓住缺点，有时甚至去挖掘生活和工作中问题、事物的缺点（不方便、不得劲、不美观、不适用、不省料、不轻巧、不便宜、不安全、不省力等），以确定发明创新目标的一种创新技法。

缺点列举法的基本原理是：事物客观存在的缺点与人们追求事物完美之间的矛盾，是创新的动力。列举缺点就是提出创新课题，可以直接从社会需要的功能、审美、经济、实用等角度研究对象的缺点，提出切实有效的改进方案，这种方法简便易行且见效快。

缺点列举法的操作程序如下。

（1）确定改进对象。缺点列举法的创新根据在于充分利用某个已有的物品，出发点是消费者对物品的求优需求。因此，对已有物品求优需求的调研是确定改进对象的基础。例如，对家用洗衣机的改进，首先需要了解消费者对洗衣机的求优愿望。

（2）列举改进对象的缺点。列举缺点时，应正确运用验核思维，把重点放在四个面：一是列出核心缺点——现有物品的功能是否能满足消费者的基本愿望，挑出功能性缺点；二是列出形式缺点——现有物品的质量水平、设计风格、包装和品牌等方面的不足，挑出形式性缺点；三是列出延伸缺点——现有物品进入市场变成商品后，在销售服务等方面存在的问题，挑出影响消费者利益的延伸性缺点；四是列出隐性缺点——现有物品不易被人觉察的非显性缺点。在某些情况下，发现隐性缺点比发现显性缺点更有创新价值，因为针对隐性缺点进行改进设计，产生的市场价值更大。

（3）分析鉴别缺点，提出改进方案。这一步骤一般有两种思路：一是针对某种缺点进行改进设计；二是应用逆向思维思考某种缺点能否成为另一种优点（缺点逆用法）。

（四）关联发掘法

从哲学的角度来看，世界上的所有事物之间、事物的整体与局部之间，都存在某种直接或者间接的联系。简而言之，一件事物由多个局部组成，这些局部之间也存在某种直接或者间接的联系，如果我们发现了某个方面的问题，那么通过寻找与其相关的关联性，可以进一步挖掘出更多的问题。

关联发掘法作为一种发现问题、发掘问题的方法，更多强调在已经发现的问题基础上寻找与该问题有关的关联原因，并进一步探寻关联问题。在技术还不发达的时期，对于最初流行的智能手机，我们很容易发现其在某个方面存在的问题，如拍照后感觉像素不够清晰。"像素不够清晰"，这是我们通过分析手机局部的功能属性发现的问题，仅仅发现这一个很主观的问题是比较容易的。使用关联发掘法，会促使我们提出更多的疑问，一步步发掘更为深层次的问题。我们发现了"像素不够清晰"这个问题后，可以提出如下的关联性问题，并尝试探求这些问题背后的原因。

（1）影响手机像素的主要部件或者原因可能有哪些？

例如，摄像头的镜头玻璃易于磨损，感光器不够灵敏，在抖动的情况下捕捉影像不够迅速；传感器技术参数太低；手机本身的系统反应迟钝；没有补光灯……

以上原因都可能是影响手机像素不够清晰的原因，我们在进行问题发掘时，可以对这些可能的原因进行逐项核验，在核验的过程中，也许我们会发现一些原因是确实存在的，这时就实现了第一层问题的发掘。如果在实际核验之后，得出的结论是"手机本身系统反应迟钝"，那么这就是我们第一层发掘的新问题。我们在该问题基础上继续发掘问题。

（2）"手机本身系统反应迟钝"的影响因素可能有哪些？

例如，版本低、系统不兼容、中央处理器（Central Processing Unit，CPU）参数低、运行内存小、后台程序不能自动清理内存……

与第一层问题的发掘方法一样，我们继续对这些可能存在的因素进行核验，把确实存在的因素挑出来，就构成了第二层发掘的问题。经过逐一核验之后，也许我们得到的结论是：影响这部手机反应迟钝的原因是"后台程序不能自动清理内存"。

综上，我们以手机的一个功能属性——拍摄效果为例，首先可以发现一个显性的问题——像素低；然后通过寻找与这个显性问题关联的原因，进而探寻、核验关联点和关联原因，最终发掘出更为深层的问题——手机系统慢（手机系统慢可能会在启动拍摄程序时产生响应延迟，从而在摄像头发生抖动或者位移时因反应时差而导致像素模糊）、缺乏后台自动清理程序的功能设计。这些由显性问题发掘出来的隐性问题，是我们对事物问题的识别和发掘的共同结果，也是事物可能存在的后续改进方向。

值得注意的是，关联发掘法虽然强调通过显性问题的关联原因寻找更深层次的问题，但是这种问题的发掘也不宜一直在"发掘—核验—再发掘—再核验"的分解中无限地持续下去。因为发掘到最后，层次越来越深，所延伸的问题可能举不胜举，但是从创新的价值导向考虑，应发现、发掘并把握事物存在的主要问题。同时，每一层问题的改进也要考虑对事物其他的属性会不会产生消极的影响。

（五）五问分析法

五问分析法起源于丰田公司，其成功的秘诀在于碰到问题至少问五个"为什么"。随着丰田公司的成功，这一方法逐渐在世界范围内流行开来。该方法要求对一个问题连续问五个"为什么"，以探究其真正的原因。虽名为五问，但使用时不限定提问次数，直到找到真正原因为止，有时可能要提问 3 次，有时也许要提问 10 次。

这一方法具有如下作用与特点：首先是正确定义问题；其次是连续发问，即不断提问"为什么前一个事件会发生"，直到回答"没有好的理由"或一个新的故障模式被发现时，才停止提问；再次是解释根本原因，以防止问题重演。最后是定义演绎过程中所有带有"为什么"的语句的真正根源。

知识链接　　　　　　　"打破砂锅问到底"的方法

丰田公司虽然没有像其他公司那样跟风采用六西格玛管理方法，但是他们同样实现了高水准的产品品质。丰田公司不使用复杂的统计分析，而是采取费心的、仔细的解决问题的方法。在他们的改善流程中，有一个著名的"五问分析"。真正要解决问题时，必须找出问题的根本原因；根本原因隐藏在问题的背后。在《丰田生产方式》一书中有如下论述。

例如，一台机器不转动了，你就要问：

问题 1，为什么机器停了？

答案 1，因为超负荷保险丝烧断了。

问题 2，为什么超负荷了呢？

答案 2，因为轴承的润滑不足。

问题 3，为什么润滑不足？

答案 3，因为润滑泵吸不上油来。

问题 4，为什么吸不上油来呢？

答案 4，因为油泵轴磨损松动了。

问题 5，为什么油泵轴磨损了呢？

答案 5，因为没有安装过滤器混进了铁屑。

经过连续五次不停地问"为什么"，找到问题的真正原因和解决的方法——需要安装过滤器。

问题的另一面就是答案，我们往往孜孜以求答案，是因为没有找到真正的问题。如果问题没有问到底，就找不到真因，如果浮于表面现象，就无法真正解决问题。过一段时间后，同样的问题就会再次发生。我们的目的是不在同样的坑里掉入两次，不做重复的无意义的工作，通过对本质的掌握，找出长期有效的对策。

五问分析法也称为 5Why 法，它是一种诊断性技术，被用来识别和说明因果关系链。回答一个问题，第一个为什么往往大多是表象，追问得越深，就越接近问题的真相，而这些真相有时候甚至涉及文化层面和人为因素，而不是简单的错误行为。因此，也有人将五问分析法用于解决实际问题过程的一部分，即根源调查。我们可以把这种提问方式理解为"刨根问底儿拦不住"，这种方法不一定限定于问5次，直到你发现问题的原因为止。需要注意的是，要有追根究底的精神，同时问对问题也非常关键。

（六）问题重构法

打破解决问题的传统模式，从一个全新的角度去理解、审视、定义问题，可以更深刻地理解问题，也更容易解决问题。

我们都有去医院取药的经历，医院往往人满为患，取药比较慢。解决这个问题，首先能想到的是增加取药窗口、增加药剂师、加快流程办理等直接的传统方法。这些方法是很有效，但是往往在资源紧张的情况下很难实现。

现在我们对这个问题进行重构，将问题从如何提高取药效率重构为如何将等待取药的时间变短，这样重构后，我们就可以想出很多新办法。例如，现在很多医院都在使用取药显示屏，让患者或家属明确知道等待时间，减少未知的焦虑；在取药窗口附近提供免费Wi-Fi，让患者或者家属在等待过程中可以使用手机消磨时间；在取药窗口附近放一些书刊，让患者或者家属可以翻看书刊消磨时间。这些方法在实际中被证明有效，但是如果不对问题进行重构，我们就没办法找到新的解决办法。

四、定义和表述问题的方法

定义问题

为了让学生在面对一个事物（特别是一件创新的事物）时，能够比较简单直接地探寻到这个事物产生之前的需求源头，我们介绍一种简单的属性分解追溯方法。该方法的核心在于对一种现实已经存在的事物进行多个维度属性的分解，通过分解属性来追溯该事物背后的需求源头。

属性，就是事物在某个方面的特性。我们在追溯一件事物产生的需求源头时，可以首先对事物进行多个属性维度的拆解，然后从每个属性的维度去追溯其产生的原因。

事物，包括"事"（非物质类，如事情、方法等）和"物"（物质类，如物品货物等），但无论是"事"还是"物"，都有各自的属性维度，下面从看得见、摸得着的"物"到比较笼统的"事"，依次介绍其属性分解的维度和方法。

（一）"物"的属性分解维度

"物"的属性分解维度主要包括功能、外观、结构、材质、机理五个维度。

1. 功能

因为创新是具有价值导向性的，创新是为了解决某个问题或者满足某种需求而产生的，所以一件创新的产品一定有其使用价值。功能就是使用价值最直接的表现。例如，一个音箱具备哪些功能？学生很容易就可以回答出来：能听歌曲、故事等音频资源，可以语音控制，能与智能家居进行互联。当我们把功能都拆解出来时，很自然地就能推断这件产品在产生之初是为了满足以下哪个方面的需求：听音乐或者故事等音频资源、不需要下载歌曲就能联网听音乐、能直接"随叫随到"从而解放手动操作等。这些就是音箱产生之前的现实需求或者设想。那么，我们通过对功能的分解，已经找到了一部分源头的需求，这跟创新有什么关系呢？其实，创新的第一步就是寻找需求产生的源头，再结合实际现状，寻找现状与源头需求及衍生的需求之间的差距，从而实现进一步的创新。关于如何在找到需求源头后结合事物现状进行创新，我们在本讲后续的内容中会重点讲解。

2. 外观

外观就是我们看到的一件物品的样子，主要体现在颜色与形状方面，这也是"物"的属性之一。通过外观的分析，能寻找其产生的原因或者需求。例如，电视机、手机等越来越"超薄"，"变得更薄了"给学生最直接的感觉就是一种外观的变化，而在这一变化的背后是"人们希望电视机和手机等设备越来越轻巧和美观"的需求源头。

3. 结构

结构，是指构成"物"的各种配件、小单元等的搭配组合模式与状态。这里所说的结构，更多是指物理结构。例如，折叠手机到触屏手机的创新，从结构上看，主要由两扇可以折叠的面板到一块可以触摸的面板，而从折叠到触屏的变化，又应用在其他产品上，如联想YOGA超极本在传统的折叠笔记本计算机的基础上采用了这种创新，因而产生了可翻转直接触摸的联想YOGA超极本；再如，传统的超市储物柜大部分是一个个方格堆叠起来的"矩形结构"，而现在已经出现了"蜂窝煤"式的圆柱体结构储物柜等。你还能想到哪些物品在结构上进行创新的案例？

4. 材质

材质是指物品的构成材料。同一件物品的材料改变，可能会产生新的创新点。例如，在建筑行业，传统的地板铺设大部分采用水泥地面，后来发展为瓷砖材料铺设，在瓷砖的基础上可以增加花纹、图案等不同的变化，平整度更高，样式更为多样（虽然成本也会略微增加）。然而时间长了，人们发现瓷砖的铺设成本太高，并且施工程序复杂，因此产生了现在常用的"木地板"，只需要对地面进行基本的平整处理，不需要水泥砂浆，就可以铺设平整且美观的木质地板。再后来，为了满足人们对地板"平滑度"的需求，人们又开创性地设计了"复合地板"，利用更为简便清洁且耐用的材质，开创性地利用碎木屑、聚氯乙烯等多种材质，研发出了更为便宜和实用的新型地板。这些创新都是在水泥地面出现之后，为了满足类似的需求，在材质上采取了替代的方法。

5. 机理

机理就是某种产品或者物品运行的基本原理。例如，以前我们使用的通信网络，大部分采取线缆连接（有线），或蓝牙技术（无线），而现在我们使用的通信装置（如手机）无论是有线还是无线连接，都已经有了新的替代方式。有线连接从传统的网线接口连接变成了家喻户晓的光纤连接，无线连接从传统的蓝牙接口变成了Wi-Fi。我们原先在手机或者计算机上使用的敲击式键盘，目前也已经发展成了技术比较成熟的投影键盘（用光影虚拟代替实际存在的键盘界面）。我们之前看到过的全景图、效果图等，现在已经发展为通过一副 VR 眼镜就可以立体化感受的"真实画面"……从有线的信号传输到无线的 Wi-Fi 信号传输，从敲击的物理键盘到虚拟的投影键盘，这些都是机理变化。然而，在机理方面的创新其实是非常困难的，这需要我们在技术上进行更深层次的研究。机理的创新更多地表现为用一种技术代替另一种技术，并达到相同甚至更好的效果。

概括之，我们面对一件"物"时，若要追溯其产生的源头，首先要学会拆解"物"的不同维度属性。在现实生活中，创新不仅体现在某一个具体的"物"上，还体现在看得见但摸不着的各种"事"上。例如，很多的管理创新（模式、方法、思想等方面），创新的主要载体就是对"事"的创新。同样的，对于"事"的需求源头的追溯，也可以采用属性分解法。

（二）"事"的属性分解维度

"事"的属性分解主要包括起因与背景、过程、人、模式与方法、影响五个维度。

1. 起因与背景

简单地说，追溯"事"（或者某种行为、做法等，下同）的起因应回答以下两个方面的问题：这件事是在什么情况或者背景下产生的？这件事是为了解决什么问题？

2. 过程

对于一件事的分析，除了要知道其起因（背景、环境、目的等），还要了解事情的演变过程。所谓"知其来龙，方知去脉"，如果面对一件事情，只从表面上知道了其形成的原因，而不知其演变的过程，则很难通过属性分解法找到新的创新点。

以阿里巴巴的发展为例，在淘宝和天猫购物平台快速发展到一定程度时，网购似乎成了当今人们生活中习以为常的行为。现如今，在淘宝或者天猫上采购一件产品，你一定很关心这件产品什么时候才能送到手中。在之前，淘宝和天猫没有物流的提示，后来阿里巴巴推出了"菜鸟物流"。"菜鸟物流"其实不是一个物流公司，不负责运送货物，它主要把物流公司的运输时点数据采集到一个平台上，实时提醒买家和卖家这件商品运送的最新进展。"菜鸟物流"的这种商业模式就是一种创新，而我们面对这种创新模式时，也要关注其产生的过程。最初，购买物品的快递进度是由顺丰、韵达等多家快递公司来提供。这些物流公司通过对货物运送的出仓、入仓等环节的扫码来确定物品运输的时间和地点，这些数据只能由快递公司提供，天猫和淘宝没有直接的物流数据，买家和卖家只能凭借发货的快递单号到对应的物流公司的网站或者平台上查询进度，但是物流公司太多，要查询不同的快递信息需要登录不同的物流公司平台。阿里巴巴则采用了多家物流公司数据实时对接的方式，直接在淘宝和天猫购物平台上进行数据实时更新，这样卖家和买家只要登录淘宝或者天猫的购物平台查看物流数据，就能随时知道商品的发货时间、运送站点及估计到达的时间。从物流公司各自公布数据到"菜鸟物流"的集成数据，这一个小小的创新带来了更好的用户体验。如果不知道这个前后发展的过程，我们就难以理解"菜鸟物流"为何能成为一个广受好评的服务创新产品。

"菜鸟物流"提升了阿里巴巴的竞争力，尤其是促进了淘宝在农村的扩张。"菜鸟物流"不是一家快递公司，它是一家数据公司。中国不缺快递公司，不缺仓储服务，缺的是技术革新和通力合作。"菜鸟物流"搭建了一个"中央数据平台"，通过标准化的电子面单及四级数据库，将合作伙伴的快递及仓储服务连接起来，并通过大数据优化物流路线。"菜鸟物流"为天猫超市和农村淘宝提供了至关重要的物流支撑。

"菜鸟物流"能够成为超级"独角兽"企业[①]，一方面依赖于自身理念的创新，以及有阿里巴巴强大的技术和资金支持；另一方面，菜鸟网络的快速成长期与中国快递业的高速发展期同步。国家邮政局于2022年发布的数据显示，十八大以来，中国的快递业务量从57亿件增长到1 083亿件，连续8年位居世界第一，包裹快递量超过西方发达经济体，对世界增长贡献率超过50%，已经成为世界邮政业的动力源和稳定器。快递末端服务提供商代表丰巢科技是另一家伴随着中国快递业高速发展成长起来的"独角兽"企业，在快递服务"最后一公里"递送上影响和改变了消费者的使用习惯。创新是引领发展的第一动力，适应和引领中国经济发展新常态，关键在于依靠科技创新转换发展动力。

3. 人

当我们面对一种新的管理方式、一种新的服务、一种新的营销模式时，除了感慨这些"事"的奇特、新颖，还会考虑一个问题：这件事是谁想出来的？谁去做的？他们是怎么想到的？这就涉及"事"的另一种属性：人。所有的事情都是由人作为主体去构思和执行的。因而，在事情的起因和过程中，人作为一个主体要素时刻发挥着作用。我们追溯一件事的产生原因及其过程，可以深入地了解关于人的因素。例如，做这件事的人有什么特点？他为什么会有这种想法？对于"人"的了解和把握，创新的方法有很大作用。例如，同样一件事情，想继续创新，很多时候苦于没有新的想法，但是如果尝试"换一个人去做"呢？

思维是创新最为重要的因素。而所有的思维主体都是人。我们都知道腾讯旗下有个产品叫微信，微信朋友圈、微信红包、微信支付、微信小视频、微信定位等一系列功能让我们的社交和生活更加便捷。这么创新的产品，其实并不是腾讯的掌门人马化腾想出来的。当时的QQ也具备QQ空间、QQ红包、QQ通信等功能，而后来QQ的功能和商业模式都很难再有大的突破点，甚至很多公司陆续推出了一些即时社交软件，冲击着QQ的市场占有率。于是，马化腾开始寻找创新点，他邀请张小龙加入腾讯。张小龙对于社交互动类产品有着独特的视角和思考，既保留了微信的基础通信功能，又陆续引入了目前我们使用的移动支付等其他特殊功能，从而在QQ已经很难继续创新的情况下进行创新，使微信成为腾讯旗下的又一创新巨作。不同的人有不同的思维方式，对同一件事情，不同的人可能有不同的做法。对于"微信"的创新问世，张小龙毫无疑问发挥着最为关键的人的作用。

微信让用户关系管理向着即时驱动转型，用户利用随身手机随时随地对存量关系和增量关系进行管理维护，大大提高了关系管理的效率和频率，这为用户增加和强化自身的社会关系和社会资本提供了更大的便利。

微信帮助用户将传统互联网中形成的即时消息（Instant Messaging，IM）关系、微博关系和现实中形成的手机联系人关系打通，既可以剔除关系杂音，又可以增加关系深度和

[①] "独角兽"企业是流行于国际投资界的一个概念，指的是发展速度快、稀有且深受投资者追捧的未上市企业，基本标准是创业十年以内企业估值超过10亿美元，其中估值超过100亿美元的企业被称为"超级独角兽"企业。

广度，迅速完善了用户的关系管理结构和自我优化机制。

微信让用户从传统的 QQ 等虚拟关系中的陌生、半陌生、熟悉混杂在一起的关系管理状态，转变为对陌生关系进行甄别、提升、取舍，以及对熟人关系的深化、协同、互惠、通过沟通带来更大价值成为微信的一个核心功能。

微信给个人沟通带来三个转型方向，形成一个功能更强、效率更高、范围更广的个人关系管理中心，对用户关系资源进行整合、优化、拓展和价值转换。沿着这一根本思考，在垂直领域甚至通用领域开发其他类微信应用成为潜在的巨大创新空间。

微信的创新体现了以根据现有的思维模式提出有别于常规或常人思路的见解为导向，利用现有的知识和物质，在特定的环境中本着理想化需要或为满足社会需求而改进或创造新的事物、方法、元素、路径、环境，并能获得一定有益效果的行为，是以新思维、新发明和新描述为特征的一种概念化过程。

4. 模式与方法

分解一件事情的属性，除了起因、过程、人，还有一个重要的属性——模式与方法。"事"的创新体现在方法上的不断改进。很多的创新营销案例的核心都是对于同一件事情不同方法的创新。例如，同样是为了卖手机，很多手机制造商采用商场优惠活动、买手机送话费等多种方法，而小米手机在一开始就采用了"高性价比""年轻路线""小米发烧友"等方式，迎合消费者心理需求，在营销策略上更是采取了"饥饿营销"的创新方式，从而取得了良好效果。比起买手机送话费的廉价策略，小米的"饥饿营销"反而事半功倍。我们在分析一件事情时，要从本质上了解这件事情、这种做法、这个措施等采用的方法是什么，这些方法基于什么需求点，从而为后续的创新提供更多的可能。

"饥饿营销"与市场竞争度、消费者成熟度和产品的替代性三大因素有关。也就是说只有在市场竞争不充分、消费者心态不够成熟、产品综合竞争力和不可替代性较强的情况下，"饥饿营销"才能较好地发挥作用。创新能力是当今国际竞争新优势的集中体现。如今，国际竞争的新优势越来越集中体现在创新能力上。当今世界，谁牵住了科技创新这个"牛鼻子"，谁走好了科技创新这步先手棋，谁就能占领先机，赢得优势。

商业模式创新是适应经济转型发展的根本要求。商业模式创新是继企业技术创新、产品创新、市场创新、组织创新之后的又一创新，是发展高端产业的新增长点，是发展以服务经济为主的产业结构、实现经济转型发展的重要手段。

商业模式创新是适应商业环境变化的根本需要。商业环境的变化要求商业模式随之调整，否则商业模式就会因缺乏盈利性而被市场淘汰。持续不断的商业模式创新是企业的一种重要能力。当前，交通、通信、物流、金融服务等企业基础条件正在发生巨大变化，人口结构、收入增长带来了消费理念和消费行为的改变。这些商业环境的变化为企业经营提供了新的机遇和挑战，谁能把握新趋势、适应新变化、作出相应调整，谁就能在竞争中领先一步。

商业模式创新是提高企业核心竞争力的必然选择。基于技术、产品之上的商业模式创新是一种重要、关键的核心竞争力，是企业获取长期竞争优势的根本保证。在战略制定和执行之间，商业模式作为企业经营的方法论，是企业参与市场竞争的立足点，决定着企业的竞争能力和竞争潜力，决定着企业发展的未来。

5. 影响

影响，是"事"的潜在属性。一般是指"事"发展到最后对周边事物产生的一种直接或者间接的结果。对于"事"的"影响"要素的分析，有利于我们在提出一种创新的举措或思路时，借鉴曾经类似的做法和思路，明辨哪些是可以发挥正面作用的，哪些是有负面作用的，从而更好地通过对过往的"事"的借鉴，取长补短，提出更为创新的构想。

综上，我们学习了关于"物"和"事"的属性分解维度，通过这些不同维度的属性分解，我们可以在创新之前对某件事、某个产品等进行现状的拆解和源头的追溯。只要能利用上述方法对事物进行属性分解与源头追溯，就可以为创新的第二步——问题发掘，提供尝试创新的方向。在我们的生活中，可以创新的东西无处不在。创新从不是高深莫测或遥不可及的，只要你善于观察、勤于思考、乐于尝试和探究，总能找到一些身边的创新点。

（三）属性分析法的使用

任何一件事物都有多个维度的属性，只要我们牢牢把握这些常见的事物属性维度，选取其中任何一个维度进行分析，就可能在事物的某个方面探究到问题所在。

就一件直观存在的"物"进行举例，"物"的常见属性维度有功能、外观、结构、材质、机理等，除此之外，还可以衍生出如成本、价格、质量、品牌、安全性等多个方面的属性维度。我们对于这些维度可以采取自我提问的方式探究问题所在。学生可以拿出随身携带的某件物品，如一部手机、一块手表、一件首饰等，尝试按照如下方式自我探寻问题。

（1）我最喜欢这件物品的哪个方面（如颜色好看、形状美观、功能强大、质地轻盈、操作便捷等）？

（2）我最不喜欢这个物品的哪个方面（如颜色单调老气、外观流线还差一点、少了我最想要的某个功能、局部材质做工有点粗糙等）？

（3）在我最喜欢的这件物品的某个方面中（如外观），美中不足的地方有哪些（如外观简约时尚但可选的颜色少、长度太长了、厚度再薄一点就好了等）？

（4）跟这件产品类似的市场产品可能有很多，但是我之所以选择这件产品，是因为与其他同类的产品相比，这件产品在哪些方面更具优势（如便宜、耐摔、有知名度等）？

（5）我很乐意把这款产品推介给朋友，最大的原因是什么（如便于携带、实用性较强等）？

（6）使用一段时间后，我觉得这款产品不适合推介给朋友，最主要的原因是什么（如价格较贵等）？

在上述自我提问的过程中，看起来都是一些很简单、常见的提问，并不难得到自己的答案。在这个提问的过程中，有的提问是抓住事物的最大优势、特点，有的提问则是发现事物的最大"败笔"；有的提问是从整体上对事物进行评价，有的提问则是从事物的某个局部寻找"美中不足"之处。事物有诸多属性维度，而我们发现的问题可能林林总总，但终归属于某个方面的属性维度。

主题三　构建创新设想

【主题导入】

集成创新的语音智能鼠标

　　鼠标作为计算机外接输入的设备，使计算机的操作变得更加简便快捷。随着鼠标功能的多元化，计算机的操作变得更加丰富多彩了，满足了多场景的使用需求。在多场景的使用中，使用较多的场景来自办公。办公鼠标只有智能化的功能，显然是无法满足办公高效的使用需求的。选择带有智能语音功能的鼠标，能够有效提升办公效率。下面我们来介绍"中国声谷"产业园的一家创新型科技公司的语音智能鼠标——咪鼠（Mi Mouse）鼠标。这款鼠标外观与我们日常使用的鼠标大致类似。计算机的文字输入一般是使用键盘打字来完成。要想键盘打字快，就需要多加练习。咪鼠鼠标中加入了语音识别和转写技术，因此显得格外与众不同。在我们使用计算机时，可以轻松将语音转为文字，无须练习打字，只需按住语音键就能快速地输入文字，更可以对鼠标发出如"我要听××歌星的歌曲""查询一下××地区今天的天气""打开××网页""打开计算机中的××程序"等指令，同时还加入了语音输入法特有的多语种翻译功能，极大地解放了人们的双手。这种创新就是一种典型的集成创新。然而，创新毕竟是无止境的，同学们如果对这个创新产品有兴趣，可以去搜索了解，如果对于这款产品的创新还有更好的想法，则可以在学习完本书后提出一些改进建议。

　　集成创新是根据某种新的要求将相关要素组织集成，通过优化组合而创新，从而达到"1＋1＞2"的集成效应。对于企业而言，集成创新是一个包括生产、经营、组织、管理等多方面内容的系统总体，通过利用信息技术、管理技术等对企业各种要素，包括组织、制度、文化等进行集成和优化，以设计、制造出新产品或新服务。加强基础研究，强化原始创新、集成创新和引进消化吸收再创新，是我国创新驱动发展的迫切要求。基础研究产生的创新成果，是保证重大应用具有关键知识产权的核心。与科技成果有关的知识产权保护，大部分都是从基础研究阶段开始进行的。基础研究积累不够、原始创新和科技源头供给不足，制约了集成创新和引进消化吸收再创新能力的进一步提升。

◎ 分析与启发

　　从案例中，我们可以看到，通过优化组合而进行创新，从而使鼠标的功能实现"1＋1＞2"的集成效应。因此，要实现创新，首先需要构建创新设想，并了解提出一个创新设想所要具备的前提基础，通过简单易行地提出创新设想的方法，增强创新设想的萌生意识和基本能力。

【主题解码】

在前面两个主题中，我们学习了如何利用属性分解法来追溯事物的源头，进而掌握了面对事物现状时发现问题、发掘问题的基本方法。当我们能够主动地发现事物存在的问题时，其实就已经离创新不远了。在我们发现事物存在的问题之后，更为重要的是提出创新性的解决方案，这种解决方案也许在短时间内不会过于具体，甚至不会过多地考虑技术、资金、设备等方面的资源条件，但是至少要有一种方向性的构想，我们姑且称之为创新设想。创新设想是创新性地解决已知问题的先决条件。那么，提出一个创新设想要基于怎样的前提？创新设想的提出要遵循怎样的基本原则？我们通过什么样的方法来激发创新设想？这些都是本主题要探讨的内容。

一、构建创新设想的前提

我们知道，创新具有开放性、独立性、新颖性、价值导向性等诸多特性，那么我们想要改进一个问题时，可能会提出这样那样的"好主意、好点子"。然而这些"好主意、好点子"往往不是在发现问题之后的瞬间就能激发出来的，这需要一个持续的思考过程，这个思考的过程需要一些基本的前提条件。

（一）具备较丰富的认知能力

任何创新思考都取决于人们现有的认知能力。超越人的认知能力的设想，往往是"异想天开"。这种认知能力的核心内容，就是对于知识和信息的储备。如果没有足够的认知能力，则我们在面对一个事物想要创新时，往往脑子会显得空洞，想要发掘的信息无从发掘。在人类的认知范围内，对于知识和信息的认知程度，大致分为以下四个层次。

1. 感知层

感知层就是人们通过感官系统感受到的东西，这个层面的感知比较直观但是并不能上升到原理或者理论层面。感知的结果是一种"感觉、认识、现象"等信息的综合，这些感知的信息属于认知信息的范畴。我们对于某种现象的存在，也许并不能解释其中的原理，但是能够感知它存在的规律也是认知的一部分。例如，在广为流传的《曹冲称象》的故事里，曹冲通过石头的重量称出了大象的重量，这是一种创新的做法，虽然那个时候的认知还未能上升到理论层面，但是人们可以感知重量与浮力的关系。从而把这种感知运用到测量一个物体的重量方面。

2. 理解层

如果说感知只是一种直观的、模糊的感觉，那么理解则是更为深刻和抽象的。在人的认知层次里，理解层不仅能通过感知能力使人对事物现象和规律形成初步认识，还能够通过分析、推理等方式使人理解这种现象和规律的本质。这里所说的理解，更多的是对事物本质和原理的理解。理解与感知存在明显的深度差异。例如，我们在网上可以买到没有天线的无线路由器，基于对无线信号这种事物的感知，我们不会觉得惊奇。但是这并不代表我们已经理解无线通信的信号原理。

3. 应用层

顾名思义，应用层不仅可以理解某种基础原理，还可以把这种原理应用到实际的生活中。学过信息通信专业知识的学生很有可能设计出一种传输效率更高的信号发射器或者接收器，也可能把家里的老式收音机的接收信号质量调试得更清晰，利用的原理都是理解层的无线通信和信号方面的原理，达到这个层次，就已经上升到认知能力的应用层。值得一提的是，当代大学生在学习专业知识的过程中，学会了某种专业理论，这往往更多地处于认知层次的理解层，而能够把某种专业理论运用到实际的项目、产品、方案中才是更为重要的。

4. 更新层

更新层是指在感知、理解、应用的基础上，能够自发地对已经具备的信息和知识储备进行自我扩展、深层探究和持续更新，从而不断形成更多的知识和信息储备。很多的发明创造都是在理解和应用的基础上，进行更为深层的研究和知识更新，进而不断发现以往的"知识库"里没有的东西。

（二）学会迁移和关联

我们在提出一个创新的想法时，对于所掌握知识的迁移和关联能力极大程度影响着思维的开放性和跳跃性。信息迁移和关联能力，对创新设想的构建无疑起到引导性作用。人们从飞行在蓝天的鸟儿身上获得了飞行的灵感，进而把这种飞行的现象进行迁移，从而发明了飞机；对水中鱼儿游弋的现象进行迁移，进而发明了潜水衣及潜艇等。迁移与关联有不同的侧重点。迁移与联想类似，即从一个现象迁移或者联想到与之类似的现象；而关联则更多的是在错综复杂的万物中找到其中存在的直接或者间接的联系。迁移和关联能力对于创意和创新的提出有很多典型的应用。例如，指纹识别已经在手机上得到广泛应用，而我们可以把这种指纹识别的原理和知识迁移到其他领域，以实现创新，如住宅的指纹解锁、笔记本计算机的指纹验证等、工作单位的指纹打卡；一张纸和我们吃饭用的碗、喝水用的杯子看似没有任何关联，而我们通过某种思考将其关联起来，从而有了"一次性纸碗""一次性纸杯"等创新。

（三）分析和界定问题

创新更多需要我们先发现问题所在，再产生改进和解决问题的想法。但是在问题发现之后，创新的解决方案不会立即毫无章法地冒出来，这个过程首先需要我们对已经发现的问题进行分析与界定，在发现一系列问题之后，我们必须回答"这是一个什么问题？""这个问题属于哪个领域范畴？""产生这个问题的原因是什么？"只有对问题本身进行原因的分析和属性范围的界定，我们才更容易从原因上动脑筋，从问题的所属领域进行钻研。

（四）打破思维定式

人的认知及思维方式一旦形成，就容易形成思维习惯的固化和沿袭，我们称之为思维定式。思维定式对于创新是极为不利的，这就需要我们在提出新设想的过程中刻意地摆脱第一感觉、过往经验等，从更为开放的、多元化的角度思考解决办法。关于思维定式的常见类型及打破思维定式的方法，我们会在第四讲进行更为具体的讲解。

⟷ **课中互动**　　　　　　　　　　巧　运　水

活动规则

（1）每次参与者为六名，分成三组，每组两人，其中一人用布将眼睛蒙上。

（2）参与者必须站在尼龙绳圈以外，不可越过界线。

（3）没有蒙上眼睛的参与者不可以动手参与活动，只可为蒙上眼睛的同伴做提示。

（4）蒙眼者拿水杯取水。

（5）将水杯和杯中的水完整移出尼龙绳圈以外才可计分，如水溢出水杯则不计分。

注意事项

小组成员可在规则范围内用各种方法，但要看哪个小组最有创意。

◎ **成功密钥**

通过取水这一活动，鼓励学生们采用不同的方法，激发创新意识，大胆地进行创新构想，并付诸实践。

二、启迪创新设想的常用方法

当我们发现问题所在并分析其原因之后，问题有可能已经被解决了一半。解决一个问题、对事物的整体或者某个局部问题进行改进的解决方案有很多，并非每种办法都具有新颖性。创新设想，首先在于设想的新颖和独特，其次是"设想"而非特别具体的"设计"，因此无须过多考虑结果实现的技术、成本等外在条件的限制，只要围绕着问题的解决提出新颖的思路、点子，就可初步构建了一个创新设想。我们在主题二关于"问题识别与发掘的方法"中，提到了近似对比法、质疑探究法、缺点列举法、关联发掘法、五问分析法、问题重构法等用于发现和发掘问题的基本方法，这些方法也可以用于对新设想的构建中。在这里，我们介绍几种简单易懂的方式方法，用以引导学生进行创新设想。

（一）Why – Why Not

Why-Why Not 不是一种理论性的方法，而是一种引导思考的提问方法。我们面对一个事物需要改进的问题时，可以首先提出两个问题：为什么一定是这样？为什么不能那样？在这两个问题提出时，我们会延续自我的思考来试图寻求与众不同的答案。这两个问题也可以延伸出一系列类似的问题，学生可以尝试自我询问和探究答案。

（1）为什么这样就是合理的？如果不这样就一定不合理吗？如果我不这样做就没有合理的方法了吗？

（2）要实现原有的需求，实现手段只有这一种吗？世界上真的没有更好的方式了吗？

（3）前人为什么要这样做呢？我难道必须用他那种角度去思考这个问题吗？

随着信息化技术的发展，在现代高校里，学生都有一张校园卡，这张卡在去图书馆借书登记、到食堂吃饭、到校园超市购物、回宿舍进出门禁等生活和学习中都要用到。这已经是信息化时代最方便、最快捷的设计了吗？我们可以按照上述问题来问一问自己，尝试激发新的设想。

为了便于同学们"大开脑洞"，我们给出一个示范启发，以下是某个学生对于上述系列问题的自我探索式回答，他似乎已经捕捉到了一个很新颖的设想：我认为校园卡的设计虽然合理，但是也不是必须如此。尽管大多数高校都在使用各种功能的一卡通，但是我觉得还有其他办法。校园卡的功能大多是一种身份的识别和登记，所有的数据其实都在网络和终端，都是一种虚拟的信息。并且这种卡片平时可能忘记携带或容易丢失，既然卡里面的金额、借记、身份识别等都是虚拟的，那么为什么卡就不能虚拟呢？我觉得用指纹就可以。学校可以把所有的卡机换成指纹机，我们可以设计一个指纹 App，学校在入学时就给每位学生录入指纹样本并开通 App 账户。我们通过支付宝和微信就可以随时往自己的指纹账户中充值。进出宿舍只要用指纹解锁；到食堂吃饭只要刷一下指纹，饭费就会在指纹账户中扣除；到图书馆借书只需要指纹登记。以前的设备厂家设计卡片是因为他们只关注了卡机和芯片等这些外在设备的关系，但是他们没有考虑设备与人体是不是可以有机结合。我这种方案可以解决校园卡忘记携带或容易丢失的问题，最关键的是，指纹比卡还要安全。

用户体验是信息时代科技创新评价的新理念和必然方向，产品开发者可以借助用户体验过程中的反馈情况把握产品状态、分析业务价值、改善产品质量和服务水平。研究表明，现代产品改进计划有 30% 是基于用户体验完成的。以客户需求为基础，技术创新即可实现产品创新，风靡全球的小米手机就是将用户的体验做到极致，才获得成功的。产品人时常思索的一个问题是：是用户需求促生了技术创新，还是技术创新能够引领用户需求？

以当下流行的产品为例，可以总结现代企业解决用户需求的三种类型：一是跟风，主要指仿造已经得到市场认可的产品；二是把握，主要指发现已有急需解决的需求，快速地提出产品；三是创造，主要指那些新颖的产品，直到该产品出现后，人们才发现原来自己有使用该产品的需求。前两类企业的产品，很明显源自用户需求，互联网巨头们几乎都属于第二类，都是抓住了用户明确的需求，提供优质的产品。

技术创新在产品的生产方法和工艺提高的过程中起着举足轻重的作用。一方面，技术创新提高了物质生产要素的利用率，减少投入；另一方面，通过引入先进设备和工艺，降低成本。技术创新还可促进企业组织形式的改善和管理效率的提高，从而使企业不断提高效率、不断适应经济发展的要求。管理上的创新可以提高企业的经济效益，降低交易成本，可以开拓市场，从而形成企业独特的品牌优势。技术创新推动科技创新成果转化为现实生产力，从而更好地促进国家经济发展和改善民生环境。

（二）转换视角，另辟蹊径

"转换视角，另辟蹊径"主要是指当我们无法在某个点上获取新设想时，可以尝试从与之相关的其他方面来考虑改进方案。这种创新设想的构建基于一个前提：事物总是具有多面性，是由很多个相互独立又相互依存的部分组成的。如果我们不能改变其中的一个部分，那么可以尝试改变与之相关的其他部分。这种方法与我们在下一讲中要讲述的逆向思维有类似之处，而不同于逆向思维的是，"转换视角，另辟蹊径"更多地考虑变换方式和路径，从别处寻找不同答案。逆向思维则更多的是"反常规"考虑问题。例如，教师现在手里用的粉笔，在书写时会有很多粉末飘飞，手上也会沾上粉末。并且一支新粉笔在书写时容易断掉，而粉笔头又不太好拿，我们能如何改进它？以下两种创新方案都可以选择。

方案 A：我们可以像女生使用的口红一样，把粉笔塞进一个可以旋转推出的外壳里，使用的时候拧出来一截，这样粉笔就不容易折断，手上也不会有粉笔末。

方案 B：我们为什么要用粉笔书写呢？加一个影像放大设备，将这台设备连接到现在使用的投影白板，这样教师只要在讲桌上用 A4 纸书写，书写的内容就可以经过影像放大后投射在投影白板上。这样做连黑板都可以省去了。

以上两种方案都是创新设想，方案 A 是就粉笔本身的改进而改进，方案 B 则把改进的视角从粉笔本身移到别处，从而通过一个简单的影像放大仪解决了粉笔的问题，甚至还节省了黑板的成本。

思维空间的拓展，可能产生大幅度的创新。发明家费罗·法恩斯沃斯（Philo Farnsworth）在 1927 年就发明了电视机，但把黑白电视节目带给消费者的，却是在 1937 年创建了电视广播的戴维·萨尔诺夫（David Sarnoff），因为他创造了一种成功的商业模式，把电视机、录像机、广播电台、节目内容和广告结合在了一起。法恩斯沃斯只是发明了一台机器，而萨尔诺夫则建立了一个新的产业，后者才是一个创新者。改革离不开创新，创新也离不开改革的铺垫。唯有改革，才能消除阻碍创新的重重障碍。凡事不可能一成不变，社会是不断发展进步的，新的情况、新的问题不断出现，这就要求我们在全面深化改革的路上不断创新发展。

（三）关联与集成

关联与集成是指参考相关事物的特性，将比现状更优的各种特性关联起来并尝试有机结合，从而形成一种全新的组合。这个方法的基本原理属于集成创新。例如，儿童智能手表是一个很实用且新颖的智能产品，主要针对家长为了实现和孩子的及时通信、关注孩子的安全和学习动态等需求而设计，这种设计就是把手机的通信功能、定位功能、软件功能等与传统的手表结合起来，实现了关联集成。关联与集成的运用，会促使我们想到不同事物的局部特性，基于某种更为便捷的需要，把它们有机地结合在一起，从而形成与众不同的创新效果。

知识链接　　　　　　　　创造性思考方法——特性列举法

列举法，是以列举的方式把问题展开，用强制性的分析寻找发明创新的目标和途径，其主要作用是帮助人们克服感知不足的障碍，迫使人们将一个事物的特性、细节统统列举出来，挖掘熟悉事物的各种缺陷，思考希望达到的具体目的和指标。这有利于人们抓住问题的主要方面，强制性地进行有的放矢的创新。

在列举法的运用中，根据依据的基本原理不同，可以划分为特性列举法、缺点列举法、希望点列举法三类。

其中，特性列举法是20世纪30年代初内布拉斯加大学教授罗伯特·克劳福特（Robert Crawford）创立的一类创新技法。运用该技法首先要把研究对象的主要属性逐一列出，通过详细分析，探讨能否进行改革或创新。一般来说，要着手解决的问题越少，越容易获得创新的成功。

基本原理

特性列举法依据的基本原理是：将事物按名词特性、形容词特性、动词特性化整为零，这有利于集中精力思考创意。

例如，要改革烧水用的水壶，可以把水壶按名词特性、形容词特性、动词特性化整为零。

名词特性：整体——水壶；部分——壶嘴、壶柄、壶盖、壶身、壶底、气孔；材料——铝、铁皮、钢精、铜皮、搪瓷等；制造方法——冲压、焊接。

形容词特性：颜色——黄色、白色、灰色；重量——轻、重；形状——方、圆、椭圆、大小、高低等。

动词特性：装水、烧水、倒水、保温等。

对这些特性分别进行研究，只要革新其中一个或几个部分，就可以使水壶整体性能发生改变。

操作程序

（1）确定研究对象。研究对象应当选择一个比较明确的革新课题，课题宜小不宜大，如果课题较大，则应将其分解成若干小课题。例如，革新自行车，课题的涉及面就太大，难以把握。如果将自行车分为若干部分，如车胎、钢圈、钢丝、轴承、链条、齿轮、车身、车把、刹车、车座、车铃、车灯等进行分别研究，只要革新其中一个或几个部分，就可以导致自行车整体性能的创新。

（2）列举研究对象的特性。名词特性——性质、材料、整体、部分、制造方法等；形容词特性——颜色、形状、大小等；动词特性——机能、作用、功能。

（3）分析鉴别特性，提出革新方案。从各自特性出发，分析鉴别本质特性与非本质特性，通过提问，诱发革新或完善本质特性的方案。例如，前面提到的要革新烧水用的水壶，根据名词特性可以提出：壶嘴是否太长？壶柄能否改用塑料？壶盖能否用冲膜压制？怎样使焊接处更牢固？是否能用更优良、更廉价的材料？气孔能否移到别处？根据形容词特性可以提出：怎样使造型更美观？怎样使重量更轻？如果在动词特性上想办法，则可以提出：怎样倒水更方便？怎样烧水更节能？怎样改进设计更保温？现有一种鸣笛壶就是"气孔能否移到别处？"这一思路的革新成果：这种壶的气孔设在壶口，水烧开后产生蒸气会自动鸣笛，而壶盖上无孔，提壶时不会烫手。

【主题导入】

智能音箱的持续升级

"叮咚智能音箱"支持在线联网搜索、手机 App 控制、语音控制、家电物联网等多项功能，该产品上市当年获得了智能音箱年度总销量第一的成绩，之后陆续获得了 CES Asia 最佳智能家居设备奖、Red Star Design Award 红星设计奖等国内外知名设计奖项。

为什么"叮咚智能音箱"能够在很短时间内脱颖而出并饱受用户好评？下面我们列举几个"叮咚智能音箱"的小功能，让同学们"脑补"一下。

王先生是一个公司新晋的部门经理，每天要面对的工作千头万绪，自从配备了"叮咚智能音箱"后，感觉工作和生活中好像多了一个助理和朋友。每天早晨，他进入办公室的第一件事情是对"叮咚智能音箱"布置任务："叮咚叮咚，提醒我上午 9 点有个会议"，此时，"叮咚智能音箱"很聪明地回答道："好的，9 点钟提醒您有个会议"；会后，他想了解一下公司的股票情况，一边倒茶一边直接对"叮咚智能音箱"说："叮咚叮咚，××公司的股票情况怎么样？""叮咚智能音箱"很快直接播报××公司股票当日开盘情况、股价变动等信息；晚上回到家里，他进门就直接说："叮咚叮咚，帮我把空调开到 25 ℃，打开窗帘，打开书房灯光……"凭借着智能家居的联网功能，"叮咚智能音箱"很快把指令传到智能家电，瞬间在无人操作的情况下完成"主人"的吩咐；睡觉前，王先生习惯听点轻音乐，"叮咚叮咚，来一首班得瑞的轻音乐""叮咚智能音箱"自动通过网络找到班得瑞的轻音乐并播放；王先生的孩子闹着要听睡前故事，"叮咚叮咚，给小宝宝讲一个儿童故事吧，20 分钟之后关机，明早 7 点钟提醒我起床……"王先生的指令发出后，"叮咚智能音箱"很快完成了检索和后台设置并且回复："为您推荐××儿童故事""好的，20 分钟之后进入休眠状态""已经为您设置明早 7 点钟提醒您起床"……

看到这里，同学们是不是觉得很神奇？一款小小的音箱，居然可以理解人说的话，并且实现人机之间的互动，不用任何屏幕或者按键操作，直接语音"使唤"就行。其实，在"叮咚智能音箱"没有"出生"之前，它还有两个"哥哥"——第一代智能音箱和第二代智能音箱。

第一代智能音箱采用内存卡存储，不支持联网和手机 App 操作，用户点播歌曲时，要按一下语音按键，然后说出内存卡上已经下载存储的歌曲；第二代智能音箱在内存卡存储的基础上增加了联网检索、手机 App 点播，但是要实现人机对话时，还是要按一下语音按键之后才能用语音操作。而"叮咚智能音箱"作为第三代升级产品，可以实现随时语音唤醒并且通过语音可以下达机器本身任何操作的"命令"，如声音开大一点儿、快进到第 50 秒、重播一次、下一曲等，除了歌曲播放，还能够联网检索用户需要的其他有关信息并进行语音播报和人机交流对话。

◎ 分析与启发

从案例中，我们可以很直接地感受到智能音箱在三代产品的迭代过程中产生的创新点。在感受创新带来的高效和便捷的同时，我们不禁在想：这么新奇的东西，在产生之初，它的设计者是怎么想出来的呢？其实，任何的创新产出，总是为了解决某种问题，或者为了满足某种需求。只有追溯需求产生的源头，我们才能清楚现状的"来龙"，才能把握创新的"去脉"。

【主题解码】

经过主题三的学习，我们已经初步掌握了提出创新设想的基本方法和思路。面对一个问题，仅仅提出一种创新设想并不代表问题可能得到改善性的解决。因为我们还需要对提出的设想进行基本的论证。在提出创新设想之后，对其进行论证有几点好处：其一，可以回顾检查这些新设想的提出是不是为了解决问题，有没有与改善的初衷相悖；其二，可以在初步设想的基础上进一步审视其合理性及适用性；其三，对设想的可行性进行分析论证的过程会让我们更加清楚在把创新设想付诸实践的过程中需要哪些条件和资源，从而更为科学和全面地指导后续的创新实践行动。对一个创新设想进行论证，主要围绕这个设想的合理性与可行性进行，这就是本主题我们要与同学们探讨的两个重要知识点。

一、创新设想的合理性论证

创新设想的合理性论证，简而言之就是对某个创新设想是否符合常理、是否合适及合适的程度进行检视。那么，怎样才是合理、合适？这就要回顾我们在本书第一讲主题一中提到的"创新的特点"，并进行对标分析。

（一）创新设想是否聚焦在问题的解决导向

一个好的创新设想应该聚焦于现实问题的改善性解决导向，如果设想提出之后偏离了当初要解决的问题核心，那么这个设想也许新颖但未必有效。例如，人们因要急着出门上班或出门前要带的物品太多而忘记带钥匙，这样回家时会发现打不开门。针对这种问题的解决，有几种不同的创新解决方案。

方案 A：在门上加装一个感应语音提示装置，每当人们出门时，语音装置都会自动提醒"请带好您的钥匙"，这样如果遗忘了钥匙，就会根据语音提示不由自主地检查钥匙是否在身上。

方案 B：在门上安装指纹密码锁，即使忘记了带钥匙，也可以通过指纹或密码来开门。

方案 C：多配几把钥匙，分别放在钱包、手机套、车钥匙扣等处，这样即使忘记带钥匙，也可以使用钱包或者车钥匙扣上的备用钥匙开门。

从表面看来，三种方案都具有不同程度的创新性并且在一定程度上都可以解决"因为忘记带钥匙而打不开门"的问题。但是，我们仔细地考虑之后会发现，方案 C 的创新性明显低于前两种方案。因为，问题的核心"忘记带钥匙"是人的主观原因导致的问题，要解决这个问题，从本质上来说是要解决主观性的问题，而方案 C 只是考虑多配几把钥匙放在不同的地方，这个设想没有解决人的主观遗忘的问题本质。例如，如果出门忘记带钱包了呢？因为应邀参加一场酒会，所以选择不开车呢？从酒会回家时手机落在酒会了呢？这些特殊情况都有可能出现，都是因为主观原因未得到解决。因此，相比之下，方案 A 和方案 B 更多是从客观层面解决问题，而方案 C 还是建立在主观的基础上。

（二）创新设想是否能实现事物的综合效用优化

我们知道，价值效用优化是创新的特性和导向之一。也就是说，一个创新设想，如果在实施之后，虽然解决了事物某个方面的问题，但是带来了其他问题，而带来的综合效用（成本、质量、效率、用户体验）较之已经解决的某个问题是整体上下降的，那么即使有效解决了某个问题，这种创新设想也不是一个具有价值导向的设想。例如，为了解决教育均衡的问题，有人提出在教育资源较少的地区多增设学校、增派教师。这样的做法如果得以实现，则可以极大地提高教育资源的均衡性，然而，需要增设的学校的建设与运行成本、增派教师的人力成本及优秀教师到偏远地区的发展意愿等，都是由此产生的新问题，这些延伸出的新问题的综合成本远超想象。也有人提出，应该加大信息化资源建设，为偏远地区的学校改善教学信息化应用，把优质学校的师资及课程通过信息化手段引入教育资源相对匮乏的地区，这样可以解决增派教师的成本问题、大规模扩建学校的建设成本及管理等问题。这种做法相比较"缺什么补什么"会有更高的综合效用。

综上，我们可以得出一个简单的结论：创新设想的合理性更多地集中体现在该设想是否聚焦于问题本质的解决，以及实施之后能否实现综合效用的提升并且最大限度地避免额外问题的产生。我们在构建一个创新设想时，要学会从以上两个角度进行分析和预判，从而不断优化调整设想。在设想提出之后，也要从这两个角度进行审视和评估。

🔁 **课中互动**

创造"外星人"

将学生进行分组，每个小组要共同创造出一个外星人，这个外星人只有 7 只脚、3 只手在地上，并且全组人员必须连接在一起，成为一个整体并能够行走数步。

小组可进行讨论：用什么方法达成共识？你认为最有创新的地方在哪里？哪些因素有助于最后结果的产生？哪些因素阻碍了最后结果的产生？

◎ **成功密钥**

小组成员达成共识的方式一般来说有自发、说服、强迫、表决、仲裁等方式，自发的方式最好但很不现实，强迫、仲裁可能会导致小组分裂；过多地使用表决则说明小组成员不太默契，尽管它能"公正"地体现大多数人的意愿；说服是一种很温和的方式，但需要时间和合作的心态。没有一种方法是最好的，应根据时机采用不同的方法。创新是生命活力的体现，但创新需要得到小组成员的认可才会有成绩。

二、创新设想的可行性论证

对创新设想进行可行性论证，是把创新设想转化为后续的创新实践的必备环节。合理性论证主要是围绕着某个创新设想是否能够聚焦问题的解决且实现综合效用的提高、不带来更多的问题来展开，也就是论证创新的问题解决导向和价值效用优化。是不是某个创新设想只要合理、能够实现价值效用优化，就一定能够转化为理想的创新实践和产出呢？答案是否定的。因为，创新具有现实依赖性，即使经过了合理性论证，如果缺少必备的条件与资源，则设想还是不能转化为产出。或者说，合理的未必能实现，能够实现的也未必合理。创新设想的可行性论证更多地与创新的现实依赖性相关。一般可以从以下几个方面进行可行性论证。

（一）在理论上能否实现

理论上能否实现，是指创新需要的人类的认知范围和水平能否达到或者是否存在。任何发明创造必然是在获得了足够的理论认知之后，才可能在理论的基础上进行创新探索。例如，人类如果没有掌握空气动力学的理论，则飞机不可能按照理想的状态在天空飞行；如果没有发现电的产生原理，则不会有如今的各种电器。遥远的古代没有汽车、手机，甚至在一些戏剧性的电视剧中，古人穿越到了现代都会觉得现代社会很多东西都像"特异功能"般的存在，这就是因为当时人类的认知水平达不到这种程度。

我们在对某个创新设想进行可行性论证时，首先要考虑的问题是：在理论上是否可行？这个设想在现有人类认知水平范围内是否有理论和现实的支撑？也许有学生会说，我们来自不同的专业，所学习的理论知识不同且很有限，并不知道全人类的认知范围到底有多大、多深，这个世界上有很多我们并不清楚的理论知识。知识无界无限这是一个事实，没有人知道世界上所有的东西。但是对于个体的创新而言，并不会完全受到全人类认知水平的影响。我们只需要通过自己能够看得见的事物现象、能够理解的知识与理论，就足以推断一个设想实现的理论可能性，哪怕我们并不懂这个理论。

例如，在课堂上，学生需要坐在教室里听课，那么能不能在寝室里、在家里就可以像在课堂上一样听课并参与讨论呢？"虚拟课堂"就是一个不错的创新设想。在这种设想里，学生可以在寝室通过某种穿戴设备，身临其境地在虚拟课堂里上课，周边坐着"虚拟同学"，甚至可以看到他们的动作和表情，能够听到课堂的讨论，可以面对面地与同学交流，"虚拟老师"也会在学生面前出现，答疑解惑。你的寝室实际上只有你在，你看到的一切都是虚拟的。这种设想具不具备可行性？答案是肯定的。国外的一些科幻大片里其实有不少这样的场景，一个会议室里面看似好多人在开会，其实那些人都不在会议室，而是在各自的办公室或者家里。有学生可能会说，那只是一部科幻片，在现实中不可能存在。事实上，我们也许并不懂得 VR 技术，也不太清楚全息投影，但是全息投影技术已经在现实中存在了，VR 眼镜也已经走进了我们的生活。在网上可以检索到"谷歌在一个学校的体育馆里展示3D 全息投影"的短视频，看过之后，你应该觉得"虚拟课堂"的设想从理论上是可以实现的。只是实现的设备成本和细节技术还需要完善而已，但是至少，这种虚拟技术已经在现实生活中实现了。因此,从理论上推断,在特定的场景下出现虚拟的各种人物角色的设想是"在理论上可行"的。

创新虽然受理论认知的影响,但是这种影响是在有限范围内的,不是绝对的影响。我们可以不懂指纹识别技术,但是我们可以提出一个把指纹识别应用在保险箱、防盗门、考勤机、手机、支付终端等领域的设想,只要你能提出这些创新的应用设想,就算无法亲手去设计和制作,但是在理论范围内一定有专业的人可以实现你的设想。

(二)在资源上是否允许

资源条件也是创新的现实依赖条件之一。创新设想的可行性,除了理论可行之外,还需要现实条件可行。这些现实条件包括技术、资金、设备、人才等方面,我们在这里统归为资源。在资源上是否允许,是创新设想可行性论证必须考虑的问题,也是一个创新设想真正能够转化为看得见、摸得着的创新产出最为关键和现实的部分。

创新所需的各方资源,往往不是创新者本身完全具备的。我们可以对一个计算机桌进行改进,从而实现一个小小的创新产出,那是因为这并不需要很多资源。你可能只需要一个改进的"创意",然后加上螺丝钉、木板、脚链、常用工具等。如果你对一部手机提出一个创新设想,那么也许你的设想是合理的,在理论上也是可行的,但是你需要生产厂家的设备、专业工程师、模具、配件等。此时你会发现你的资金不足,一些专业的技术需要专业人员帮忙等,这时,你的设想可能在资源上不允许它转化为现实,除非有厂家愿意采用你的设想并且提供对应的资源。

就大学阶段而言,我们更多倡导学生能够针对某些现实的问题提出创新的设想,并且能够通过本主题学习的创新设想论证的方法进行审视。至于能否把创新设想转化为现实的产出,这需要一定的资源条件,因此我们建议学生尽可能在有限的资源范围内作出一些力所能及的创新实践和产出。学生可以在实验室里获得一定的资源,也可以从身边的小改进、小制作着手,提高创新的意识和能力。能够涌现创新的想法并且能够识别这些想法的合理性与可行性,就基本达到了本主题的教学目标,相信在以后的学习和工作中,随着资源条件的不断完善和满足,具有创新精神和能力的学生一定能不断作出更多更好的创新成果。

🔗 知识链接

互联网科技创新的领跑者

阿里巴巴于1999年在浙江省杭州市创立,经过十几年的高速发展,其目前经营的业务包括淘宝、天猫、聚划算、全球速卖通、阿里巴巴国际交易市场、1688、阿里云、菜鸟物流等。2022财年,阿里巴巴收入8 530.62亿元,同比增长19%;净利润为1 363.88亿元。其中,阿里云全年总收入1 001.8亿元,盈利11.46亿元,实现13年来首次年度盈利。

对于阿里巴巴,大多数人只了解它旗下的淘宝和天猫。淘宝和天猫这种为数千万买家和卖家搭建的网络销售平台,是在什么时代背景下产生的?淘宝和天猫的产生是为了解决什么问题?"让天下没有难做的生意"可以体现出其产生的原因及需要解决的问题。

不难看出,在阿里巴巴创业之际,当时的互联网虽然没有达到如今的普及程度,但是已经在国外发展得比较迅速。互联网时代的到来、信息的便利互通和及时共享，成为淘宝和天猫产生的主要时代背景，而当时的市场贸易更多在线下实体店完成，在交易的便捷程度等方面面临诸多不便，这也成为淘宝和天猫这种新鲜事物快速发展的现实环境背景。阿里巴巴正是把握了特定的时代背景和现实环境，迎合了买家和卖家共同的需要，从而解决了"让天下没有难做的生意"这种现实问题。

阿里巴巴的出现和创新，来自以下多个方面。

（1）重组创新。很多时候，重组创新是一个受到研究者和创新者青睐的概念。创新突破了传统买卖双方交易方式的限制，在通常情况下，一些突破是将表面上看起来毫不相干的两件事凑到一起，催生一个全新的概念。

（2）改变规则。游戏规则的改变会推动或拉动创新朝着新的方向发展。例如，道路监控摄像头数量的迅速增加有助于加强交通安全管理，同时也催生了一个新的行业——指导驾驶员加强对交通安全法规的重视和学习。这属于环境改变带来的空间和机会。

（3）知识推动。知识是创新的原动力，通过科学前沿的推动来创造机会。创新的一个显而易见的来源是通过科学研究发现新的可能性。如今许多企业都建立了研发中心，通过技术研究来推动企业的产品创新。知识推动型创新的关键在于经过大量的努力之后，才会取得重要突破。雷达、复印机、手机、抗生素等都是知识推动型创新的例子。

（4）需求拉动。需求是创新之母。创新是为了满足人们对改变的需求。例如，福特可以将富人的奢侈品——那些早期的豪华轿车变成一种普通人的交通工具。

（5）用户自发创新。用户使用产品的时间更长，对产品的更新有敏锐的洞察力。在创新的过程中，他们的主要作用是接受新的观念，他们关注满足具体需求的方法，并且为下一次实验做好失败的准备。有时用户主导创新会使整个创新过程处于持续发展状态。阿里巴巴通过大数据抓取用户的交易习惯、方式，促进平台发展，延伸潜在空间，不断拓展领域。

对于企业来说，创新机遇通常来自洞察行业发展趋势、了解客户新的需求、解决问题及寻找空白市场等。产品的创新通常包括前所未有的产品、新的产品线、产品线延伸、产品重新定位、降低成本和渐进性产品改进等。

一般可以通过调整、改变、扩大、缩小、组合、借用及代替而创造出新的产品、新的方法和新的观念。很多企业创新能力的瓶颈并非出现在个体上，而是出现在制度和文化等组织因素上。因此，企业一定要建立创新型组织，营造一个鼓励创新、挖掘创新技巧和激发创新的良好环境。

先锋榜样

林欣：医学科技创新要保持加速度

林欣，清华大学医学院教授，基础医学系主任，在国内外有近30年T细胞（全称T

淋巴细胞）研究经验，2014年回国后，入职清华大学，开启"二次创业"，专注于T细胞免疫治疗的应用研究。身为一名分子和细胞肿瘤学教授，他也经历过癌症治疗的过程，"作为一个癌症患者，内心是非常无助的。渴求被治愈，但又不得不面对生命之光逐渐暗淡的事实。"他回忆说。在患癌治愈后，癌症研究对他来说不再只是一份工作和一项学术难题。下面介绍他在医学领域的创新成果。

他专注于应用转化。从2014年开始专注于T细胞免疫治疗的应用研究，该疗法对血液肿瘤有确切疗效，但依旧有很多创新的空间。虽然有大量的研究数据积累，但是真正成药还是存在一定难度的。因此，在不断的实践中，他构建了STAR-T的全新结构，它是基于T细胞受体的天然的内源信号，功能更温和，副作用很小，T细胞增殖更好，不容易耗竭，并且更适用于实体瘤。在大量的临床实践中，STAR-T的很多优势逐步得到临床数据的验证。

他把研究成果转化为造福人类的工具。开发全新的治疗手段，为癌症患者解除病痛，提供个性化精准治疗，在人类攻克癌症的历史上留下重重一笔，是从事生物医学基础研究的科学家的共同梦想。因此，他希望未来创新技术能早日转化成药品，在"真实世界"得到验证，治愈更多肿瘤患者。

生物医药产业是21世纪创新最活跃、影响最深远的战略性新兴产业之一，我国虽在这一领域起步较晚，但发展迅速。特别是在新冠疫情肆虐全球的背景下，中国生物医药产业完整的产业链和强大的供给能力，不仅为全球抗击新冠疫情作出了重要贡献，还在中国加速崛起中成为稳增长的新动能。

对于人才来说，相比于光鲜高薪的互联网和金融，医药生物一度被认为是"高投入、低回报"的行业，学历和专业要求高，薪资却平平无奇。但是近几年随着创新药的崛起，这一局面已然被打破。随着中国的创新药驶入快车道，行业的火热加大了对于人才的需求，创新药研发人才生逢其时。

本讲小结

创意成果是一种创造性的思维产品。这种产品是具有创新性的设想，是一切发明创造的胚芽；创意成果也是一种特殊的劳动产品，具有个人性、意会性、原创性的显著特征，它是一切文化之源，是真正属于人类自己的产品；创意成果又是一种无形的意识产品，一切社会产品都是它的延伸和物化。创意成果的产生需要遵循科学的创新过程。

自我评测：
创新过程

革故鼎新　不破不立——创新思维

>> 科技创新特别是原始创新要有创造性思辨的能力、严格求证的方法，不迷信学术权威，不盲从既有学说，敢于大胆质疑，认真求证，不断试验。

——习近平

学习地图

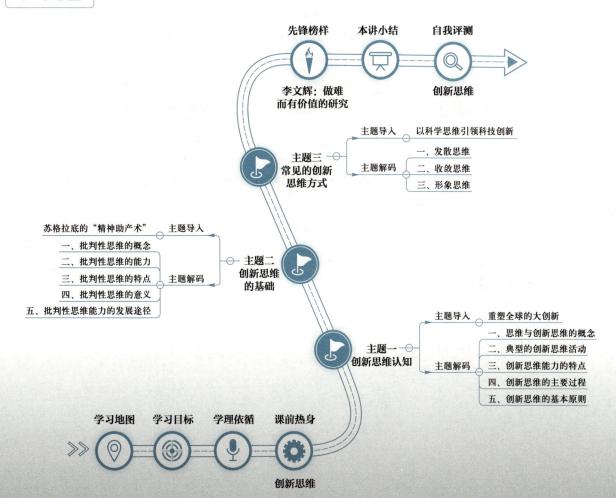

学习目标

● 知识目标

在理解创新思维概念的基础上，掌握不同的创新思维方式，构建关于创新思维科学理

论的体系和基本的知识的框架。

● 能力目标

合理运用不同的创新思维方式破解现实课题。

● 素养目标

培养创新思维，养成思考创新的习惯。

学理依循

重视创新思维是马克思主义的优良传统，马克思和恩格斯特别重视创新思维，他们指出，"全部问题都在于使现存世界革命化，实际地反对并改变现存的事物"，即马克思主义者要依据实践的变化，分析实际问题，提高改革攻坚能力，解决实际问题，进而推动人们的思维"按照人如何学会改变自然界而发展"，最终实现思维创新。恩格斯指出："一个民族要想站在科学的最高峰，就一刻也不能没有理论思维。"

党的十八大以来，习近平总书记多次强调各级领导干部要努力掌握科学的思维方法，提高科学思维能力，其中包括提高创新思维能力。思维能力是创新型人才智力结构的核心部分，它在创新活动中占据重要地位，起着主导作用和决定作用。大学生具有创新的潜质，因此，有志于创新的创造者都应该自觉地、努力地培养自己的思维能力。

课前热身：
创新思维

主题一　创新思维认知

【主题导入】

重塑全球的大创新

丝绸之路是两汉时期中国古人开创的连接东西方文明的贸易和文化交流通道，是起始于中国，连接亚洲、非洲和欧洲的古代商业贸易路线。从运输方式上，丝绸之路分为陆上丝绸之路和海上丝绸之路。丝绸之路是一条东方与西方之间经济、政治、文化交流的主要通道。它最初的作用是运输中国古代出产的丝绸、瓷器等商品。德国地理学家费迪南·冯·李希霍芬（Ferdinand Von Richthofen）最早在 19 世纪 70 年代将之命名为丝绸之路。

2013 年 9 月和 10 月，习近平总书记在出访中亚和东南亚国家期间，先后提出共建"丝绸之路经济带"和"21 世纪海上丝绸之路"（以下简称"一带一路"）的重大倡议。"一带一路"倡议旨在借用古代丝绸之路的历史符号，高举和平发展的旗帜，积极发展与沿线国家的经济合作伙伴关系，共同打造政治互信、经济融合、文化包容的利益共同体、命运共同体和责任共同体。可以说，"一带一路"倡议是人类命运共同体和平发展的伟大创新之举。截至 2022 年，全球已经有 100 多个国家和国际组织积极支持和参与"一带一路"建设，联合国大会、联合国安理会等重要决议也纳入"一带一路"建设内容。"一带一路"建设逐渐从理念转化为行动，从愿景转变为现实，建设成果丰硕。

"一带一路"建设植根于丝绸之路的历史土壤，重点面向亚欧非大陆，同时向所有朋友开放，以"共商、共建、共享"为原则，旨在为欧亚非沿线 65 个国家、44 亿人口建立由铁路、公路、航空、航海、油气管道、输电线路和通信网络组成的综合性立体互联互通的交通网络，并通过产业集聚和辐射效应形成建筑、冶金、能源、金融、通信、物流、旅游等综合发展的经济走廊，通过政策沟通、设施联通、贸易畅通、资金融通、民心相通（"五通"）来推进贸易投资便利化，深化经济技术合作，建立自由贸易区，最终形成欧亚大市场。

世界未来学家约翰·奈斯比特（John Naisbitt）及其妻子多丽丝·奈斯比特（Doris Naisbitt）与全球社会、经济、政治趋势观察家龙安志合作的《世界新趋势》一书中对"一带一路"的历史渊源、当下进展和未来趋势进行了较为全面的分析研究，从而描绘出令人兴奋和鼓舞的前景。奈斯比特夫妇认为，中国推进"一带一路"建设，从经济合作出发，行之有效，受到了普遍欢迎。他们认为，按照发展规律来看，经济发展会促进教育发展，从而促使人们释放更多的创造力，在帮助个人获得更美好生活的同时，也促进各国更为全面地发展。通过更深入的思考和理论归纳，奈斯比特夫妇认为"一带一路"建设还具有对全球化进行重塑的重要意义。他们在《世界新趋势》一书中明确指出："'一带一路'重塑全球化新格局。"

◎ 分析与启发

当今世界，创新是主旋律和主题词，新一轮科技创新与产业革命在全球范围内兴起，重大的颠覆性创新随时会出现，创新成为世界重塑经济结构和经济格局的关键。我们完全可以在国家"一带一路"倡议中开拓创新、大显身手，早日实现"'一带一路'倡议造福沿线国家和人民"的号召贡献应用之力。

【主题解码】

人类社会的发展史就是一部创新的历史，是一部发挥创造力的历史。创新思维作为创新实践和发挥创造力的前提，是人类进步真正的先导和原动力。某种程度上，富有创新思维将增强我们的勇气与谋略。"创新思维"已成为习近平总书记近几年在不同场合讲话中使用的高频热词。创新思维能力，就是破除迷信、超越陈规、善于因时制宜、知难而进、开拓创新的能力。通过本主题的学习，希望同学们顺利开启创新思维的大门。

一、思维与创新思维的概念

（一）思维的概念

思维有两种词性，一是名词，二是动词。从名词上解释，思维是人脑对于客观事物共同的、本质的属性和事物间内在的、必然联系的间接、概括的反映。人通过思维对客观事物提供的信息进行分析、转换和综合，从而认识客观事物。因此可以简单地说，思维就是人脑对客观现实的反映。相对于感性认识，思维属于理性认识；相对于客观，思维属于主观；相对于存在，思维是意识、精神。思维是人脑的高级功能，必须借助语言和语言认知来表达，同时受个体以往经验、社会文化背景的制约，与学习和记忆、存储和恢复等大脑的高级功能密切相关。而人脑的功能状态（身心健康）、个体的心理状态（包括意识、需求、动机、情绪、人格等）和社会文化背景都能影响思维过程和思维的结果。

思维也是动词，表现为思维的运作和过程。思维的过程是人通过神经细胞和大脑皮层对信息进行能动操作（包括信息的接受、分析、输入、传递、存储、提取、删除、对比、筛选、判别、排列、分类、变相、转型、输出、整合、表达、利用等活动）的过程。从广义上讲，思维就是人和动物能动地、连续性地获取各种环境信息，由特定的组织（大脑）或组织体系（神经回路）对获得的环境信息进行解码，产生应对环境变化的方案和行为。

（二）创新思维的概念

说到创新思维，我们首先要了解创新思维在思维科学的体系中处于什么样的位置。

思维科学就是启迪智慧的科学。思维科学是恩格斯首先提出的，科学家钱学森按照马克思、恩格斯关于思维科学的设想和建立思维科学的科学原则，创建了现代思维科学。

现代思维科学体系包括抽象（逻辑）思维、形象（直感）思维、灵感（顿悟）思维、社会（集体）思维、综合性（创造性）。在思维科学及社会的发展过程中，创新思维受到越来越多的学者关注。它亦称创造思维，是指人类认识和改造客观世界的活动中有创新意义的思维。主要分为逻辑式思维和非逻辑式思维。

创新思维作为一种高度发展的人类思维形式，有广义与狭义之分。一般认为，广义的创新思维是指人们在提出问题和解决问题的过程中，一切对创造成果起作用的思维活动，是指产生的创新思维成果（结论），仅仅对于本人或本地域来说是首创的，而对于他人或其他地域来说不是新的、独创的；狭义的创新思维则指人们在创造活动中直接形成创造成果的思维活动。人们通常讲的创新思维指狭义的创新思维。

逻辑式创新思维沿用了逻辑式思维的分类，即分为形式逻辑思维和非形式逻辑思维。在创新思维的发展中出现了不少的分类，学者们从思维本身、思维应用、心理学等角度出发对创新思维进行划分。本书的重点不是为了研究其分类，而是为同学们介绍几种典型的创新思维活动类型，但是在具体了解创新思维活动类型之前，需要搭建一个思维与创新思维的基本框架。

二、典型的创新思维活动

典型的创新思维活动主要包括分析和综合、比较和概括、抽象和具体、迁移、判断和推理、想象等，人们总是通过这些思维活动获得对客观事物更全面、更本质的认识。

（一）分析和综合

思维的过程是从对事物的分析开始的。所谓分析，就是在思想上把客观事物分解为若干部分，分析各部分的特征和作用；所谓综合，是在思想上把事物的各部分、不同特征、不同作用联系起来。通过分析和综合，可以显露客观事物的本质，并通过语言或文字把它们表达出来。人类的语言、文字是在思维分析、综合中逐步形成的。

（二）比较和概括

在分析和综合的基础上，通过对事物各部分外观、特性、特征等的比较，把诸多事物中的一般和特殊区分开来，并以此为基础，确定它们的异同及其联系，这称为概括。在创造过程中，经常采用科学概括方法，通过对事物进行比较，总结出某事物和某一系列事物在本质方面的特征。对宇宙、自然界、动物、植物、矿物、有机物、无机物的分类，就是按其本质特征加以概括分类的。

（三）抽象和具体

比较和概括是抽象的前提。通过概括，区分事物中本质和非本质的特征，舍弃非本质的特征，保留本质的特征，这称为抽象。与抽象的过程相反，具体是指从一般抽象的东西中找出特殊的东西，它能使人们对一般事物中的个别特征有更加深刻的了解。抽象和具体是在创新思考中频繁使用的思维活动。

（四）迁移

迁移是思维过程中的特有现象，是指人的思维发生空间的转移。人们对一些问题的解决方案经过迁移往往可以用来解决另一些问题，如掌握了数学的基本原理，有助于了解众多普遍科学技术规律；掌握了创新的基本原理，有助于了解人工制造产物的演变规律。

（五）判断和推理

人们对某个事物形成肯定或否定的概念，往往都是通过一定的判断和推理过程形成的。判断分为直接判断和间接判断。直接判断属于感知形式，不需要深刻的思维活动，通过直觉或动作就可以表达出来，如两个人比较身高，直接就可以判断出谁高。间接判断是指针对一些复杂事物，由于因果、时间、空间条件等方面的影响，必须通过科学的推理才能实现判断，其中因果关系推理特别重要。判断事物的过程首先把外在的影响分离出去，通过一系列的分析、综合和归纳，找出隐蔽的内在因素，从而对客观事物作出准确的判断和推理。

（六）想象

想象是人们在原有感性认识的基础上，在头脑中对各种表象进行改造、重组、设想、猜想而形成新表象的思维过程。爱因斯坦认为，想象比知识更重要、更可贵。知识是有限的，而想象是无限的。有了想象，人们才能不断地创造出世界上前所未有的新事物。人们已经逐步认识到世界上的一切没有做不到的，只有想不到的。

> **课中互动**　　　　　　　　　　　　**搭建纸牌塔**
>
> 本活动要求小组成员协同合作，将一副扑克牌搭建成一个建筑物，操作时间为15分钟，具体规则为：一是建筑物最高组获胜；二是搭建过程中只能借助扑克牌自身的力量，不得借助外力，不得搭靠外物；三是限定时间内每组只有一次测量机会，这次测量结果为最终结果。
>
> ◎ **成功密钥**
>
> 游戏中各小组的目标是搭建最高的建筑物，其中的关键点是建筑的搭建方式，这种方式是稳固的，且每层用牌量较小。确定关键信息后，开始制订搭建计划，其核心是在15分钟内搭建的建筑物比其他组的高。这样的活动体现了目标确定法和分析综合法的运用。事实上，在运用收敛思维时，这几种方法不是独立使用的，而是综合使用的。

三、创新思维能力的特点

人的创造力的核心是创新思维能力。所谓创新思维能力是进行全新的构思、联想和创新设计的一种思维能力，它具有以下特点。

（一）联想性

联想是将表面看来互不相干的事物联系起来，从而达到创新的目的。联想性思维可以利用已有的经验创新，如我们常说的由此及彼、举一反三、触类旁通，也可以利用别人的发明或创造来进行创新。联想是创新者在创新思考时经常使用的方法，也比较容易取得成效。

能否主动地、有效地运用联想，与一个人的联想能力有关，任何事物之间都存在一定的联系，这是人们能够采用联想的客观基础，因此联想的最主要方法是积极寻找事物之间的一一对应关系。

（二）求异性

创新思维在创新活动过程中的应用，尤其是在初期阶段，求异性特点尤为明显。它要求创新者关注客观事物的不同性与特殊性，关注现象与本质、形式与内容的不一致性。

有科学家认为："科学研究工作就是设法走到某事物的极端来观察它有无特别现象的工作。"创新也是如此。一般来说，人们对司空见惯的现象和已有的权威结论怀有盲从和迷信的心理，这种心理使人很难有所发现、有所创新。求异性思维能力则使人不拘泥于常规，不轻信权威，以怀疑和批判的态度对待一切事物和现象。

（三）发散性

发散性思维能力是一种开放性思维，其过程是从某一点出发，任意发散，既无一定方向，也无一定范围。它主张打开大门，张开思维之网，冲破一切禁锢，尽力接受更多的信息。人的行动自由可能会受到各种条件的限制，而人的思维活动有无限广阔的天地，是任何外界因素难以限制的。

（四）逆向性

逆向思维能力就是有意识从常规思维的反方向思考问题的能力。如果把传统观念、常规经验、权威言论当作金科玉律，则可能会阻碍我们创新思维活动的展开。因此，面对新的问题或长期解决不了的问题，不要习惯于沿着前辈或自己长久形成的、固有的思路去思考问题，应从相反的方向寻找解决问题的办法。

（五）综合性

综合性思维能力是指把对事物各侧面、部分和属性的认识统一为一个整体，从而把握事物的本质和规律的一种思维能力。综合性思维不是把事物各部分、侧面和属性的认识，随意地、主观地拼凑在一起，也不是将其机械地相加，而是按它们内在的、必然的、本质的联系，把整个事物在思维中再现出来。

（六）社会性

创新思维能力具有社会性思维的特点，它是一种社会性思维。社会性思维能力主要体现为个体的社会能力，包括个体的社会适应能力和社会环境创造能力。个体的思维的发展与其社会能力的发展是相互促进的，个体的社会性思维越强，其社会能力的发展越健康，越易于实现个体的社会价值及社会理想。

（七）开放性

创新思维能力是一种开放性思维的能力。开放性思维和开放的社会环境具有内省与反思的社会功能，思维的开放性有助于人们在与世界的对话中发展辩证思维，有助于人们观察与凝聚问题，将经验、知识与实践相结合，组织团队解决问题，同时能减少个体的生存困境及个体和环境的冲突。创新思维是从旧的规范、范畴向新规范、范畴的发展，是认识向真实化的发展。例如，科学事实从天圆地方说到公转自转说的发展；科学观从解释到科学推理、再到实验的科学方法的发展。由于世界的多元与多样化，创新思维能力的开放性更具有突破形式制约的重要意义。

（八）灵活性

创新思维能力表现为能随着条件的变化而变化视角，能摆脱思维定式的消极影响，善于变换视角来看待同一问题，善于变通与转换，重新解释信息。它反对一成不变的教条主义，提倡根据不同的对象和条件，具体情况具体分析，灵活应用各种思维方式。创新视角是多种多样的，我们要学会转化视角，从不同的视角进行分析会得出不同的结论。换一个角度，换一种思维，或许一切都会有所不同，或许整个世界都明亮了。

四、创新思维的主要过程

创新思维主要包括准备、酝酿、顿悟和验证四个阶段。

（一）准备阶段——问题提出

这是提出问题、分析问题，并为解决问题搜集各种材料的过程，也是有意识积累相关背景知识的阶段。

从事创造或创新活动，首先要提出有价值的问题，问题的深度决定着创新的意义和价值，引导着思维的方向。因此，提出有意义、有价值的问题成为重要的一环。提出问题后，就是进行周密的调查研究，搜集与问题有关的研究成果，然后进行资料分析、信息识别，同时进行初步实验，通过反复思考努力解决问题。

（二）酝酿阶段——问题求解

如果不能立即得到直接的解决方案，则进入酝酿阶段。这个阶段重点是对前一阶段获得的各种信息、资料进行研究分析，从而推断出问题的关键所在，并提出解决问题的构想方案。

酝酿在其性质和持续时间上变化很大，它可能只需要几分钟，也可能需要几天、几个星期、几个月，甚至几年。在此阶段，非逻辑思维和逻辑思维互补，潜意识和显意识交替，采用分析、抽象与概括、归纳与演绎、推理与判断等逻辑思维方法，经过反复思考、酝酿，有些问题仍未得到理想的解决方案，出现一次或多次"思维中断"。创造者此时往往处于高度兴奋状态，给人如痴如醉的感觉。

（三）顿悟阶段——问题突破

这一阶段又称为"豁朗"或"启发"阶段。顿悟一般不是通过有意识的努力而得到的，它常出现在长期深度思索不得而小憩休息之后，或转移注意力于其他事情时，被一件毫不相干的事触动。这种顿悟一出现，就不同于别的许多经验，它是突然的、完整的、强烈的。这个阶段是创新思维的关键阶段，新观念、新思想、新方法，以及整个解决方案都是在这个阶段提出的。

（四）验证阶段——成果证明、验证

这一阶段多采用逻辑思维方法，是有意识地进行的。对于科学上的新理论，验证的主要手段是设计、安排观察或试验，所要检验的是由新假说推演出来的新结论，验证时间一般比较长。门捷列夫（Mendeleev）花了十几年时间验证化学元素周期率；哥白尼（Copernicus）的日心说验证时间长达300多年。对于工程技术上的创新成果——新工艺、新技术、新产品，检验的基本方法是实践，就是考察它在实践中能否提高产品的质量和生产效率，能否大规模推广，从而产生社会经济效益。

五、创新思维的基本原则

在现实生活中，我们头脑每时每刻都会遇到如潮水般涌来的信息，其中有各类客观事物、新产生的思想观念、需要解决的问题等。头脑在处理这些信息时一般是依照思维定式进行"自动应答"，也就是头脑在筛选信息、分析问题、作出决定时，自觉或不自觉地沿着以前熟悉的方向和路径进行思考，而不是另辟新路。要想具有创新思维能力，就必须克服位于思维过程中的各种障碍，如传统的障碍、权威的障碍、从众的障碍和主观经验的障碍等，必须坚持以下几项原则。

（一）怀疑原则

创新是在批判地继承的基础上进行的。广博的知识能促进创新思维。但是，在学习别人的知识时，如果不通过自己头脑进行批判性吸收，而是机械地照搬，被纳入别人的思维轨道，就会失去创新思维能力。要具有自己的独立的创新思维，就需要打破各种思维定式。毕加索（Picasso）有句名言："创造之前必先破坏。"创新思维的特点就是挑战规则，敢于怀疑，善于怀疑。

（二）反思原则

如果一个人只是破除从众型思维定式和权威型思维定式，而坚持只有自己是不可怀疑的，就会陷入"夜郎自大"的思维定式之中，丧失创新思维能力。要具有创新思维能力，必须继续深入改变自以为是的思维定式，破除主观经验障碍。反思原则是指创新主体要具有反思自省、自我批判的精神。一方面，创新主体要突破自身的习惯性思维定式。人们都有自己的思维程序，在解决问题的过程中，沿着同一思路进行，使各种观念在头脑中形成固定的思维框架。这样的处理问题方法会降低风险，但同时削弱了头脑的想象力，排斥了创新思维。另一方面，创新主体还要突破自我中心型思维定式。在日常的思维活动中，人们总是自觉或不自觉地按照自己的观念、站在自己的立场、用自己的价值标准去思考别人乃至整个世界，从而产生了自我中心型思维定式。由此导致的结果是：因为每个人都以自我为中心，所以人际沟通产生困难；因为每个人都以自身标准为标准，所以人们之间的相处发生困难。创新主体要善于反省自身，跳出自我中心的限制，进行换位思考，倾听别人的意见和观点，甚至从攻击性的批评意见中寻找有建设性的意见。

（三）自由思维原则

创新思维是一种以人的大脑为物质器官的主动、积极地处理复杂信息的过程，而人脑则是迄今为止世界上最为精密、灵敏和复杂的"仪器"，要保持这一"仪器"的高效运转和工作，必须具有良好的环境。换言之，必须使自己在思考和探索问题时处于轻松、自由的思维状态，既要排除各种思维定式的制约，又要去除急功近利、恐惧失败和无自信心等不良情绪的影响。

遵循自由思维原则，需要不断地利用外在的和自身的各种信息给予自己积极的暗示。积极的暗示能够开发头脑中的思维潜能，提高创新思维能力。遵循自由思维原则，需要具备良好的精神状态，主体应能够随时感受来自生活的各种刺激，从积极的角度对待各种信息，以宽容的心态对待别人，从而使自我处于自由自在的状态。遵循自由思维原则，意味着要针对自身的实际情况，寻找适于自己的诱发潜能、活跃思维、获得灵感、增强直觉、创造联想、丰富想象等有效方法。

（四）持续创新原则

创新思维的灵感来自生活。在这个信息爆炸的时代，信息传播日益迅速，被人们越来越充分地挖掘和利用的自然和社会信息，成为现代人创造力的源泉。但不同的人，创造力的大小、持续时间的长短、产生的快慢大相径庭。这就取决于是否能够激发自身的创新思维潜力。创新思维潜力是人未表现出来但有潜在素质、在特定条件下会被激活的能够超越原有能力的创造性能力。创新思维潜力是创新思维的源泉，是创造的基础。因此，培养个人的创新思维潜力是保持可持续创新的关键。

创新思维训练的要素

了解创新思维训练的要素，有利于我们把握规律，突出重点，有的放矢地设计安排创新思维训练内容与进度，制定个性化的思维养成训练方案，获得好的效果。在创新思维训练过程中，应注意以下要素。

心态与意识

（1）保持乐观自信的心态，相信自己的能力。

（2）保持开放的心态，随时准备接受新事物，不抵触不同的观点，改变用最简易的方法快速完成任务的倾向。

（3）树立打破思维惯性的意识。不盲从经验，不走同学们都走的路，努力发散自己的思维，从不同视角、不同角色、不同心理、不同模式来观察和理解事物。

（4）培养问题意识，提高对问题的敏感性，不轻易相信结论，遇到事情多问几个为什么，要学会刨根问底，寻求事物的根源，要大胆质疑，善于观察，勤于思考，有怀疑的精神。

抽象与本质

提升在抽象层面上把握事物与观点本质的能力。抽象思维对于创造性地解决问题有积极的作用，它赋予人们自由思考的能力，使人更有可能捕捉事物的本质。

联想与想象

（1）注重联想能力训练，通过联想揭示事物之间的联系。

（2）注重想象能力训练，通过想象（幻想）提高产生新想法、创造新事物的能力。

类比与迁移

（1）注重培养在不同事物间发现相似点的能力。他山之石可以攻玉，类比带来了跨领域的思考，这种交叉的思考对创新是十分宝贵的。

（2）注重培养将其他领域解决问题的原理迁移至本领域的能力。不同领域解决不同问题的原理有时是相通的，可将这些原理从一个领域迁移至另一个领域来解决问题，提升个体跨界思考的能力。

因果与趋势

（1）注重培养溯因索果的能力。创新思维的过程是全脑思维的过程，逻辑思维在创新中起着重要作用。客观事物之间有着奇妙的因果关系，在分析创新问题过程中，正确揭示这些关系非常重要。

（2）注重培养把握事物发展脉络、预测未来的能力。趋势预示着事物未来的发展方向。我们可以依据客观规律或事物过去、现在的状态探索、预测未来，也可以想象、幻想尚不存在的东西，想象事情发展的可能性。

主题二　创新思维的基础

【主题导入】

苏格拉底的"精神助产术"

苏格拉底（Socrates）是西方哲学和科学理性主义主流传统的开创者。他对每一事物都提出"什么是……"的问题。苏格拉底在同别人谈话、辩论、讨论问题时，往往采取一种特殊的形式。他不像别的智者那样，称自己知识丰富，而是说自己一无所知，对任何问题都不懂，只好把问题提出来向别人请教。

苏格拉底习惯到热闹的雅典市场上去发表演说和与人辩论问题。这一天，他像往常一样来到市场上。突然，他一把拉住一个过路人说："我有一个问题弄不明白，向您请教。人人都说要做一个有道德的人，但道德究竟是什么？"这种提问题的方式意味着要探究事物的本性（自然）。提出探讨普遍定义是苏格拉底的一大贡献。

被拉住的路人说道："忠诚老实，不欺骗人。这就是公认的道德行为。"

苏格拉底又说："你说道德就是不能欺骗别人，但和敌人交战的时候，我军将领却千方百计地去欺骗敌人，这能说不道德吗？"

"欺骗敌人是符合道德的，但欺骗自己人就不道德了。"路人说。

"和敌人交战时，我军被包围了，处境困难，为了鼓舞士气，将领就欺骗士兵说，我们的援军到了，士兵们奋力突围出去。结果成功了。这种欺骗能说是不道德吗？"苏格拉底问道。

路人回答："那是战争中无奈才这样做的，我们日常生活中就不能这样。"

"我们常常会遇到这样的问题"，苏格拉底停顿了一下问道："儿子生病了，却不肯吃药，父亲骗儿子说，这不是药，而是一种好吃的东西。请问这也不道德吗？"路人只好承认："这种欺骗是符合道德的。"

苏格拉底又问："不骗人是道德的，骗人也可以说是道德的。那就是说道德不能用骗不骗人来说明。究竟用什么来说明道德呢？还是请您告诉我吧！"

路人被弄得无可奈何，只好说："不知道道德就不能做到道德，知道了道德就是道德。"

苏格拉底听了十分高兴，拉住路人的手说："您真是一位伟大的哲学家，您告诉我道德就是关于道德的知识，使我弄明白了一个长期困惑的问题，我衷心地感谢您！"

在上述过程中，当路人回答苏格拉底的问题时，他却对路人的答案进行反驳，弄得对方矛盾百出。最后通过启发，诱导路人把他的观点说出来，但他却说这个观点是对方心灵中本来就有的，只是由于肉体的阻碍，才未能明确地显现出来。

◎ 分析与启发

苏格拉底的"精神助产术"的真正目的并非为了驳倒对手，而是为了揭露对方谈话中的自相矛盾之处。苏格拉底的"精神助产术"是一种以"假设—反驳—再假设—再反驳"为模式的归纳论证，包括四个环节：一是讽刺，通过谈话和辩论揭露对方的矛盾之处，迫使对方陷入窘态或迫使对方放弃原来肯定的观点；二是"接生术"，也就是通过发问让对方回答，从而一步一步地使对方懂得某种道理、获得某种知识；三是"归纳"，就是从许多具体事物中寻求"共同定义"，从个别中寻求一般，从现象中考察本质；四是"结论"，即对找到的真理加以表述。苏格拉底从无知开始，经过运用讽刺、助产，最后归纳出定义。

【主题解码】

批判性思维是创新思维的基础。创新思维是通过对事物本质和规律的认识和运用，对事物之间的联系进行新的思考，从而创造出新成果的认知活动。创新思维的本质是发现事物的新特点和新本质，从普遍认同的定论、不可更改的事实中发现不合理的因素，提出创新的、有价值的问题。没有批判就不会有新问题的产生，只有批判，才能创新，只有不断反省，才能进步。

一、批判性思维的概念

批判性思维的概念

批判性思维，是一种思维模式，也是一种思维倾向。从字面上很容易误解为对待事物总是持"批评和否认"的负面态度。其实并非如此，批判性思维是一个中性词，是通过恰当的提问和合理的论证，运用适当的评估标准，在一定的价值导向下，对自己和他人的思维进行仔细审查，以明辨是非真假、接近事物本源的思维。我们认为，批判性思维是明辨和判断事物的思维能力，是一种能够主动对事物现状进行"追根溯源"并且能够根据一定的思维标准发现问题和改进问题的"改善性思维"。

但凡乐于创新且有一定创新成果的人，大部分具备批判性思维。在创新的过程中，批判性思维的发挥主要表现在人们面对一个事物或者问题时，第一反应是"这个事物或者问题的本源是什么？为什么现状是这样？如果不是这样又会是怎样？"创新者们会带着审视、质疑的倾向，通过一定的逻辑标准，辨明现有事物存在的合理性，但他们并不是对待任何事物都不相信甚至持反对意见。更主要的是，批判思维者会考虑如何完善事物的状态。批判性思维有助于人们打破思维定式和惯性，跳出现状去反视事物由来，对于创新具有一定程度的思维导向作用。在现代社会，培养批判性思维是公认的教育目标之一，尤其是高等教育的目标之一。

我们对自己和他人思维进行仔细检查时，就是对思维本身的审查，即对思维是否合乎世界规律的思考，这使我们的理解能力得以提高，能更深入地分析和认识事物的本质，这种反省性思维，帮助我们识别真伪、辨别优劣，从而能够更清晰、更全面、更客观地认识事物的本质，直至更加接近真实的世界。这种对思维的反思，就是我们要分享的主题——

批判性思维。

批判性思维要建立在理性的基础上、逻辑的基础上，如果批判不讲逻辑，那么批判是没有意义的。还需要独立自由的精神，一个缺乏独立思考、自由意志的人是不可能具有批判性思维的。批判性思维不仅是一种思维技能，还彰显了某种人文精神。有句电影台词这样说："花半秒钟就看透事物本质的人，和花一辈子都看不清事物本质的人，注定是截然不同的命运。"这句话表达了批判性思维重点在于求证、公正和质疑，要求我们透过现象看本质，抓住事物的主要矛盾和核心问题，抓住事物背后的运作逻辑，能够理解真正的前因后果，而不是被这个事件的表象、无关要素、感性偏见等影响判断。

辩证法的实质，就是在对话中揭露和克服对方讨论中的矛盾，是从概念上把握存在者的艺术，具有这样意义的辩证法始于苏格拉底。唯物辩证法的三个基本规律是对立统一规律、质量互变规律、否定之否定规律。对立统一规律揭示了事物内部对立双方的统一和斗争，是事物普遍联系的根本内容，是事物变化发展的源泉和动力；质量互变规律揭示了一切事物运动、变化、发展的两种基本状态，即量变和质变，以及它们之间的内在联系和规律性；否定之否定规律揭示了事物由矛盾引起的发展变化，即"肯定—否定—否定之否定"的螺旋式前进运动。

二、批判性思维的能力

批判性思维的"批判"是中性的，批判性思维者持有一种健康的怀疑论，这种怀疑的对象是一切思想，结果是为了求真，为了把握确实性。

事实上，我们在处理一个怀疑时要善于分析，要收集事实材料，进行批判性分析，考虑各种选择。在确定事实材料有效、可靠且与要解决的问题相关后，勇敢而公正地寻找最佳答案。这种一贯的态度是批判性思维的核心。

从以上对批判性思维的定义中，我们可以发现批判性思维主要包含以下几种基本能力。

（一）质疑

质疑（怀疑），就是"提出问题"，是反思的动力，是指接受观点或看法时不盲从，而是本能地追问"为什么"，如为什么这么说？理由何在？理由真实吗？理由和观点相关吗？如此探究各观点背后的理由是什么、理由是客观的还是臆造的、理由和观点是正向关联的还是无关的……从而弄清各种观点的可信程度。批判性思维者是健康的质疑论者。事实上，质疑往往是批判性思维的第一步。

（二）理解

理解他人或者自己真实想表达的内容，理解问题或者事物本身。在"主题导入"案例中，路人在回答问题之前需要理解这个问题，苏格拉底在再次提问之前需要理解路人的回答，这样辩论才能继续下去。因此，我们认为，理解是批判思维的重要能力。

（三）分析评估

分析并评估他人或者自己思维中的概念、逻辑关系、主张、论证及支撑依据的真实可靠性。当我们对某个问题或者事物进行质疑时，我们会很敏锐地提出疑问，这种疑问提出的基础是我们对问题或者事物的逻辑、主张、论据等的分析和评估。如果分析不够深入、没有专注于问题的核心或者缺少预见性，那么我们将很难提出具有针对性或者"说到点子上面"的问题。

（四）推论

在相关信息的支撑下，形成自己的主张或者导出逻辑推断。我们对他人或自己的思维、事物进行质疑，通过分析评估后，可能会形成某种不同的观点或主张。这种观点或主张是具有逻辑性的，是基于一定的可靠基础形成或推导出来的。

（五）说明

对自己提出的观点或主张进行说明，以使人信服的论证形式呈现出来。

（六）自校准

对自我在上述推导过程中的程序、逻辑、观点或主张、论据等进行评价、审查并校正。事实上，这种自我审查的能力，既是一个完整批判思维的最后一步，就像我们考试结束后检查试卷一样，也是下一个批判思维开始的第一步。

（七）逻辑

逻辑并不具体关注论证内容，仅仅关注这个过程是否严谨、是否能推演出结果。在实践过程中，我们常常会把"有道理"与"有逻辑"混淆。它可能"听上去有道理"，但并不符合形式逻辑，那么就不能说"有逻辑"。相反，如果一段话虽然听上去毫无道理，但它的形式是正确的，那么我们就说它是"有逻辑的"。一个好的逻辑推演，会体现出一种思辨性，即思考的深度。在自我观点或主张的形成中，一定是有逻辑思维能力运用的。按照一定的程序推导出的观点或主张，这种程序便是逻辑的体现。

三、批判性思维的特点

批判性思维的特点

以上阐述了批判性思维者包含的基本能力，从这些能力中不难发现，批判性思维是一种严谨的、具有逻辑性和价值主张的思维，那么，这种思维有什么的特点呢？

当我们梳理批判性思维时，会很明晰地发现、质疑、追问"为什么"，从不同视角提出不同答案，继而在多元可能选择中根据理性证据确定最佳答案，这是批判性思维的主线。这条主线包含三个环节：质疑、提问或怀疑—多元意见（多种替代选择）—最佳抉择（判断）。最佳抉择是衡量各种主张论证的结果，衡量自然要依靠某些理性标准，这样我们便发现批判性思维的特点包含怀疑审视的理性心态、遵循一定的价值导向（求真）、拥有信息基础和事实论据、具有逻辑性。

（一）怀疑审视的理性心态

批判性思维是一种怀疑的、审视的心态，是一种理性的精神思维品质和人格特征，是对他人和自己的思想言论、行为的反思和质疑，以及对这个思想和行动是否经得起别人的反思和质疑的判断。一个批判性思维者会将批判的精神渗透到对事物的看法中、对事件的处理中、对世界的认识中。"怀疑一切是马克思的人生信条"，这是批判性思维的最好写照。

（二）遵循一定的价值导向

运用批判性思维，我们可以更加理性客观地认识世界，这样的认识往往遵循求真求善求美的价值导向，在这样的导向下，我们才能找到最佳的路径。这是对事物规律的探索，是向真理的不断靠近。批判性思维既可以是信条的选择，也可以是行动的抉择，在决策过程中包含着价值选择和条件分析。这种价值包含追求真理、求善、求美、求佳。

（三）拥有信息基础和事实论据

在价值导向下，利用拥有的信息基础和事实论据，根据逻辑推导，寻找最佳方案。信息基础和事实属于主张的论据部分，也是必须具有的。简单来说，质疑他人的观点，需要阐述清晰质疑基础，展示相关论据，这是对他人观点进行评估的必然过程。

（四）具有逻辑性

观点或者主张的推导是遵循一定的逻辑关系或者程序推理出来的，具有"逻辑的筋骨"。批判性思维离不开逻辑。

批判性思维主要解决信什么和做什么的问题，并且要对由此作出的决定进行合理的反省。到这里，我们已经初步认识了批判性思维，了解了它包含的相关能力和特点，那我们为什么要学习批判性思维呢？关于这个问题，我们需要再次明确，不是因为国内外教育提倡我们学习批判性思维，而是真正地意识到这是我们认识世界本源、事物本真的一种思维方法，它可以帮助我们改善思维的土壤、拓展思维的空间、优化思考的系统，有助于我们思维清晰流畅、有序、生动活泼，帮助我们更新观念和作出正当合理的决定。

课中互动

潜力鼓掌

教师：同学们请把手背在后面，十指相扣。现在问同学们一个问题，我们一分钟能鼓掌多少次？

学生：60次、100次、140次……

教师：现在同学们把手放在胸前，准备好，当我说开始时，就使劲鼓掌，并且自己计数，等我说停时，告诉我答案。

活动开始！

（60 秒后，教师喊"停"。）

教师：刚才同学们鼓掌多少次？

学生：300 次、350 次、400 次、500 次……

教师：最多的有同学鼓掌 500 次，为什么跟刚才预测的次数相差那么多？这说明我们对自己的潜能不够了解。

◎ 成功密钥

鼓掌是我们一岁多就能掌握的技能，为什么我们猜想的数值和我们实际的能力相差如此之多？这说明我们对自己的身体不够了解，因此，采用批判性思维是非常有必要的，我们要尽可能多地去了解事物的本质规律，这样才能完整地认识事物的本貌。

批判性思维的意义

四、批判性思维的意义

当今时代，人们身处在泛滥的碎片化信息中，信息制造者们努力推销自己的观点，我们需要运用批判性思维进行分析、审视、鉴别，进行能动性思维，独立思考，仔细研究情况或问题，并有条理、有观点、有论据地讨论我们的想法。

学习批判性思维的意义包括以下几个方面。

（1）引导我们树立深思熟虑的思考态度，尤其是理智的怀疑和反思态度，帮助我们透过表象，发现问题的关键。

（2）帮助我们养成清晰分析、不盲目、避免自相矛盾等习惯。

（3）培养我们面对相信什么或者做什么时作出合理决定的思维技能。

（4）帮助我们表达充分且严谨。

以上这些是获得知识、追求真理的重要条件。真知必须经得起质疑和反思，没有质疑和反思，就难免被假知识、伪科学所蒙骗。戏剧作家萧伯纳（Bernard Shaw）曾说："要小心一切假知识，它比无知更危险。"批判性思维可以使我们在获取知识和追求真理时始终保持警惕，并能及时地识别假知识。

（5）批判性思维有助于创新。当我们面对旧事物时，批判性思维会引发我们两个层次的思考：（这个事物）为什么是这样？能不能那样？通过这样的提问来找到创意创新的思考方向，更好地发现问题和提出新方案来解决问题。

（6）批判性思维是帮助我们过健康的精神生活、提高学习质量和工作效率的工具。柏拉图（Plato）曾说："未经审验的生活是不值得过的。"对于当代大学生来说，具有批判性思维的品质和素养，经常质疑和反思，便不会盲目地人云亦云和迷信权威。批判性思维使大学生作出的选择更倾向求真，而不崇拜权力，使他们具有精神上的独立性。

批判性思维是 21 世纪要求的基本技能之一，是教育的目标之一，也是现代公民必备的素质，其重要意义在于它渗透在所有其他能力之中。

批判性思维具有程度之分，没有人完全不具备批判思维能力，也没有人完全拥有它而不需要改进，因此发展这种能力是人人必需的。

五、批判性思维能力的发展途径

批判性思维是如此的重要，那该如何发展这种思维能力呢？我们认为，可以从以下途径培养自己的批判性思维能力。

（一）培养质疑的态度和探究的精神

在日常思维中，缺乏批判性思维是我们的思考和论证不尽如人意的重要根源。因此，当我们遇事时应多问几个为什么，并深入思考，直至把问题弄明白，渐渐地，便可以培养良性的质疑态度和探究的精神。世界在你的眼中，将会显现诸多的不同，你会发现生活中许多事情可以更进一步，很多事物可以更具有新意。

培养好的思维品质，提高批判性思维技能，必须从选择批判性思维的观念和态度开始。思考态度是一种思维倾向，它引导我们朝着成为好的思考者的方向不断努力。好的思考者应当具备什么样的品格特征呢？国内外的批判性思维专家有诸多不同的看法，我们选择其中的一种看法作为树立批判性思维观念和态度的参考。

（1）试图更好地了解世界的好奇心。

（2）能提出创造性的问题。

（3）习惯追问"为什么"，探求维护一种见解的理由。

（4）使用由可靠的信息来源提供的信息资料。

（5）思考问题时顾及整体状况，对事物的解释顾及周围的情境。

（6）思考问题集中，不脱离主题。

（7）思路开阔，善于寻找其他可选择的方案。

（8）保持开放的思维空间，认真考虑他人的意见。

（9）有充分的根据和理由采取或改变一种观点或立场。

（10）在根据和理由不足的情况下，不轻易作出判断。

（11）尽可能获得清晰、严谨的认知。

（12）了解所知的限度，检视其他的可能性而不是得出结论的证明本身。

（13）能意识到个人判断的局限性和认知过程中的偏见。

（14）有条不紊地处理复杂的事务，对下一步的行动步骤有所预见。

（15）从他人的表现中敏锐地觉察到他们的情感态度、知识水平和熟练程度。

（16）能在广泛的领域中运用批判性思维能力。

同学们可以对照己身，用这些条款来查验自己的思维取向，思考目前自己能做到哪些，找到努力的方向，对欠缺的地方加以选择培养，如有冲突的条款，则建议你予以调整。这是培养批判性思维的良好开端。

（二）掌握明辨事实的方法

正确的态度和观念必须与原则性知识结合起来，才能使批判性思维能力日臻完善。这里的原则性知识是指对论证的理解和评估需要遵循一定的原则，具备相关的知识。

当我们开始质疑时，我们会提出问题并给出一些理由，依据事实，作出推理。我们提出的问题是否恰当、理由是否正当、依据是否可靠、推理是否强有力呢？这需要我们掌握一定的逻辑探究原则和推理方法。

我们可以参看关于论证的书籍，培养相关的能力，如剖析论证、评估论证、演绎论证、归纳论证等，进行相关的习题训练，来增强自己的能力。

（三）学会对自我思维进行反思

对论证的理解和评估是一种反思性思考方式，以反思的方式来指导如何思考是批判性思维训练的有效途径。我们可以在生活和学习中有意识地"三思而后行"，培养"吾日三省吾身"的习惯。

思维能力的训练必须注重实践，培养批判性思维习惯必须选择批判性思维的观念和态度，有正确原则的指导和规范性知识的约束，以及大量的实践。

深思熟虑、严谨缜密的思考态度，好的思维品质，必须通过严格的基本功训练，才能培养出来。在思维基本功训练的过程中，应养成批判性思维习惯。自觉地进行思维基本功的训练，是每位职业学习者应有的精神。从有意识地培养到无意识或者自觉地使用，不是简单的时间流逝，而是量变到质变的巨大飞跃。通过不断地使用实践，可以提升批判性思维能力。

（四）学会提问

在培养和锻炼批判性思维的方法中，一个最简单且实用的方法是"学会提问"。就是在面对具体的事情或问题时，试着向自己或者向他人提问，从而引导自己更好地思考。

在具体提问时，可以从以下几个角度进行思考。

1. 清晰性

例如，当你在分析或讨论问题时，首先要知道这个问题是什么、清晰不清晰，把事情界定清楚。你可以问自己或他人：我能详细阐述这个问题吗？我能举个例子说明这个问题吗？

2. 准确性

例如，当你听到或看到一个新闻时，你可以问问自己：这个事情是真的吗？它有没有数据、事实、案例等支撑？有进一步的细节吗？能否更具体详细呢？

3. 关联性

例如，当你探讨、分析一个问题时，要考虑事情的关联性。可以问问自己或他人：那些事情跟这个问题有关联吗？是如何关联在一起的？那些事情对问题的影响是什么？解决这个问题需要进行哪些关键行动？

4. 逻辑性

例如，当你想表达某一观点时，为了避免自己说得一团糟，可以问问自己：所有这些东西放在一起讲得通吗？这一节和后面一节能衔接吗？我所说的与相关的事实吻合吗？

5. 重要性

我们经常会在一些不重要的事情上浪费太多的时间和精力，因此在面对问题、讨论问题、处理问题时，可以先问问自己：我需要聚焦的中心思想、主要问题是什么？这是最重要的问题吗？这些事情中哪些是最重要的？

6. 公平性

公平性就是不要有偏见。我们往往习惯只从自己的角度或根据自己的经验去认识事物，这往往会出现很多偏见。因此，平时为人处世时，要习惯性地问问自己：在这个情境中，我的思维或行为公正吗？我有没有带着主观偏见行事？我的观点、假设有证据支持吗？

7. 深度

生活中，很多人思考或处理问题的思维往往停留在浅层。例如，对于孩子不听话，很多父母的思维是教训他，而不是去了解孩子为什么不听话。因此，当我们在生活、工作、学习中碰到问题时，不要只看表面现象，可以这样问问自己：是什么因素导致了这个问题的产生？这个问题的某些复杂性是什么？我们需要处理的问题是什么？

8. 广度

如果我们思考一个问题只从最小、最窄的角度去考虑，就没法看到更广阔的范围。例如，现在很多新人参加工作时，考虑的可能只是这个工作累不累、能挣多少钱。这样一方面很难找到想要的工作，另一方面也很难让自己得到成长。因此，在面对问题、思考问题时，可以问问自己：我是否需要从另一个不同的角度来看待它？我是否可以换一种方式来处理它？这个事情对我以后有什么帮助？

知识链接

非形式逻辑与批判性思维

非形式逻辑与批判性思维是 20 世纪 70 年代后期在美国发展起来的一门基础学科，是美国高等院校的逻辑学基础课之一。它的主要目标是对学生进行日常逻辑思维能力的训练，它的基本观点是：相对独立于各种专门知识，包括逻辑专门知识的逻辑思维能力（批判性思维能力），首先是存在的，其次是有差异的，再次是可训练的，最后是可测试的。人的思维素质的差异，本质不在于对知识掌握的差异，而在于日常逻辑思维能力即批判性思维能力的差异。这一理念是设计各种能力型考试（如 GMAT、GRE、LSAT）的基础。

非形式逻辑与批判性思维关系密切，常常被作为一个术语来谈论。

现在意义上的"非形式逻辑"一词，大约始用于 20 世纪 60 年代末、70 年代初。在不十分严格的意义上，非形式逻辑和其他一些名称混用，如论证逻辑、实用逻辑、批判性思维、日常逻辑等。非形式逻辑与批判性思维既相互紧密联系，又有一定差异。

非形式逻辑和批判性思维都把主要注意力放在实际论证上面。非形式逻辑以经验的和用自然语言表述的实际论证为对象，它的重心和基点在于对实际论证含有的论证形式的明确认识与构建。批判性思维对论证的关注是多角度的和批判性的。多角度的是指它不限于逻辑学，还涉及伦理学、认识论、辩证法，乃至论证涉及的具体知识领域；它不限于客观因素，还涉及一些主观因素。批判性的是指它更多的不是从正面去识别、重建论证，以及分析、评价论证；它关注对论证作多方面的、反思性的分析与考察。

非形式逻辑与批判性思维不仅对逻辑学的教学与研究的变革有实质性的推动作用，还在现实生活中有重要意义。由于非形式逻辑和批判性思维能够融入现实生活，培养并提高人们的实际论证能力，以及接受和回应外界信息的思维技巧，所以其对信息获取、理性决策、言语沟通、有效交际、参与竞争等现代人生活的诸多方面都有实在的效用。与之相应的，非形式逻辑与批判性思维对于培养和提高现代社会所需要人才的素质也大有裨益。

由于二者关系极为密切，所以彼此常常相伴而行，讨论的问题也多有交叉。因此，才有了非形式逻辑与批判性思维的说法。

主题三　常见的创新思维方式

【主题导入】

以科学思维引领科技创新

国际权威声学场景和事件检测及分类挑战赛（Challenge on Detection and Classification of Acoustic Scenes and Events, DCASE），是目前声音事件领域最权威的竞赛，时至 2023 年，已成功举办了九届，充分展示了我国智能音频技术领域的国际领先地位。

声音事件定位与检测任务最大的不同在于测试数据在真实空间声音场景中录制，这就要求模型对不可见的真实场景具有鲁棒性。模型与人不同，人闭上眼睛感受周边的声音，能够很准确地判断声音的来源，但是目前模型无法达到人类视听觉的高度。如何使模型能够像人耳一样准确判断声音的类别和位置（声音事件定位和检测的目标）？某联合团队对此提出了有效的技术方法，来解决真实场景下声音事件的定位和检测任务，有效提高了声音事件定位和检测的准确率。

如果把蜜蜂的嗡嗡声、蝉鸣声、各种鸟鸣声等动物的声音混合在一起，那么这个"交响乐"有没有人愿意听？2022 年 DCASE 挑战赛小样本动物声音事件检测赛道就是以这种形式呈现的。在给定一长段音频及目标声音前五个片段时间信息的条件下，从这段音频剩余的部分查找出所有目标声音的起始及结束时间。目标声音均为动物发出的声音，如美洲麻雀、北美红雀的叫声等。

该联合团队凭借多年技术积累与不断的探索创新，提出了一套有监督和半监督相互结合的小样本检测方案，不但有效利用训练数据，而且充分利用测试数据进行自适应学习。在有监督方案中，区别于该类任务中普遍使用的段级别表征学习，该联合团队提出利用帧级表征学习方案来解决不同动物叫声时长上的差异。引入半监督方案是为了尽可能充分地利用少量标注信息，该联合团队创新性设计了基于目标先验的事件滤波任务，该任务可以驱动模型去学习不同事件在时频域上的特性，提升自适应能力。

基于领先的声音事件定位和检测技术，该联合团队已经研发出工业听诊器，通过"全景听声"，实现24小时远程声纹实时监测，定位到异常声音后智能化预警并进行可视呈现。产品已在全国20多个变电站、风电站、水电站等场景运行70 000余小时。

以声学为核心，该联合团队还进一步将听觉与视觉、触觉、嗅觉、味觉及工业大脑相融合（工业六感），研发出可以直接"看"到设备声源位置的声学成像仪，可以多维度智能感知监测、健康智能评估、故障辅助诊断的工业设备卫士。这些产品已经在电力、矿山、燃气等领域发挥效用，实现工业AI检测。未来，将持续开展针对声音的感知能力研究，对声音中蕴含的信息进行识别和分析，实现智能音频技术的应用落地，用人工智能建设美好世界。

◎ 分析与启发

坚持创新发展，必须把创新摆在国家发展全局的核心位置，不断推进理论创新、制度创新、科技创新、文化创新等各方面创新，让创新贯穿于党和国家一切工作中，让创新在全社会蔚然成风。创造性思维是具有开创意义的思维方式，能够开拓人类认识的新领域和新成果，它是多种思维方式的结合，尤其是发散思维、聚合思维和直觉思维。好奇心是创造性思维的源泉，是探索和研究未知事物的心理倾向，促使人们不断求新求异，发现和提出新的问题，并积极探索解决问题的方案。

【主题解码】

要创新，必须有创新思维，没有创新思维，就很难取得创新成果。创新思维以不同的形式存在，本主题主要介绍发散思维、收敛思维和形象思维三种最为常用的创新思维方式。

一、发散思维

发散思维是创新思维的表现形式之一，可以使人思路活跃、思维敏捷，想出的办法多而新颖，使人能提出大量可供选择的方案、策划和建议。

发散思维的概念与特点

（一）发散思维概念

发散思维，又称辐射思维或求异思维，是指大脑在思维时呈现的一种扩散状态的思维模式，是思维主体在思维过程中充分发挥想象力，由一点向四面八方展开，多方向寻找问题解决的方法或者思路的创新思维类型。

它的实质是由一个信息产生多个信息的思维方式。例如，以问题"未来的世界是什么样子"为中心，我们可以发散出无穷无尽的信息，在图3-3-1中，我们可以清晰地看到思维的发散形式。

图 3-3-1　发散思维图示

这种思维新形式是多方面多层次的。我们用它来打开思维空间，寻找问题解决的新思路、新途径，但要清楚不是每次发散思维都可以产生实用、适用的结果。

（二）发散思维的特点
发散思维具有流畅性、多向性、独创性等特点。

1. 流畅性
流畅性是指在问题解决的情境之中，发散思维能够迅速地激发人们对所关注问题的大量设想、思路。我们可以明显地感觉到围绕着问题，自己的想法一个接一个涌现，这体现了发散思维的流畅性。

2. 多向性
发散思维不只是沿着一个方向进行，而是从多个切入点切入，沿着多个方向进行。我们的设想可能是"东一榔头，西一棒子"，涉及很多方面。

3. 独创性
人们在发散思维中表现出不同寻常的、异于他人的、新奇反应的能力，这一能力使人们的思维突破常规和经验的束缚，获得新颖独特的创造成果。这些新的想法往往成为好的创意，帮助我们进行创造性工作。

发散思维看似没有规律，实际上遵循着一定的方法或者一定的方向。在本书的第二讲主题二中介绍了事物的属性分类，思维可以按照"物"的属性，从功能、外观、结构、材质、机理五个难度进行发散，也可以按照关系从起因、结果、组合等维度进行发散。

（三）常见的发散思维方法

发散思维是创新思维的标志和核心，为了更好地运用发散思维，下面介绍发散思维的常见方法——属性发散法和关系发散法。

1. 属性发散法

属性发散法是以某个物品为发散点，从材质或材料、外观、功能、结构（多指物理结构）、形态（如形状、颜色、音响、味道、气味、明暗等）等属性方面进行发散。如材料发散，以某个物品尽可能多的"材料"为发散点，设想它的多种用途，即一物多用。提到笔的多种用途，我们会想到笔能记录信息、画图、标记重点、录制声音、摄像、拍照、做游戏材料、作为礼品、做摆件等。

不同的事物拥有的属性不尽相同，若分开论述，则多有重复，也会因不同的属性特征而产生归类的不便。我们在这里推荐学者许国泰的信息交合法。用这种方法进行事物属性的发散训练，不仅思路清晰，还可以有效地使事物的用途、功用趋于"无穷大"，扩大答案的范围。信息交合法的具体做法如下。

（1）定坐标中心，即研究对象。

（2）画坐标轴，也称为信息标。X坐标轴上的点可以反映研究对象的各种属性，如材料、几何、物理、化学等方面的属性。Y坐标轴上的点可以反映研究对象的种种社会需求，如结构、功能、学科、领域等。Y坐标轴可以是变化的，也就是可以有多个。

（3）X、Y坐标轴构成了一个面，即信息场，场上的一个点即研究对象的一个可能的解。Y轴具有可变性，因此解的范围从理论上看是无穷的。如图3-3-2所示，以笔为例，可以写出其部分信息场。

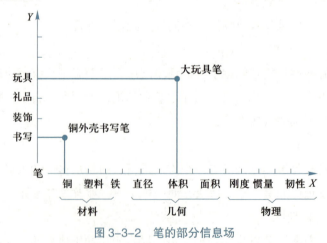

图 3-3-2　笔的部分信息场

我们通过材料发散法发散的结果，可以在信息标与信息场中找到相应的内容。由此可见，信息交合法是解决事物属性问题的较全面的发散方法，也适用于外观、功能、形态、结构等的发散。

2. 关系发散法

关系发散法包括因果发散和组合发散。

（1）因果发散。因果发散是以某个事物发展的结果为中心，推测造成该结果的各种原因，或者以某个事物发展的起因为中心，推测可能发生的各种可能性。

例如，地面湿了，原因是什么呢？我们可能会想到下雨下雪、洒水车、水管或水桶泄漏、小孩玩水枪游戏等。再如，物联网技术的发展将会如何影响世界呢？我们会想到智慧家居、智能物流、智能环境监测、智能建筑、智能汽车等，这是物联网技术未来的发展趋势。

（2）组合发散。组合发散是以某事、某物或某种方法为中心，与他物、他事或他法联结成具有新价值的新事物的发散性思维。组合发散的结果可能会形成一个新的整体。我们经常听到的"跨界"本质上也是一种组合的结果。这种结果可能是事物发展的必然结果。通过组合发散思维，我们可以提前找到这种可能，从而产生创意和创新的想法。

例如，共享经济是解决社会资源合理使用的一种方法，那么我们应该怎样使用这种理念或技术，使得社会资源得到整合和高效利用呢？我们先分析出可以共享或者希望共享的资源类型，再组合共享经济的理念和可实现的技术手段来进行思维的发散。交通工具资源的共享，可以共享单车、电动车、私家车、货车等；教育资源的共享，可以共享纸质和电子书籍、云端课堂、线上资源等；社会资源的共享，可以共享 Wi-Fi、快递盒、雨伞、篮球、玩具、服装、健身器材、洗衣机等。

组合发散思维可以帮助整合优势资源，开创创新想法，是一种较为常见的创新思维。它包括的种类比较多，在本主题中，我们选取了以下比较常见和典型的方法进行介绍。

第一，同类组合。同类组合是指相同事物间或者同类事物间的组合。例如，优酷 VIP 购买方案：优酷将每月 VIP 叠加成为季度 VIP、年度 VIP 等方案，并给予优惠，成为销售的新产品。再如，零食供应商推出的零食大礼包，散装零食经过升级，既含"里子"（多种散装零食），又有"面子"（包装体面，送礼大方），成为佳节送礼的新选择，受到年轻人的喜爱。这些组合形式是同类组合中的同类事物组合。

第二，异类组合。异类组合是指两种及两种以上不同领域的技术思想的组合，或两种及两种以上不同功能物质产品的组合。组合后整体变化显著，创新性明显。例如，《经典咏流传》节目是央视推出的大型诗词文化音乐节目，响应落实党的十九大报告中关于"推动中华优秀传统文化创造性转化、创新性发展"的精神，用"和诗以歌"的形式，用现代旋律唱出经典诗歌，为大众重塑经典。自古诗歌不分家，古代很多诗词都有音律相伴。该节目弹诗唱词，并穿插新时代的人物故事，将经典诗词的精神力量、文化风骨传递给人们，是文化自信的体现，是异类组合的典型，具有很强的创新性。节目一经播出，立即刷爆朋友圈，受到广大观众的喜爱。

第三，共享与补代组合。共享组合是指把某一事物中具有相同功能的要素，组合到一起，达到共享的目的。例如，以创业为主题的线下饮品店可以带来具有各种资源的人群，既满足了饮品店的客流需求，又可能带来潜在的商机，这种思维正是共享组合的体现。补代组合是指通过对某一事物的要素进行摒弃、补充和替代，形成一种在性能上更为先进、新颖、实用的新事物。例如，作为"国车"的红旗检阅车，一直是我国的阅兵礼宾车，随着时代和技术的进步、任务需求的变化，红旗检阅车也在不断寻求突破，进行车型的迭代，而这种迭代正是补代组合的体现。

（四）发散思维的培养

1. 拓宽知识面

发散思维
的培养

知识越丰富，基础越扎实，越有利于思维的发散。当今时代，知识传播的范围在扩大、速度在加快，传播的方式也更加生动、直观，获取知识的途径也更加便捷，知识的半衰期迅速缩短，这要求我们必须不断更新自己的知识，不断地学习。通过学习，我们获得他人的经验和知识，并为大脑思维提供基础素材。我们掌握的丰富知识和经验为思维的发散提供了基础素材，帮助拓宽思维的广度，有助于提高发散思维水平。

2. 掌握训练工具并加强日常训练

培养发散思维能力，锻炼思维的广度，具体可使用属性发散法和关系发散法。信息交合法是训练的好工具，我们可以就日常生活中的某件事物展开发散，画出图示，找出各种可能出现的情况。此外，还可以使用头脑风暴法来训练发散思维，关于头脑风暴法的相关知识，我们会在本书第四讲进行详细介绍。

⟲ 课中互动

发散思维训练

请问"1+1=？""2+1=？""3+4=？""4+6=？"相信学生都能够迅速而准确地说出答案。接着进入第二问阶段，请学生回答在什么情况下"1+1=1、2+1=1、3+4=1、4+6=1"？

如果我们遵循数学学习的规律似乎很难解答这些问题，那么换一个思考的方向呢？

"1（　　）+1（　　）=1（　　）""2（　　）+1（　　）=1（　　）""3（　　）+4（　　）=1（　　）""4（　　）+6（　　）=1（　　）"。

按照这样的思路，你能找出答案吗？

◎ 成功密钥

以上的训练说明了两个问题：一是我们在生活和学习中普遍存在思维定式；二是当我们思维开阔之后或者换个思考方向后，往往能找到解决问题的方法或者问题的答案。因此，如何开阔思路、找到思考方向，是解决问题的重点。运用发散思维，可以开阔思路，为解决问题找到更多的思考方向。

二、收敛思维

与发散思维相对的是收敛思维，收敛思维是依据一定知识和事实求得某一问题最佳或最正确答案的聚合性思维方式。多端、灵活、新颖、精细是其主要特性。发散思维和收敛思维是人类思维结构中求异与求同的两个方面，在实际思维活动中，二者互为前提，彼此沟通，相互促进，相互转化。

（一）收敛思维的概念

收敛思维又称为辐合思维、集中思维，是指以某个思考对象为中心，尽可能地运用已有的知识和经验，将各种信息重新进行组织，从不同的方向和角度将思维集中指向这个中心点，从而达到解决问题的目的的思维方式。例如，如果我们需要寻找解决问题的方案，就需要从多方面考虑，选择最佳的方案去执行（图3-3-3）。换句话说，收敛思维就是从已有的许多信息中（或从发散思维的诸多结果中），推演出适合某种要求的信息的思维过程，其实质是由多个信息产生一个信息，是一个求真、求善、求美的过程。在"收敛思维"概念中，"收敛"表现为汇聚于一点或者向某一值靠近。因此，收敛思维的实质可以形象地表述为思维的"吸铁石效应"。

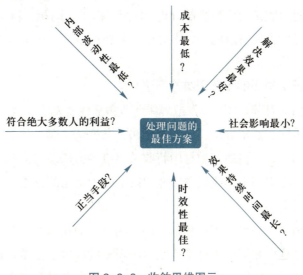

图 3-3-3　收敛思维图示

例如，急救车送病人去医院，为了能以最短的时间到达医院，常常运用发散思维，先得出急救车的多条行进路线，再运用收敛思维选择最快、最佳的路线。

从收敛思维的相关概念中，我们可以发现这种思维是具有鲜明的目标导向的，同时在多条信息中选择最合适的信息，其中包含着分析比较选择。在目标导向下进行分析比较选择，遵循事物发展的内部逻辑，具有逻辑性。

（二）收敛思维的特点

收敛思维具有聚焦性、综合性、逻辑性等特点。

1. 聚焦性

聚焦性体现在以某个思考对象为中心，尽可能运用已有的经验和知识，将各种信息重新进行组织，从不同的方面和角度将思维集中指向这个中心点，从而达到解决问题的目的，体现了典型的"由多到一"。例如"急救车路线"问题，我们需要从诸多路线中找到用时最短的路线，"用时最短"就是思维聚焦的点。

2. 综合性

对于各种解决问题的思路，要想准确发现最佳的方法或方案，就必须综合考察各种思维成果，进行综合的比较和分析，显现出收敛思维的综合特性。因此，综合性是收敛思维的重要特点。收敛式综合不是简单的排列组合，而是具有创新性的整合，即以目标为核心，对原有的知识从内容和结构上进行有目的的选择和重组。例如，在"急救车路线"问题中，我们需要比较分析多条路线的路况情况。

3. 逻辑性

逻辑性是指在确定目标的思维过程中，遵循不同事物内在的规律性或逻辑性，也就是说，收敛思维是按照事物一定的内在逻辑关系进行思维的，因此具有逻辑性。例如，在"急救车路线"问题中，是具有逻辑的——我们规划的路线，必须可以行车且可以到达医院。

通过对收敛思维概念的分析，我们得出了它的相关特点，那么，如何使用收敛思维呢？我们常见的方法有求同法、求异法、分析综合法、目标确定法等。

（三）常见的收敛思维的方法

我国学者郜林涛在《发散思维与收敛思维探略》一文中将收敛思维的方法总结为八种，分别是求同法、求异法、同异并用法、共变法、剩余法、完全归纳法、简单枚举归纳法和科学归纳法，一些通用教材中将收敛思维的方法总结为辏合显同法、分析综合法、目标确定法等。在本书中，我们主要介绍以下四种常用的方法。

1. 求同法

如果某一现象出现在几种不同的场合，而在这些场合里，只有一个条件是相同的，就可以推断这个相同的条件是产生这一现象的原因。简单来说，求同法就是把所有感官到的对象，依据一定的标准聚合起来，显示它们的共性和本质。在课堂互动中，找学生的相同之处就是这一方法的体现。

2. 求异法

如果某一现象在一个场合中出现，在另一个场合中不出现，而这两个场合只有某一个条件不同，那么就可以推断这个条件是产生这一现象的原因。简单来说，求异法是指发现两个或多个事物本质上的不同。

例如，我们小学时解答过一种类型的题目：小明每天起床后要做的事情和耗费的时间分别有洗漱 5 分钟，收拾被褥 4 分钟，听广播 15 分钟，吃早饭 8 分钟。要完成这些事情，小明花费的最少时间是多少？我们在解答这一类题目中使用的思维方法是求同和求异的综合运用。首先，我们要运用求同法找到可以同步进行的事情，如听广播时可以洗漱、收拾被褥、吃早饭；其次，运用求异法找到不可以同步进行的事情，如洗漱、收拾被褥、吃早饭。这样，最终结果便可以确定为 17 分钟。

3. 分析综合法

分析综合法是指在思考问题时，不仅要认识问题的表层，更要层层分析，向问题的核心步步逼近，揭示隐藏在事物表面现象后的深层本质。例如，某学生一次语文单元测验成绩不理想，原因是什么呢？教师没教好？学生没有认真听课和复习？通过试卷分析发现是作文写得不好，再通过深入家访得知该生父母最近意见不合，经常在家中拌嘴，且多次被该生撞见，结合这次测验的作文题目是《温馨的家》，最终分析出该生本次语文测验分数低的真正原因。

4. 目标确定法

目标确定法是指在解决问题的过程中，对目标进行认真观察，作出判断，找出其中的关键，以此来寻求问题答案的一种思维方法，强调的是围绕目标定向思维。

（四）收敛思维的培养

1. 拓宽知识面

丰富的知识不仅是发散思维的基础材料，还是培养收敛思维的重要基础，我们掌握的丰富知识和经验会增强洞察力，使我们在复杂多变的环境中快速思考和准确判断。

2. 优化知识结构

知识结构是指人为了达到某种目的而按一定的组合方式和比例关系构建的、由不同种类的知识组成的知识构架。要使收敛思维发挥作用，收敛思维主体必须拥有一个更加合理、更加优化的知识结构。在有扎实基础知识的同时，还要具有一定的前沿知识，并注重"博"和"专"的统一。

3. 熟练掌握逻辑思维方法

知识的积累是收敛思维的基础，逻辑思维方法是进行收敛的有效手段。如果能够熟练运用抽象与概括、分析与综合、比较与类比、归纳与演绎等方法，那么收敛思维的效果就会事半功倍。

在本主题中，我们主要分享了发散思维和收敛思维的相关概念、特点、方法和培养路径，这两种思维关系密切，相互联系，都是创新思维的重要形式。我们需要在日常生活和学习中进行培养，形成自觉的思维状态。在本书的第四讲，我们会分享思维的训练方法，通过系统的思维训练来更好地提升创新与创意能力。

知识链接　　　　　　　　发散思维和收敛思维的关系及意义

在创新思维研究的某一时期，研究者将发散思维提高到创新思维标志的高度，却忽视了对收敛思维的研究，这是不科学的。两者都是创新思维方法，不可偏废任何一方，它们是相互联系、相互区别的辩证统一关系。

发散思维是收敛思维的基础和条件

只有发散了，才能收敛，并且发散面越广，发散量越大，越有利于发现新问题或提出多种解决问题的方案。如果只有思维的收敛过程而无发散过程，我们就会对新东西视而不见、听而不闻，思维陷入呆板、保守和僵化，从而抑制思维的创造性，不利于思维的全面发展。

收敛思维是发散思维的归宿

思维的目的是通过思维的发散从解决问题的多种方案和措施中寻找一种合适的方案、措施，这离不开收敛思维。只有思维的发散过程而无思维的收敛过程，虽然也可以迸发出许多智慧的火花，但如果不能形成集中的思维力量，就会使思维失去控制，陷入混乱无序状态，变成无目的、无节制的幻想、空想、乱想。因此，思维通过发散之后必须加以收敛。

任何一个创造的全过程，都要经过从发散思维到收敛思维、再从收敛思维到发散思维的多次循环，直到解决问题。创新思维就是发散思维和收敛思维的统一。实际上，人的思维发散到一定程度就要收敛一下，寻找较好的解决问题的方案，然后在新的基础上再进行发散，进而在更高的层次上进行收敛，人类的思维就是这样"发散—收敛—再发散—再收敛—再发散"，每经过一次往复，都使人的思维上升到一个更高的水平。只有把二者紧密地结合起来，互相沟通、互为前提、相互促进、相辅相成，才能有效地培养创新思维，才能充分发挥创造功能，形成科学的创造成果。

知识链接   支付宝升级公益化打法

支付宝不断改革创新，自2016年推出蚂蚁森林后，借助科技力量，不断地推进不同层面及不同类型的公益内容，并打造数字生活的开放平台。

为有效帮助老年人跨越数字化鸿沟，支付宝还大力推进适老化改造，在功能优化、线上线下宣传活动和相关标准规范制定等方面取得了积极成果；同时也从优化消费者体验的角度提高服务质量，有效触达老年人、残障人士等特殊用户群体。具体措施如下：一是不断通过适老化专项改造等积极举措，打造线上线下一体化、贴合老年人需要的"适老"服务，回归真正帮助与服务老年人的本质，上线支付宝App长辈模式，助老年人跨越"数字鸿沟"；二是建立支付宝体验官机制，搭建老年人用户与产品的桥梁；三是升级迭代风控技术，建立主动安全防护体系；四是开展"蓝马甲"行动，提高老年人数字能力。

蚂蚁森林是支付宝客户端为首期"碳账户"客户设计的一项公益活动。用户如果采用步行、地铁出行、在线缴纳水电煤气费、网上缴交通罚单、网络挂号、网络购票等行为，就会减少相应的碳排放量，可以在支付宝里养一棵虚拟的树。这棵树长大后，公益组织、环保企业等蚂蚁生态伙伴们可以"买走"用户的"树"，而在现实某个地域种下一棵实体的树。蚂蚁森林项目将个人锻炼和公益行为相结合，将线下活动和线上操作相结合，使用户通过项目设置可收取朋友绿色能量，为自己树木积累营养，可为朋友灌溉树苗来达到扩大社交的目标。蚂蚁森林项目是一种创新，将锻炼、公益、社交相结合，增加了客户黏性，丰富了支付软件的功能，开拓了金融软件的更多可能。蚂蚁森林是一种创新的绿色金融模式，通过碳金融产品的创新，建立和运行成熟的碳交易体系。政府以探索的精神，推动了多元化碳金融产品的发展。蚂蚁森林与"探索和发展碳期货交易体系"的课题高度契合。人们可以通过蚂蚁森林交易碳资产。

通过数字科技促进环保和可持续生活方式的流行，为"蓝天保卫战"提供了创新的"中国模式"。科技创新带动蚂蚁森林低碳生活方式，使其成为一种潮流，甚至成为改变世界的力量。我们希望蚂蚁森林成为一个开放的平台，不仅影响广大消费者，还影响更多机构、企业及社会各界，共同改善环境，促进可持续绿色发展。作为一种典型的碳金融创新，蚂蚁森林的创新价值在于真实的力量。蚂蚁森林是一个尝试，尝试用互联网的、虚拟的方式，记录用户的真实低碳行动，继而鼓励用户产生更多真实的低碳行动，给公益界和互联网界带来一点新意。

形象思维
的概念与
特点

三、形象思维

创新思维是综合性思维，表现形式也是复杂多样。其中，形象思维主要包括联想思维、想象思维、直觉思维和灵感思维。

（一）形象思维的概念

无论是在日常生活中，还是在学习与工作中，都需要思维的参与。从哲学上来看，思维是反映客观世界的活动；建立在脑科学基础上的思维观认为，思维是大脑物质的特殊功能；建立在心理学基础上的思维观认为，思维是解决问题的心理过程；建立在智慧操作应用基础上的思维观认为，思维是意识对客观世界的反映，是以此创造新世界的心理过程。由此可知，思维是人脑中特有的精神活动。形象思维作为思维的类型之一，是表象在大脑内部的加工。对于表象的理解，首先从知觉入手，人们在观察事物的过程中，调动感官产生对事物来自不同方面的感觉，大脑对这些感觉进行加工并形成形象，表象就是之前已经知觉的并在大脑中再现的形象，例如，多年未见的朋友，有一天再见时仍然能够认出彼此。研究者普遍认识到表象与形象思维的关系，从二者的关系探讨形象思维的概念。

形象思维的关键元素是形象、想象、情感，形象思维是大脑对形象材料与表象的加工，通过分解、组合、联想等形象思维的方法对表象进行加工与改造，包括自发性形象思维和自觉性形象思维。形象思维规律就是以客观存在的有形体、形象性信息来进行思维，其一般机制是：实践（观察）—类比—想象—模拟（相似）。

（二）形象思维的特点

形象思维是围绕表象进行思维的过程，在这个过程中表现出来的特点主要有形象性、直觉性、非语言性和情感性。

1. 形象性

整个形象思维过程都离不开形象。在运用表象进行思维的过程中，伴随着感知、联想、想象、理解、情感等心理活动。抽象思维是用概念、词语、符号等进行思维，对抽象的信息进行判断、推理的过程；形象思维虽绝大多数可以用语言表达出来，但用语言表达出来的内容只是形象思维的结果，形象思维的过程仍然离不开对表象的加工，用反映客观事物的具体形象作为材料进行思维。清代画家郑板桥的"眼中之竹""胸中之竹""手中之竹"的创作经验就是运用形象思维的表现。"眼中之竹"是画家通过多次的感官观察形成的知觉，即在大脑中形成竹的表象；"胸中之竹"是对大脑中竹子的表象进行分析、判断、加工的思维结果；"手中之竹"是大脑对竹的表象进行加工后，将形象思维结果外化的形式。

2. 直觉性

抽象思维按照步骤、程序不断地推进，形象思维直接跳过这些过程，瞬间产生思维的结果。值得注意的是，形象思维的直觉性并不是短时间内训练出来的，需要通过长时间的思索。钱学森在给我国思维科学领军人杨春鼎的信中谈道："灵感思维又称顿悟思维，是强调其突发性。其实形象思维也是在长时间思索后的突然发现，但我个人体会是——突发是最后一秒钟，但准备阶段则可能是一小时、几天，甚至更长。"钱学森的话表明，形象思维与灵感思维一样都具有突发性，这种突发性是在长时间的思索后产生的。

3. 非语言性

形象思维是用形象进行思维的，形象是没有语言的，因此我们可以说形象思维具有非语言性的特征。就像看默片（无声电影）一样，人们看到电影屏幕上的画面，能够理解电影播放的内容。当我们用语言描述一个物体、一个场景、一个过程时，似乎是把大脑中的形象直接用语言表达出来，其实不然。形象思维的结果是用语言间接表达出来的。当我们描述一个熟悉的场景或者物体时，语言和形象紧密地联系起来，描述陌生的场景或物体时，语言和形象不能马上统一起来，我们先在大脑呈现画面，再用语言把画面描述出来，也就是说形象思维与语言是不同步的。与之相反，抽象思维与语言的关系是直接的，头脑中想到的与写出来的基本上是一致的。

4. 情感性

心理生物学家罗杰·斯佩里（Roger Sperry）等对裂脑人的一系列实验表明，大脑两半球各自具有不同的分工，大脑左半球用语词进行思维，大脑右半球用感觉形象进行思维。人们通过感官的作用在大脑反映客观事物，这是人们对客观事物的认识，而情感是人们对客观事物的态度。二者是先后关系，情感后于认识。由于大脑两半球分工的不同，进入大脑的感觉物象在左半球会被加工成概念、语词等形式，而在右半球直接以感觉物象进行思维。因此，可以说形象思维是具有情感性的，人们常说的"只可意会，不可言传"即有时语言无法表达情感。

（三）形象思维的分类

形象思维主要包括联想思维、想象思维、直觉思维和灵感思维。

联想思维
的概念与
特点

1. 联想思维

（1）联想思维的概念。

联想思维，是指人脑记忆表象系统中，由于某种诱因导致不同表象之间发生联系的一种没有固定思维方向的自由思维活动。简单来说，就是思考主体思考的对象由甲事物转换到乙事物的思维，是形象思维的一种基本形式和方法。它能将两个或多个相似、相近或相反的对象联系起来，发现它们之间相似、相近或相反的属性，从中受到启发，发现未知，作出创造和创新。联想是创造、创新的翅膀，联想越广、越丰富，思维主体就越富有创造、创新能力。

（2）联想思维的特点。

联想思维是形象思维的基本形式，人们在联想时，往往脑海中会浮现一个词语或者一幅幅画面，具有形象性的特点，这样的词语或者画面常常不涉及细节问题，具有较强的概括性。当联想开始进行后，形成联想链的过程是连绵不断的，具有连续性。综上，联想思维主要具有形象性、概括性、连续性的特点。

第一，形象性。联想思维是形象思维的具体化，其基本的思维操作单元是表象，是一幅幅画面。联想物在一定程度上是对触发物某一特点的借鉴。因此，联想思维显得十分生动，具有鲜明的形象。

第二，概括性。把联想到的思维结果呈现在联想者眼前是一个整体把握的思维操作过程，不顾及细节问题，具有很强的概括性。

第三，连续性。联想思维的主要特征是由一个事物联系到另一个事物或许多其他事物，形成联想链，形成联想链的过程是由此及彼、连绵不断的，具有连续性。

（3）联想思维的培养。

从之前学习的诸多思维中，我们已经发现培养任何一种思维都需要努力拓展知识面，并加强日常思维训练，联想思维的培养更是如此。

首先，需要大量的知识储备为联想提供素材。

其次，在日常的思维训练中，针对性地增加训练是取得较好效果的方法。在联想思维的培养中，我们可以多做联想训练，拓展焦点事物的外延和内涵，即拓展事物思考的广度和深度。

最后，介绍几种训练方法，重点培养思维的速度和跨度。

第一，自由联想法。自由联想是指给定一个词或物，在规定的时间内快速联想，要求想到的词、物或概念越多越好。例如，请在1分钟内，对"水杯"进行自由联想。

第二，强制联想法。强制联想是给定两个词或物，思维主体在最短的时间内从第一个词或物想到第二个词或物。例如，钢笔—月亮：钢笔—书桌—窗帘—月亮。

第三，注重联想链的训练。联想链训练可以帮助学生拓展思维的连续性，如由苹果树想到苹果、由苹果想到水果、由水果想到营养、由营养想到养生等，继续联想下去，便形成了一条联想链。

第四，给定一个词或物进行联想。针对它进行接近联想、相似联想、对比联想、因果联想。例如，请对"芜湖"进行接近联想。

第五，图形联想训练。例如，请对"圆"进行联想，并画出你想到的结果。

想象思维的概念与特点

2. 想象思维

（1）想象思维的概念。

想象思维是人体大脑通过形象化的概括作用，对脑内已有的记忆表象进行加工、改造或重组的思维活动。想象思维是形象思维的具体化，是人脑借助表象进行加工操作的最主要形式，是人类进行创新及其活动的重要思维形式。

（2）想象思维的特点。

第一，形象性。想象思维操作活动的基本单元是表象，是一些画面，有静止的，有活动的。想象就是通过对这些已有的表象进行加工而创造新形象的过程，它加工的对象是形象信息，而不是语言或符号。有了想象，当人们看小说时就可以想到人物的形象；看图纸时就有了立体的物体；看设备说明书时就有了设备的外形和结构。想象思维不同于逻辑思维，其过程和结果丰富多彩、生动活泼、直观亲切。

第二，概括性。想象思维实质上是一种思维的并行探作，一方面反映已有的记忆表象，另一方面把已有的表象变换、组合而形成新的图像，达到对外部事件的整体把握，因此概括性很强。例如，把地球想象成鸡蛋，蛋壳是地壳，蛋白是地幔，蛋黄是地核；科学家把原子结构想象成太阳系，太阳是原子核，核外电子是行星，核外电子围绕原子核高速旋转。同样，在某些文学作品中，对人物的描述也是对人物所处社会和时代的高度概括。

第三，超越性。想象的最宝贵特性是可以超越已有的记忆表象的范围，产生许多新的表象，这正是人脑的创造活动最重要的表现。这种想象的超越性，使人们创造出新的事物、看法和技术。

（3）想象思维的培养。

第一，克服抑制想象思维的障碍。抑制想象思维的障碍主要有环境方面的障碍、内部心理障碍和内部智能障碍。环境方面的障碍是指人际关系的不协调、学习思考环境的恶劣等。内部心理障碍是指心理处于消极的状态。如果心理处于积极、愉快、兴奋的状态时，人就容易进行想象思维；如果心理处于消极、压抑，悲观、沮丧的状态，人就很难进行乐观、正向的想象思维。但是，人的心理状态是可以调整的。内部智能障碍主要是指思维方法的僵化，也就是思维模式的固定化，即所谓的思维定式或习惯性思维。

第二，培养想象思维能力的途径。一是强化创新意识，人的意志和意识的强弱决定了人的思维积极性和活跃性；二是学习，学习包括从书本上学习，也包括从实践中学习，还包括向一切有知识、有经验的人学习；三是静思，人有时需要交往，需要热闹，需要和别人产生思维碰撞，但有时也需要孤独，需要安静思考。

3. 直觉思维

（1）直觉思维的概念。

直觉思维是指不受某种固定的逻辑规则约束而直接领悟事物本质的一种思维形式。直觉作为一种心理现象贯穿于日常生活之中，也贯穿于科学研究之中。

广义上的直觉是指包括直接的认知、情感和意志活动在内的一种心理现象，也就是说，它不仅是一个认知过程、一种认知方式，还是一种情感和意志的活动。

直觉思维的概念与特点

狭义上的直觉是指人类的一种基本的思维方式，当把直觉作为一种认知过程和思维方式时，便称为直觉思维。狭义的直觉或直觉思维，就是人脑对于突然出现在面前的新事物、新现象、新问题及其关系的一种迅速的识别、敏锐而深入的洞察、直接的本质理解和综合的整体判断。简言之，直觉就是直接的觉察。

　　直觉是人们在生活中经常应用的一种思维方式。小孩亲近或疏远一个人凭的是直觉；男女"一见钟情"凭的也是各自的直觉；军事将领在紧急情况下，下达命令首先凭直觉；足球运动员临门一脚，更是毫无思考余地，只能凭直觉。科学发现和科技发明是人类最客观、最严谨的活动之一。诺贝尔奖获得者、物理学家马克思·玻恩（Max Born）说："实验物理的全部伟大发现，都是来源于一些人的直觉。"直觉是一种非逻辑思维形式，对其所得出的结论没有明确的思考步骤，主体对其思维过程亦无清晰的意识。

　　（2）直觉思维的特点。

　　第一，直接性。直觉思维的思维过程与结果具有直接性，因为它是一种直接领悟事物的本质或规律而不受固定逻辑规则束缚的思维方式。直觉思维不依赖于严格的证明过程，以对问题全局的总体把握为前提，是以直接的、跨越的方式直接获取问题答案的思维过程。

　　第二，突发性。直觉思维的过程极短，稍纵即逝，其所获得的结果是突如其来和出乎意料的。人们对某一问题苦思冥想却不得其解，反而往往在不经意间突然醒悟问题的答案，或瞬间闪现具有创造性的设想。

　　第三，非逻辑性。直觉思维不是按照通常的逻辑规则按部就班地进行的，它既不是演绎式的推理，也不是归纳式的概括。直觉思维主要依靠想象、猜测和洞察力等非逻辑性因素来直接把握事物的本质或规律。直觉思维不受形式逻辑规则的约束，常常是打破既有的逻辑规则，提出一些反逻辑的创新思想；它也可能压缩或简化既有的逻辑程序，省略中间烦琐的推理过程，直接对事物的本质或规律作出判断。

　　第四，或然性。非逻辑的直觉也是非必然的，它具有或然性，既可能正确，也可能错误。虽然直觉思维能力较强的科学家作出正确判断的概率较大，但也可能出错。许多科学家都承认这一点，爱因斯坦在高度评价直觉在科学创造中的作用时，也没有把它看作是万能灵药。他在1931年回答挚友瑞士工程师米歇尔·贝索（Michele Besso）提出的问题时说："我以直觉来回答，并不囿于实际知识，因此，大可不必相信我。"

　　第五，局限性。因为直觉具有直接性、突发性、非逻辑性等特征，所以直觉容易局限在狭窄的观察范围内。有时，经验丰富的研究者如心理学家、医生和生物学家也会根据范围有限的、数量不足的观察事实，凭直觉错误地提出假说和引出结论。例如，在没有对患者进行周密的观察之前，医生匆匆凭借直觉作出判断，就有可能作出错误的诊断。直觉有时会使人把两个风马牛不相及的事件纳入虚假的联系之中。

　　第六，理智性。在日常生活中，一些资深的医生在第一眼接触某一重症患者时，会立即感觉到此人的病因、病源所在，而他们下一步的全面检查就会自觉地围绕这些感觉展开。医生们的"感觉"即直觉，是同他们丰富的经验、高深的医学理论、娴熟的技术等分不开的。

　　直觉思维过程体现出来的不是草率、浮躁和鲁莽的行为，而是一种理智性思考的过程。

在直觉思维过程中，思维主体并不着眼于细节的逻辑分析，而是对事物或现象形成一个整体的"智力图像"，从整体上识别出事物的本质和规律。

（3）直觉思维的培养。

第一，获取广博的知识和丰富的生活经验。直觉的产生不是无缘无故、毫无根基的，它是凭借人们已有的知识和经验得出的，因此，直觉往往比较偏爱知识渊博、经验丰富的人。获取广博的知识和丰富的生活经验是直觉训练和强化的基础。

第二，学会倾听直觉的呼声。直觉思维是"直接的感觉"，但不是感性认识。直觉需要人们细心体会、领悟，当直觉出现时，不必迟疑，更不能压抑，要顺其自然作出判断、得出结论。

第三，培养敏锐的观察力和洞察力。直觉与人们的观察力及洞察力息息相关。观察力敏锐的人，其直觉出现的概率更高，直达事物本质的效果更强。因此，要有意识地培养自己的观察力和洞察力，特别是提高对那些不太明显的软事实，如印象、感觉、趋势、情绪等无形事物的观察力。

第四，真诚、客观地对待直觉。直觉虽然是凭借人们已有的知识及经验，凭"直接的感觉"而产生的，但常常受到客观环境的影响及个人情感的干扰。当一个人处在某种情感如猜忌、埋怨、愤怒等的困扰中时，直觉的判断就有可能失去客观性。因此，要真诚地对待直觉，产生直觉的过程要尽量排除各种影响和干扰，出现直觉以后，还要冷静地分析其客观性。

4. 灵感思维

（1）灵感思维的概念。

灵感思维是长期思考的问题受到某些事物的启发后忽然得到解决的心理过程。灵感是人脑的机能，是人对客观现实的反映。灵感思维本质上就是一种潜意识与显意识之间相互作用、相互贯通的理性思维认识的整体性创造过程。

在人类历史上，许多重大的科学发现和杰出的文艺创作都是灵感这种智慧之花闪现的结果。例如，德国化学家凯库勒长期从事苯分子结构的研究，一天由于梦见蛇咬住了自己的尾巴形成环形而突发灵感，得出苯的六角形结构式。

灵感思维作为高级复杂的创新思维活动形式，不是一种简单逻辑或非逻辑的单向思维运动，而是逻辑性与非逻辑性相统一的理性思维整体过程。灵感与创新息息相关，灵感不是唯心的、神秘的东西，它是客观存在的，是思维的特殊形式，是一种使问题得到解决的顿悟，是人在思维过程中带有突发性的思维形式长期积累、艰苦探索的一种必然性和偶然性的统一。

（2）灵感思维的特点。

第一，突发性。逻辑思维是指按一定规律、有意识地寻求问题解决方案。想象思维是主动自觉地进行搜索，而灵感思维却是在出其不意的刹那间突然出现的。

第二，独创性。灵感有时会给我们带来令人耳目一新的奇思妙想。灵感的出现是创新思维的质的飞跃，它不是逻辑推理的结果，而是在外界事物的刺激下对原有信息进行快速改造。

第三，瞬时性。灵感转瞬即逝，如果没有来得及抓住它，它就会飘逝得无影无踪，给

灵感思维的概念、特点与培养

人留下遗憾。因为灵感是潜意识带给人们的指引，所以像梦中的景象，稍不留神灵感的火花就会熄灭。例如，宋代平民诗人潘大临的一次经历可以证明灵感的瞬间性。在临近重阳节时，下起了一场秋雨，他诗兴大发，随即赋道"满城风雨近重阳"，就在这时，催租人突然闯了进来，打断了他的创作灵感，他便再也写不出下文了。尽管催租人走后秋雨依旧，但诗人再也没有找到灵感。

第四，情感性。灵感来临时是一种顿悟的状态，往往伴随着情绪高涨及神经系统的高度兴奋。尤其是在艺术创作领域，灵感的情感性特点表现得非常突出。例如，郭沫若创作《地球，我的母亲》时，突然间来了灵感，他竟然脱了鞋，赤脚跑来跑去，甚至索性趴在地上，去真切地感受"母亲"怀抱的温馨。

第五，模糊性。灵感只是给人指明一个方向、一个途径，要想取得最后的成果，还要对它进行深入的加工。有时，灵感只给我们提供了一些零碎的启示和线索，沿着这条线索进行思考，就能得出意料之外的成果。

第六，跳跃性。由灵感产生的思考是一种思考形式和过程的突变，表现为逻辑的跳跃性。灵感带来的一些绝妙的想法和新奇的方案不是一个连续的、自然的进程，而是一个质的飞跃的过程。

（3）灵感思维的培养。

第一，灵感的捕获。灵感的捕获需要长期的思想活动准备，因为灵感是人脑进行创造活动的产物，所以长期思考是基本条件。

灵感的捕获需要兴趣和知识的准备，广泛的兴趣、丰富的知识经验是捕获灵感的另一个基本条件。灵感的捕获还需要智力的准备，包括观察、联想、想象；也需要乐观镇静的情绪，这能增强大脑的感受能力。除此之外，灵感的捕获更需要注意摆脱习惯性思维的束缚，并珍惜最佳的时机和环境。

灵感的捕获需要有及时抓住灵感的精神准备和及时记录下灵感的物质准备。许多有创造精神的人都体验过灵感的滋味，但因为事先没有准备，时境迁就再也记不起来了。当然，并不是头脑里出现的灵感都有价值，但记录下来以后可以慢慢琢磨、决定取舍。

第二，灵感的诱发。灵感的诱发分为外部机遇诱发和内部积淀意识引发。其中外部机遇诱发包括思想点化、原型启发、形象发现、情境激发；内部积淀意识引发包括无意遐想和潜意识。

思想点化——一般在阅读或交流中发生。例如，当达尔文（Darwin）从"马尔萨斯人口论"中了解到"繁殖过剩而引起竞争生存"时，大脑里突然想道：在生存竞争的条件下，有利的变异会得到保存，不利的变异则被淘汰。由此促进了生物进化论的思考。

原型启发——根据自己要研究的对象的模型启发而产生的灵感。例如，英国工人詹姆斯·哈格里夫斯（James Hargreaves）发明珍妮纺纱机，就是受到原来水平放置的纺车偶然被他踢翻变成垂直状态的启发才研制成功的。

形象发现——通过发现某个现象而引发的灵感。例如，迪士尼公司创始人华特·迪士尼（Walter Disney）在其21岁的时候，一直渴望创造一个新奇可爱的卡通形象。有一天，正当他冥思苦想的时候，突然发现一只小老鼠在偷吃面包屑，思如涌泉，他立刻画了几张卡通老鼠的图片，这正是后来风靡全球的米老鼠的形象来源。

情境激发——通过看到某个情景而引发的灵感。例如，我国作家柳青经过农村生活的体验写出了《创业史》。但七年后，当他想改写时却找不到感觉了。只有当他再次回到农村后，那些农民的情感及自己对农村生活的眷恋才被激活，产生了创作灵感。

无意遐想——通过遐想产生的灵感，其在创造中十分常见。如作家在散步或郊游时因沉思或回忆而闪现的灵感，它多是因心情的放松而使得积淀的体验自由涌现。这一类情形还可以在梦幻中出现。总之，这种自由的无意想象都是思维主体在内心宁静时充分调动和依从无意识的结果。

潜意识——与无意遐想的轻松心态下产生的灵感相反，潜意识的诱发则是人脑中平时未发挥作用的那部分潜在的智能在危急状态中的突然激发。如广为人知的曹植写出《七步诗》的典故。

🔷 知识链接　　　有效突破习惯性思维的简易训练方法

（1）玻璃瓶里装着橘子水，瓶口塞着软木塞，既不准打碎瓶子，弄碎软木塞，又不准拔出软木塞。怎样才能喝到瓶里的橘子水？

（2）某人的衬衣纽扣掉进了已经倒入咖啡的杯子里，他连忙从咖啡里取出纽扣，不但手不湿，而且纽扣也是干的。这是怎么回事？

（3）卡车司机的哥哥叫李强，可是李强并没有弟弟，这是怎么回事？

（4）某人昨天碰到一场雨，他正好未戴帽子，也未撑伞，头上什么也未遮盖，结果衣服全部淋湿，但没有一根头发是湿的。这是怎么回事？

（5）某列车驶进一段隧道，奇怪的是，该列车既没有发生事故，也没有出现其他故障，却从某一点开始不能再开进去了。为什么？

（6）某人能告诉你比赛前任何足球比赛的比分结果。他是如何知道的？

（7）如果你口袋里的火柴盒中仅剩下一根火柴，夜里你走进房间，房间里有蜡烛、煤油灯及煤气灶，那么，你先点燃什么？

（8）广场上有一匹马，马头朝东站立着，后来又向左转了276度。请问这时马的尾巴指向哪个方向？

（9）某人长得胖，但他的一位朋友恰恰相反，长得骨瘦如柴，而且有胃病。但他常看见他的朋友去眼科医院，这是为什么？

（10）两个女孩一同来到一所学校报到。她俩长得一模一样，出生年月日与父母的名字也完全相同。然而，当教师问她们："你们是双胞胎吗？"她们却异口同声回答："不是！"她俩到底是什么关系？

李文辉：做难而有价值的研究

李文辉，北京生命科学研究所（以下简称北生所）资深研究员、清华大学生物医学交叉研究院教授；2001 年获中国协和医科大学博士学位，后赴哈佛大学医学院从事分子病毒学领域的博士后研究；2007 年回国加入北生所，致力于乙肝病毒（Hepatitis B Virus，HBV）、丁肝病毒（Hepatitis D Virus, HDV）等感染研究和抗乙肝、抗新冠候选药物的开发。李文辉 2021 年获全球乙肝研究和治疗领域最高奖——"巴鲁克·布隆伯格奖"，2022 年获未来科学大奖生命科学奖。

知难而进，破解多年未解的世界科学难题。HBV 受体研究是该领域十分困难且亟须解决的课题。"受体"是指宿主细胞表面的某个分子，病毒只有先和这个分子结合，才能进入宿主细胞内。找到 HBV 受体，是深入研究病毒感染机制和开发治疗药物的关键一步。课题选定后，李文辉先带领学生搜集、研究国内外已发表的相关论文，寻找"蛛丝马迹"。他们不断摸索，建立并优化了研究 HBV 的体外感染模型，尝试多种方案，终于完成了HBV 功能获得验证，以及牛磺胆酸钠共转运多肽（Sodium Taurocholate Cotransporting Polypeptide，NTCP）在人类肝细胞上的功能丧失验证，充分证明 NTCP 就是 HBV、HDV特异性感染人类肝细胞的受体。相关论文发表后得到国际同行高度认可。

研以致用，研发根治乙肝的原创药物。找到 HBV 受体后，他带领学生继续深入研究乙肝慢性感染机制，开发治疗乙肝、丁肝的创新药物。目前用于乙肝治疗的药物均无法根治乙肝，必须开发全新药物。经过数年攻关，他们开发的原创（FIRST-IN-CLASS）抗体药物 HH-003，于 2016 年完成了 HH-003 临床前各种实验。HH-003 是全球首个靶向 HBV表面大包膜蛋白前 S1 区的 HBV 中和抗体，可直接实现 HBV 与受体 NTCP 的阻断，打破HBV 在肝脏中持续发生的感染和再感染过程，进而达到功能性治愈乙肝的目标。

精益求精，开发高效全谱原创抗新冠药物。新冠疫情发生后，李文辉意识到新冠病毒突变在快速增加，感染后表现也呈现多样化。他们迅速投入抗新冠药物开发，在药物设计上精益求精，针对新冠病毒变异性强的特点，以其受体血管紧张素转换酶 2（Angiotensin Converting Enzyme2，ACE2）为靶点，设计特殊的药物分子结构，阻断它进入人体细胞的通道；充分考虑老年人、孕妇、哺乳期女性等人群用药安全，把直径 40 纳米的药物设计为雾状喷剂，通过雾化吸入或鼻喷雾剂形式，让药物只均匀覆盖在肺和上呼吸道表面……一年后，他们成功实现了设计目标。临床前研究表明，HH-120 的安全性与疗效非常理想，能应对各种变异病毒。在有关部门大力推动下，比雾化吸入型更方便、更高效的鼻喷雾型HH-120 研发进展也很顺利，效果令人振奋。

作为一名科研人员，李文辉用自己的研究成果解决实际问题，充分诠释了勇攀高峰、拼搏奉献的创新精神。

本讲小结

创新思维的本质是在社会实践需要产生的目标指导下，以一定的心理结构为基础，主要通过意识与无意识的交替作用和辩证统一过程，对储存和外来的信息进行鉴别和筛选，重新联结和组合在一起，从而发明或发现一种新方式，用以处理某件事情或表达某种事物的思维过程。

创新思维是综合性的思维，它的具体表现形式是复杂多样的，主要有批判性思维、发散思维、收敛思维、顺向思维、逆向思维、形象思维等，不同的思维形式有不同的特点。

创新思维是创新能力的核心，是个人实现自身价值的主要途径。进行创新思维活动，就要破除各种思维障碍，遵循怀疑原则、反思原则、自由思维原则和持续创新原则。

自我评测：
创新思维

循法明理　事半功倍——创新方法

>> 任其事必图其效；欲责其效，必尽其方。

——欧阳修

学习地图

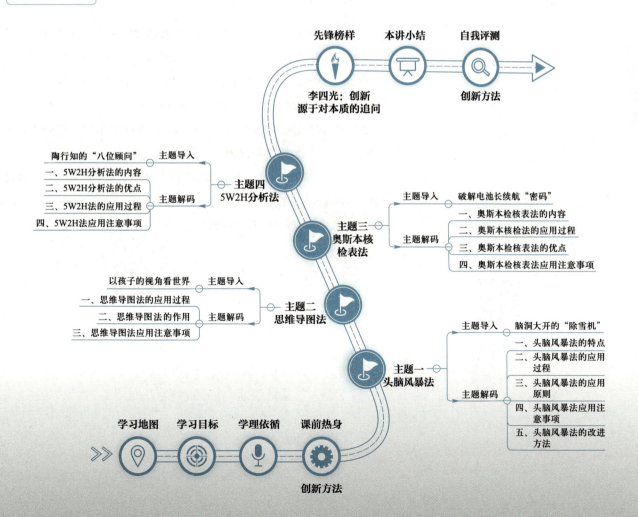

先锋榜样　本讲小结　自我评测

李四光：创新
源于对本质的追问　　　　　创新方法

陶行知的"八位顾问"　主题导入
一、5W2H分析法的内容
二、5W2H分析法的优点　主题解码　　主题四
三、5W2H法的应用过程　　　　　5W2H分析法
四、5W2H法应用注意事项

主题导入　破解电池长续航"密码"
一、奥斯本检核表法的内容
主题三　主题解码　二、奥斯本检核法的应用过程
奥斯本核　　　　　三、奥斯本检核表法的优点
检表法　　　　　四、奥斯本检核表法应用注意事项

以孩子的视角看世界　主题导入
一、思维导图法的应用过程　　主题二
二、思维导图法的作用　主题解码　思维导图法
三、思维导图法应用注意事项

主题导入　脑洞大开的"除雪机"
一、头脑风暴法的特点
二、头脑风暴法的应用
过程
主题一　三、头脑风暴法的应用
头脑风暴法　原则
主题解码　四、头脑风暴法应用注
意事项
五、头脑风暴法的改进
方法

学习地图　学习目标　学理依循　课前热身

创新方法

学习目标

- 知识目标

了解常用创新方法的类型、特点、适用范围及注意事项。

- 能力目标

掌握头脑风暴法及其规则，能组织大家运用头脑风暴法进行创新活动；利用思维导图法梳理逻辑，将创意进行可视化展示；掌握奥斯本核检验表法，按照该方法提出问题，对课题进行创新；掌握 5W2H 分析法，学会准确提问并解决问题。

- 素养目标

通过创新方法训练，培养创新情感、创新个性及创造性学习习惯。

学理依循

在激烈的国际竞争中，惟创新者进，惟创新者强，惟创新者胜。党的十八大以来，我国在载人航天、探月探火、深海深地探测、超级计算机、卫星导航、量子信息、核电技术、大飞机制造、生物医药等领域取得重大成果，进入创新型国家行列。习近平总书记在党的二十大报告中强调，必须坚持科技是第一生产力、人才是第一资源、创新是第一动力，深入实施科教兴国战略、人才强国战略、创新驱动发展战略，开辟发展新领域新赛道，不断塑造发展新动能新优势。

创新不是科学或技术，而是价值。创新不只是发生于组织之间的某种事，还是组织以外的一种变革，同时，创新也是企业家精神的具体体现。每个个人和企业都应该掌握创新的方法，有意识地用创新思维去指导日常工作。

课前热身：
创新方法

主题一　头脑风暴法

【主题导入】

脑洞大开的"除雪机"

　　某国北方的雨雪天气常常会导致电线上积满冰雪，有时大跨度的电线会被积雪压断，严重影响通信。该国电信公司的经理运用头脑风暴法，尝试解决这一难题。参加会议的各专业技术人员热烈地讨论起来。有人提出设计一种专用的电线清雪机；有人想到用电热来化解冰雪；也有人建议用振荡技术来清除积雪；还有人提出能否带上几把大扫帚，乘坐直升机去扫电线上的积雪。对于这种"坐飞机扫雪"的设想，大家心里虽然觉得滑稽可笑，但在会上无人提出批评。相反，有一位工程师听到坐飞机扫雪的想法后，突然受到启发，他想，出动直升机沿积雪严重的电线飞行，依靠高速旋转的螺旋桨即可将电线上的积雪迅速扇落。他马上提出"用直升机扇雪"的新设想，顿时引起其他与会者的联想，有关用飞机除雪的主意又扩展了七八条。不到一个小时，与会的10名技术人员共提出90多条新设想。

　　会后，公司组织专家对设想进行分类论证。专家们认为采用电热或电磁振荡等方法设计专用除雪机，成本高且周期长。而"直升机扇雪"的设想既简单又省钱，之后通过现场试验，发现该设想真能奏效，一个久悬未决的难题，终于在头脑风暴会中得到了巧妙解决。

◎ **分析与启发**

　　头脑风暴是无限制自由联想和讨论的代名词。联想是产生新观念的基本过程，在集体讨论问题的过程中，每提出一个新的观念都能引发他人的联想，相继产生一连串的新观念，从而产生连锁反应，形成新观念堆，为创造性地解决问题提供了更多的可能性。

【主题解码】

　　头脑风暴法又称脑力激荡法、智力激励法、BS法、自由思考法，是一种通过鼓励思维自由发散，从而快速产生针对某一问题的各种不同处理设想的思考方法。头脑风暴法在我们的创新实践中使用较为普遍，既可以被个人使用，也可以被团队使用。

一、头脑风暴法的特点

（一）自由畅想

　　参与者不受任何条条框框的限制，让思维自由驰骋，大胆想象。参与者要敢于标新立异，从不同角度、不同方位、不同层面进行思考，提出独特的、有创造性的想法。

（二）充分交流

参与者要勇于展示自己的思路或想法，敢于接触其他有创意的思路，碰撞出火花。另外，进行个人风暴或集体风暴的时间要充足，但不是无限制地延长。在有限的时间内，充分交流，激情碰撞，使创意思维的量和质得到保障。

（三）延迟评判

在头脑风暴法的操作中，教师和学生不能肯定或否定某个设想，或发表评论性的意见，一切评价都延迟到头脑风暴会结束后进行。因为即时评判会打断或约束参与者的积极思维，破坏参与者自由畅想的和谐氛围。延迟评判的目的是保护参与者的思维积极性。

此外，头脑风暴法还具有以下优点。

（1）极易操作执行，具有很强的实用价值。

（2）非常具体地体现了集思广益，体现了团队合作的智慧。

（3）每个人的思维都能得到最大限度的开拓，能有效开阔思路，激发灵感。

（4）在最短的时间内可以批量产生灵感，会有大量意想不到的收获。

（5）面对任何难题，举重若轻。熟练掌握头脑风暴法的人，再也不必一人冥思苦想、孤独求索了。

（6）可以有效锻炼个人及团队的创新思维能力。

（7）使参与者更加自信，因为他会发现自己居然如此有创意。

（8）使参与者更加有责任心，因为人们一般乐意对自己的主张承担责任，可以发现并培养思路开阔、有创造力的人才。

（9）创造良好的平台，提供了一个能激发灵感、开阔思路的环境。

（10）创造良好的沟通氛围，有利于增加团队凝聚力、增强团队精神。

（11）可以提高工作效率，能够更快、更高效地解决问题。

二、头脑风暴法的应用过程

（一）确定主题

确定主题，即确定讨论的议题，需要注意的是，头脑风暴法的主题要明确，达到让参与人员能够快速理解的效果。

（二）确定人员

确定人员，即确定参与讨论的人数，通常人数控制在 5~10 人，人数过多，就不能确保在有限的时间内展开充分的交流和讨论，对头脑风暴的效果会产生不利影响。同时，需要确定讨论的主持人，承担讨论的引导、进度的把握和结果的总结等任务。组长担任讨论的主持人，不断变换角度进行讨论，多层次地引导组员充分交流。

（三）自由畅想

自由畅想，即针对讨论的主题，每位成员在没有任何约束的前提下，自由发散思维、充分展开交流。自由畅想包括暖场和讨论两个环节。

1. 暖场

不要一开始就让大家开始讨论。这样参与人员还未进入状态，讨论的效果不会很好，气氛也不会很恰当。因此先要暖场，和大家说一些轻松的话题，让彼此之间有些交流沟通，不会显得生疏。例如，辅导员在班会开始时，总要先表达对学生的关心和期望，以拉近彼此间的距离，从而让班级学生更好地投入班会会议中，这就是暖场的效果。

暖场完毕后，主持人需要向参与人员说明讨论的主题。需要注意的是，这段时间不要过长，以简洁为主。因为过多的描述在一定程度上会干扰大脑的思考。

2. 讨论

参与人员围绕讨论的主题开始自由畅想、自由表达。需要注意以下几点。

（1）每位发言人员不能评论别人的发言，尽量简短发言；发言时，不允许私下交流，除非是发言内容晦涩难懂，否则无须作出解释说明。

（2）主持人需要把握讨论的气氛，保证每位参与人员均以一种自由的状态参与讨论；同时，主持人还要把握讨论的方向，避免讨论的方向过于狭窄或出现偏差，确保讨论能够更加充分地展开。

（3）在讨论的过程中，主持人需要及时准确地记录每位参与人员的意见。

（四）意见整理

主持人在头脑风暴结束后，需要对记录的意见进行整理，并形成合理的解决措施。

（1）对记录的观点（意见）进行分类，将相近的观点（意见）合并。

（2）针对合并后的观点（意见）进行评价、分析，从而确定合理的问题解决措施。

例如，召开有关春游活动的班级讨论会，班长在会后会将记录的春游时间、地点、内容、费用、交通等方面的意见进行合并整理，最终形成可行性的春游计划。

🔄 课中互动   创 客 追 击

需要教具：特制卡片 30 张。

活动要点：

（1）分组：学号 1—25 的学生为一组；学号 26—50 的学生为一组；学号 51—75 的学生为一组；学号 76—100 的学生为一组。

（2）每组成员围成一个直径两米的圆圈，选一名组员站在圈中心位置。

（3）助教将活动卡片随机散落在圆圈内，卡片正面朝上。

（4）站在圆圈中心的组员在其他学生的帮助下，按照一定的顺序依次找到正确的卡片，交给助教确认，如正确，则助教收卡片，如不正确，则不收。

（5）每轮比赛时间为 60 秒，时间结束后，按顺序认出的最大数字即本轮结果。

（6）根据情况，活动控制在 5~8 轮，教师记录每轮成绩。

特别提醒：站在圆圈中心的组员是唯一可以接触卡片的人，其他学生只能用语言和肢体指挥，不允许进入指定区域，不允许接触卡片。

◎ 成功密钥

从"不论时间、论细节"到"不论细节、论时间"的转变是最大的特色，不仅讲究的是团队的自我调整和管理监控，还有团队的协作，是责任、智慧和能力发挥的集中体现。

不以某个队员的过失而责备之，也不以某个队员的卓越表现而沾沾自喜，在急速的60 秒中，每个队员都要以身作则、群策群力、融入团队，才能突破新的挑战，赢取最后的胜利。

三、头脑风暴法的应用原则

头脑风暴法应遵守以下五个原则。

（一）自由畅想原则

欢迎大家各抒己见，自由鸣放，创造一种自由、活跃的气氛，使参与人员思想放松，鼓励参与人员提出各种想法，最狂妄的想象是最受欢迎的。这是头脑风暴法的关键。

（二）延迟评判原则

禁止批评和评论。对各种意见、方案的评判必须放到最后阶段，此前不能对别人的意见提出批评和评价。认真对待任何一种设想，无论其是否适当和可行。

（三）以量求质原则

为了获得更多的灵感，任何一种构思都可被接纳。意见越多，产生好意见的可能性越大，这是获得高质量创造性设想的前提条件。

（四）综合改善原则

探索取长补短和改进的办法。除提出自己的意见外，还可对他人已经提出的设想进行补充、改进和综合，强调相互启发、相互补充和相互完善。这是头脑风暴法能否成功的关键。

（五）突出求异原则

突出求异原则是头脑风暴法的宗旨。头脑风暴法追求通过思维激励产生更多的新奇想法。不必顾虑想法是否离经叛道或荒唐可笑，欢迎表达自由奔放、异想天开的想法。

以上述五大原则为基础进行智力激励法的培训，可以使参与者渐渐养成弹性思维方式，涌现更多全新的创意。在众多创意被激发出来后，管理者进行综合和筛选，最后形成可供实践的最佳方案。

四、头脑风暴法应用注意事项

为了学生更好地使用头脑风暴法处理现实中的问题，我们按照时间顺序为学生整理了应用注意事项，如表 4-1-1 所示。

表 4-1-1　头脑风暴法应用注意事项

阶段	主持人	参与者
讨论会前	应该： （1）拟定讨论的主题和目标 （2）确定合适的参与者 （3）有合适的时间分配计划 不应该： （1）漫无边际或主题不明确 （2）让无关人员参加或关键人员未出席讨论会 （3）搞突然袭击，让参与者措手不及	应该： 阅读相关资料，积极思考相关问题 不应该： 对讨论主题一无所知
讨论会中	应该： （1）紧扣主题展开讨论 （2）讨论中保持中立 （3）坦诚倾听，总结参与者的观点 （4）调动讨论气氛，发挥每位参与者的作用 （5）保证讨论有明确的结果 不应该： （1）漫无边际或不控制内容 （2）以个人的主观判断限制参与者的发言 （3）讨论没有结果、没有时间限制 （4）需要作出决定时没有及时作出决定 （5）让没有意义的争论影响讨论的进行 （6）没有进行适当的总结，讨论无疾而终	应该： （1）对讨论要有积极的心态，积极参与讨论 （2）事先对讨论主题有积极的思考 （3）围绕主题积极发言 （4）观察、倾听 不应该： （1）事不关己，高高挂起 （2）不知所云，发言空洞，或批评其他参与者的发言 （3）表现出消极的肢体反应
讨论会后	应该： （1）对讨论会有书面总结 （2）就总结结果与相关人员沟通、反馈 （3）关注总结结果的落实 不应该： 对讨论结果不闻不问	应该： 服从并执行讨论的最终意见 不应该： （1）不履行职责 （2）发表不负责任的言论

五、头脑风暴法的改进方法

在头脑风暴法典型方式的基础上，为了使该方法更具广泛应用性和实效性，人们对其作出许多积极的改进，主要有以下四种代表方式。

（一）专家头脑风暴法

如果参加头脑风暴会的所有人员都是有关方面的专家，头脑风暴法就会演化成了专家头脑风暴法。专家头脑风暴法的专家小组人员主要由下列人员组成：方法论学者——预测学领域的专家；设想产生者——专门领域的专家；分析者——专门领域的高级专家；演绎者——具有较高逻辑思维能力的专家。另外，专家头脑风暴法的所有参与者都应当具备较高的发散思维能力和想象能力。

1. 专家头脑风暴法的显著特点

（1）专家头脑风暴法能够发挥专家团体的智能聚合效应，其总体创造力往往大于个体创造力的总和。

（2）专家之间的信息交流，有助于产生"思维激励"和"思维共振"效应，有助于在短期内产生较多的创新思维成果。

（3）专家头脑风暴法的信息量大。专家头脑风暴法的思维往往更加全面系统、丰富多彩。专家头脑风暴法提供的解题方法、方案往往更加全面、深入、具体。

但是专家头脑风暴法也有其局限性，具体包括：相互心理影响较大，会出现团体思维，一些人会产生从众心理或从众思维；容易产生暗示或接受暗示；碍于面子，有些人不愿意轻易改变已表达的观点。为了发挥优势特点和克服局限性，应采取一些推进专家头脑风暴法的对策及措施，提高思维效力。

2. 专家选择的基本原则

如果参与者相互认识，就要从同一职位（职称或级别）的人员中进行选取。领导者不宜参加头脑风暴，因为他们可能会给参与者形成某种压力。如果参与者互不认识，则可从不同职位的人员中进行选取。但不应宣布参加者的职位，应对所有参与者同等看待。

3. 专家头脑风暴法的实施要点

（1）严格限制预测对象的范围，以便参与者把注意力集中于涉及的问题。

（2）要认真对待和研究专家组提出的任何一种设想，而无论这种设想是否适当、是否可行，都不能对别人的意见提出批评。

（3）鼓励参与者对已提出的设想进行补充、改进和综合。

（4）创造宽松的思维环境和自由发表见解的气氛，以便解除或减低参与者的思想顾虑和心理压力，使参与者把注意力高度集中于所讨论、所思考的问题。

（5）发言力求简洁，避免详细论述。因为拖长发言时间会妨碍创意思维活动的进行。

（6）不允许参与者宣读事先准备好的发言稿。

4. 专家头脑风暴法对会议主持人的特殊要求

（1）在会议开始时，为了打破僵局，可以采取强制询问的方式。

（2）应能不断激发参与者的思维和灵感。

（3）应能适时提出有待参与者回答的问题。

（4）在参与者的热情被激发出来后，新设想不断涌现之时，主持人只需要适当引导即可。

5. 专家头脑风暴法系统处理会议设想的程序

专家头脑风暴法要求把会议提出的设想全部记录下来，不放过任何一个设想。然后由分析小组对会议产生的设想进行系统化处理。系统化处理通常按如下程序进行。

（1）将会议提出的所有设想编制为名称一览表，对设想进行分组并编制一览表。

（2）用通用术语说明每个设想的要点。

（3）找出重复的和互为补充的设想，并对其进行综合。

（4）提出对设想进行评价的准则。

（二）菲利浦斯小组头脑风暴法

菲利浦斯小组头脑风暴法也称菲利浦斯 66 法，由密西根州希斯迪尔大学校长菲利浦斯（Phillips）提出，它将出席者分成 6 人小组，在短短 6 分钟内进行讨论，因此而得名。菲利浦斯 66 法常通过以下列方式进行。

（1）主持人将全体参加人员分成 6 人一组。

（2）各组选出讨论的组长与记录者。

（3）制定各组主题。一般而言，各组主题相同。如果主题较为复杂，则可将主题分成几个项目，各组分别讨论主题的不同部分。

（4）各组围绕主题讨论 6 分钟，各组在讨论基础上，选出最好的设想。

（5）各组推荐的提案发言人按顺序向全体参会人员做报告。

（6）会议接受报告，开始下一个讨论主题。

这种划分小组的方式既可以让参与者充分表达意见，增加产生创意的机会，也能使小组之间存有激烈的对抗意识，从而提升会议的效果。因为每个人都想提出比他人、他组更好、更有力的创意。

（三）双人乒乓头脑风暴法

双人乒乓头脑风暴法就像打乒乓球一样，只能在两个人之间进行，双方你来我往，每个人都可以和自己的伙伴一起来寻找创意。运用该法须遵循以下规则。

（1）要和伙伴一起商量来提出问题。

（2）两个人一起修改问题和完善问题。

（3）一定要遵循从一般到特殊的程序，根据提出的问题采取行动。

（4）备有记录纸或者有内容交流的卡片，为详细填写做好准备。

（5）当 A 讲述观点时，B 做记录；而 B 发言时，应尽可能地带来新的观点或者发展伙伴的观点；当 B 讲述观点时，由 A 来做相同的事，直至双方没有新的观点出现。

在实施进程中，两个伙伴必须在时间的压力下，通过相互合作来解决问题。讨论中，一个伙伴要控制另一个伙伴提出建议的时间。同时，空出一段时间来重复伙伴的观点，以产生新的观点。如果没有新的观点，也可以重复以前准备好的建议。该法不需要专门的主持人，也不需要太多的控制和准备时间，双方的信息沟通容易完成。该法能使头脑风暴法进一步得到广泛应用，为解决具体问题提供了简易可行的团体思考方式。

（四）逆头脑风暴法

逆头脑风暴法不但不禁止批评，而且重视批评，通过批评促使设想完善。除了禁止批评，头脑风暴法的基本原则在逆头脑风暴法中均可运用。

知识链接　　　　　　　　　　使用头脑风暴法的误区

好的头脑风暴会议应该是轻松愉快、生动有趣、充满活力的，使参与者能够充分进行思维激励，产生许多好的想法。较差的头脑风暴法不能使参与者的思维产生很好的共振，无法打开思路，甚至会令人受挫、消磨动力。在使用头脑风暴法时，应注意避免以下情况。

目标模糊

如果一次头脑风暴的意图是模糊不清的，就会导致讨论很难进行甚至失去方向。因此，要设立清晰的目标。最好的方法是把这个目标设定成一个问题。模糊的目标是无用的。"我们如何能做得更好"没有"我们如何在下面的一年内将销售量翻倍"好。

规则不明确

没有明确的会议规则，往往会使头脑风暴会议被一些意外事件扰乱，影响会议的效果。主持人在头脑风暴会议上需要做的第一件事是设定框架，明确哪种行为可以接受、什么不可以接受。事实上，应该在任何会议之前明确规则。规则需要写下来，贴在会议室的各处。

参与者的背景太过相近

如果每个人都来自同一个部门，就极易陷入一种群体思考之中，从而大大地禁锢创造力。因此要小心地选择参与者。参与者的数量控制在 6～12 人。太少的人数会使头脑风暴的素材不够丰富。而太多的人难以控制，会限制个人的发挥。

领导者做主持人

不要让在团队中表现得独断专行的领导者做主持人，他可能会限制或固定讨论的内容。如果有这样的领导者在场，那么最好找一名能够胜任主持人的独立人士——他要能激励大家积极地思考，并防止某个人主导全局。对头脑风暴而言，最差的一种情形是部门主管既主持会议，又做记录员和证明人。

允许某些个性十足的人参加会议

曾有国外研究者发现，头脑风暴不能收获创意的一个主要原因在于：一些参与者的个性毁掉了整个会议。有六种人需要被排除在你创新会议之外，具体包括：总想做明星的人、喜欢否定的人、想法"杀手"、独裁者、蓄意阻挠者和社会闲散人员。

没有收场或后续执行

不要在没有达到清晰的执行计划之前，就结束头脑风暴会议，即使已经产生了一大堆想法。一种好的方法是把总结性发言分成三个部分：有见地的想法、有趣的想法、反对意见。

人们喜欢的头脑风暴往往时间短、充满活力且具有实际效用。这样的会议能够激发人的潜能，提高工作效率，促进创新力的提升。

主题二 思维导图法

【主题导入】

以孩子的视角看世界

同学们都听过《曹冲称象》的故事，我们使用图解思维来分析曹冲称象的过程，看看会有哪些不同。

在距离现在1 700多年前，中国处于魏、蜀、吴三强鼎立的三国时代。有一天，吴国的建立者孙权送给魏国领袖曹操一只大象，长久居住在中原的曹操从来没有看过这种庞然大物，好奇地想知道这个大怪物的体重是多少。于是，他对臣子们说："谁有办法把这只大象称一称？"

在场的人七嘴八舌地讨论着，有的人说："得造一杆大秤，砍一棵大树做秤杆。"有的人说："有了大秤也不行啊，谁有那么大的力气提得起这杆大秤呢？"也有的人说："办法倒有一个，就是把大象宰了，割成一块一块后再称。"可是在场的人觉得太残忍了，并且曹操不希望为了称重失去大象。就在大家束手无策正想放弃时，曹操7岁的儿子曹冲突然开口说道："我知道怎么称了！"他请人们把大象赶到一艘船上，看船身沉入多少，在船身上做了一个记号。然后又请人们把大象赶回岸上，把一筐筐的石头搬上船去，直到船下沉到刚刚画的那一条线为止。接着，他请人们把船上的石头逐一称过，全部加起来就是大象的重量了。

曹操微笑着点头。按曹冲说的办法去做，果然称出了大象的重量。

◎ 分析与启发

在儿童的眼睛里，认知世界是一个分辨形状和识别色彩的过程，他们擅长使用"图像思维"来解决问题。每个孩子的脑子里都有他们看待事物的独特角度和图像形式。任何大人看起来好与不好的图像，都是他们知识的再现。利用脑中生成的图像进行学习，把脑中生成的思维图像记录下来，使知识具体地表现出来，并对各种信息加以整合，形成思维结构，这就是思维镜像学习法。让我们像曹冲一样进行图形联想，在小圆中心写上大象，然后看看自己都能想到哪些事物，如大象、森林、石头、泥巴……或许在曹冲看着大象的时候，他想的或许就是如何用泥巴、石头堆一个同样大小的大象模型。

【主题解码】

思维导图，又叫心智图，是表达放射性思维的有效图形思维工具，其实质是思维可视化工具，把知识点之间的关联和逻辑梳理清楚，帮助记忆。思维导图法是运用图文并重的技巧，把各级主题之间的关系以图的形式表现出来的方法。换言之，它就是一种借助图形、文字和线性连接的创造性思维工具，注重图文结合，强调放射性思考，帮助人们由点及面、举一反三，能大幅增强记忆力、组织力与创造力，能让人们的思维活动更为轻松有趣，是一种广泛应用的思维模式。

一、思维导图法的应用过程

思维导图法的应用过程主要有三个步骤，下面我们通过案例进行分解。请你列举出服装的创新功能，经过思考，代表性的回答如图 4-2-1 所示。

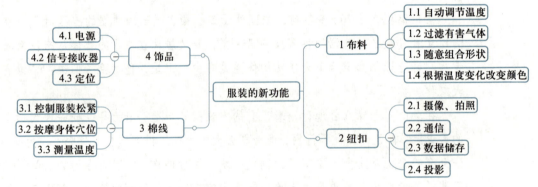

图 4-2-1　服装的创新功能

看到这些答案，同学们一定会很吃惊吧，原来服装的创新功能这么多。其实这就是在思维导图法的指引下思考的结果，那么，思维导图法是如何指导我们思考的呢？具体步骤如下。

（一）绘制中心主题

在一张白纸的中心位置开始绘制最大的主题（任务名称）。我们以前写的学习笔记都会将最大的主题写在最顶格，而绘制思维导图时，我们将最大的主题绘制在纸张的中心位置。例如，上述案例中对服装创新功能的思考，绘制的主题为"服装的新功能"。

（二）构建分支

将主题分解成若干次要的主题。这里包含了构建一级分支、二级分支和三级分支（通常只思考到三级分支）三个任务。构建一级分支，是指将最大的主题，按照一定的思考方式分解成若干个重要的主题，有多少个次重要的主题，就会有多少个一级分支，并在每个分支处写上相应的名称；构建二级分支时，将针对现有的一级分支逐个选择构建；构建二级分支的方法与构建一级分支类似；构建三级分支以此类推。需要注意的是：构建分支时须紧扣主题，否则将会偏离方向。

构建分支时，通常需要从事物的相关特性来展开思考，这里我们为同学们列举了一些事物的特性以供参考，如时间、空间、人员、类别、数量、大小、成本、地点、原因、重要性、材料等。遵循构建分支的步骤，在上述案例中，针对"服装的新功能"进行思考。

在这个思考过程中，我们先从服装的组成的角度来展开思考，划分了四个一级分支：布料、纽扣、棉线、饰品。针对每项一级分支，我们从其功能角度入手展开思考，产生了二级分支——服装的若干新功能。例如一级分支——纽扣，我们在构建二级分支时，结合主题"服装的新功能"，思考纽扣的新功能有哪些。再结合纽扣的特点来进行思考和联想，得出设想、拍照、通信、数据储存等新功能。

（三）标注代码

从一级分支开始到三级分支，每一级分支的内容都需要按照一定的顺序进行编号。编号的规则为：一级分支按照本级分支中各项内容构建时出现的先后顺序，依次编号为 1、2…n；二级分支按照各一级分支的编号顺序和同一个一级分支下每项二级分支构建时的先后顺序，依次编号为"1.1、1.2、1.3…1.n""2.1、2.2、2.3…2.n"；三级分支按照各二级分支的编号顺序和同一个二级分支下每项三级分支构建时的先后顺序，依次编号为："1.1.1、1.1.2、1.1.3…1.1.n""1.2.1、1.2.2、1.2.3…1.2.n""1.3.1、1.3.2、1.3.3…1.3.n""2.1.1、2.1.2、2.1.3…2.1.n""2.2.1、2.2.2、2.2.3…2.2.n""2.3.1、2.3.2、2.3.3……2.3.n"……

以上便是思维导图法应用的全过程。

课中互动　　　　　　　　　　思维导图训练

微信是我们生活中常用的沟通软件，给我们的生活带来了极大的便利，那么，除常规功能（语音、视频、消息、游戏、直播、红包）外，微信还能进行哪些功能的创新呢？请应用思维导图法列举不少于 10 项新功能。

◎ 成功密钥

制作思维导图的十大要诀——正确使用纸笔、跟随大脑给中心主题（中央图像）添加分支、进行区分、使用关键词和图片、建立联系、享受乐趣、复制周围的图像、让自己做一个"荒诞"的人、准备工作空间或者工作环境、让其令人难忘。

二、思维导图法的作用

思维导图法的作用主要体现在以下三个方面。

（1）能够帮助我们有效提高记忆，是一种重要的提高学习效率的工具。

（2）可以很好地开发我们的思维潜力，提高大脑的创新力。

（3）具有很好的分析、归纳、总结作用。

三、思维导图法应用注意事项

为了更好地提高同学们使用思维导图法的效率，下面从实践的角度列举了使用过程中的一些经验和建议。

（一）突出重点

突出重点是改善记忆和提高创造力的重要因素之一。要在思维导图中适度且有效地突出重点应遵循以下规则。

（1）图像可以自动地吸引眼睛和大脑的注意力，因此一定要用中央图像，并且整个思维导图主要用图像来表现。

（2）色彩会增强记忆力和创造力，因此图像上要用三种或者更多的颜色。

（3）图像和词汇的周围要有层次感。只要有可能，就应该在思维导图中多使用一些有关视觉、听觉、嗅觉、味觉、触觉和动觉的词或者图像。

（4）如果增加一些有动感的符号，字体、线条和图像的大小多一些变化，间隔有序，就更好了。

（二）发挥联想

联想是改善记忆力和创造力的另一个重要因素。它是大脑使用的另一个整合工具，目的是让我们的生理体验产生意义，这是人脑记忆和理解的关键。联想的力量可以让大脑进入任何话题的深层次。具体来说，我们在绘制思维导图时，在分支模式内外连接处用箭头表示，使用各种色彩和代码。

（三）清晰明白

无论我们做什么事情，都要清晰明白目标和方向，模糊不清会妨碍感知。要明确每条线只写一个关键词，用印刷体写字容易让大脑拍照记忆。线条方面要突出重点，中央线条加粗，将分支设计成不同形状加以区别，关键词本身的线条长度尽量要保持一致且线条之间要连上。清晰明白的思维导图看起来更顺眼，也更吸引人。笔直横向的思维导图能带给我们更多的自由和空间，也更容易让大脑记忆图中的内容。

（四）检查

检查你的思维导图是否有遗漏之处需要补充，这是记忆的过程，也是总结创新的过程。

知识链接　　　　　　　　　　　　**思维导图的分类**

思维导图经常被使用在思维训练中，它集成了诸多创新思维，在使用过程中慢慢形成了联想、分类、描述、对比、顺序、因果、拆分、类比八种形式（图4-2-2）。其中，圆圈图常用于分析一种事物的特征；泡泡图常用于描述一种事物的特征；双重气泡图常用于描述两个事物之间的关系；树状图常用于认识多种事物的静态关系，探究事物整体和部分的关系；环抱图（括号图）常用于认识多种事物的静态关系，探究事物的类别关系；流程图和多重流程图常用于从静态关系过渡到动态关系，着重认识事物的发展进程；桥状图常用于从过往知识中寻找相似的知识点来帮助理解、突破现有知识难点。

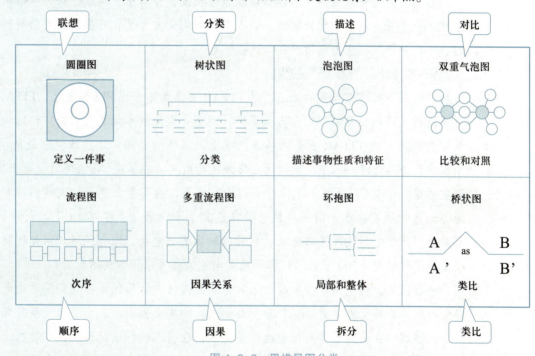

图 4-2-2　思维导图分类

主题三　奥斯本核检表法

【主题导入】

破解电池长续航"密码"

　　两轮电动车的未来在哪里？这个问题的答案就在 2022 年 8 月 18 日雅迪（全称雅迪科技集团有限公司）无锡总部举办的能源科技大会上。这场主题为"超强来电，超长续航"的能源科技大会向我们展示了雅迪近年来在两轮电动车动力电池方面的研发成果。雅迪在会议现场对 TTFAR 石墨烯 3 代 PLUS 电池和 TTFAR 碳纤维 2.0 锂电池进行了碾压、冰冻、容量等极限测试，并在权威媒体及嘉宾的见证下发布了 TTFAR 石墨烯 4 代电池。

　　面对用户逐渐严苛的要求，雅迪从根本出发，了解用户需求，致力于解决用户痛点，组建了一个百人级别的研发团队，花了 7 年时间研发与优化石墨烯等前沿材料在电池领域的应用，并将其转化为商用产品。

极寒、碾压，"疯狂"的雅迪

　　雅迪在多家权威媒体的见证下对 TTFAR 石墨烯第三代 PLUS 电池、TTFAR 碳纤维 2.0 电池进行了多项极限测试。在大会现场，有多个电池被冰封在巨大的方形冰块中，而冰块的中央则是一块 TTFAR 石墨烯第四代电池。据雅迪介绍，这些冰块都是从 –20℃ 的冷库中取出，并且已经冷冻了一段时间。传统的铅酸电池在温度低于 5℃ 时就会出现性能下降，而在温度低于 0℃ 以后性能下降会变得十分明显，甚至会出现无法充电的情况，这给我国北方地区的用户在冬天使用两轮电动车造成了不少麻烦。在 –20℃ 下冰封过的 TTFAR 石墨烯第四代电池的表现异常惊人，砸开冰块后取出电池，没有经过任何处理就直接接上电线点亮了现场超 4 500 万只的灯牌，证明电池依然可以正常使用。

　　一直以来，锂电池凭借其高电池容量、高循环次数等优点备受高端两轮电动车用户的喜爱，但是众多优点的背后也有着一些缺点，如安全性不足。为了最大限度保障驾驶员的安全，雅迪一直致力于提高锂电池的安全性，在引入碳纤维材料后，成功打造出具备更高能量效率和更高结构强度的碳纤维锂电池。大会上，雅迪通过用 20 吨重的大巴车碾压锂电池，然后将电池直接放入在一旁等待的雅迪电动车电池仓，经过一段短暂的操作后，电动车成功启动并行驶了一段距离，展示了 TTFAR 碳纤维 2.0 锂电池在安全性等方面的实力。

"双碳"科技加持

　　石墨烯、碳纤维，这两种以碳元素为基础打造的前沿材料拥有出色的物理性质与化学性质，一直以来都是能源领域十分重要的新材料。雅迪在 7 年前就开启了相关研究，通过在铅酸电池的电解液、导电网络等结构中加入石墨烯、抗冻液等材料，成功令铅酸电池摆脱了原有的寿命短、容量低、不耐寒等缺点，使 TTFAR 石墨烯第三代 Plus 电池寿命是普通铅酸电池寿命的 3 倍，同时容量也比同体积铅酸电池高 30%，配合雅迪的 TTFAR 动力系统，满足了用户对超长续航距离的要求。雅迪在石墨烯领域的探索与创新也得到了"石墨烯之父"——诺贝尔物理学奖获得者安德烈·海姆（Andre Geim）教授的肯定。对石墨烯材料在动力电池领域的成功应用，让雅迪再次成为行业及媒体的关注焦点。

◎ 分析与启发

核检思考提供了创新活动最基本的思路，可以使创新者尽快集中精力，朝着提示的目标方向去构想、创造和创新。

【主题解码】

奥斯本核检表法是指以该技法的发明者亚历克斯·奥斯本命名的，它是引导主体在创造过程中对照九个方面的问题进行思考，以便启迪思路、开拓思维想象的空间，促进人们产生新设想、新方案的方法。它有利于提高发现创新的概率，是一种产生创意的方法。在众多的创造技法中，这种方法的效果比较理想。

一、奥斯本检核表法的内容

创新设想之所以珍贵，一是因为创新设想的产生需要人的创新思维，需要灵感，而创新思维的产生需要打破常规，需要克服思维障碍的限制，需要创新方法的引导；二是因为创新者缺少创新经验的引导和提示。显然，促进创新设想的产生需要从以上两个方面入手，尤其是第二个方面，需要总结前人的创新做法，并进行系统化和简单化处理，形成一个便于提示发明、引导创新的"创新经验图"，或许"创新密码"就蕴含在这个图中。这个"图"也称为检核表。

每个人都有这样的经验，即筹备一件事或考虑某一问题时，先制作一览表，对每个项目逐一进行检核，以免遗漏要点，这就是检核表法。例如，准备长途旅行时，很多人都用到检核表，即预先列表写出需要携带的东西，并在出发之前按表进行检查。

中国古代有个成语叫"按图索骥"，讲述秦国的伯乐善于鉴别马匹，他把自己识马的知识和经验写成一本书，叫《相马经》，书中图文并茂地介绍了各类马匹的特征。他的儿子熟读这本书之后，以为学到了父亲的本领，便拿着《相马经》到处去"按图索骥"。有一次他见到一只癫蛤蟆，前额刚好与《相马经》上的好马特征相符，便以为找到了一匹千里马。后人用"按图索骥"这个成语来比喻做事呆板，机械地照搬书本知识。

然而现实中，在不机械照搬书本知识的前提下，按前人的创新经验和创新路径去从事创新活动，是提高创新效率的好方式。用于产生设想或解决问题的检核表是一个指导创新（用以得到新设想）的一览表。创新也需要有指导人们寻找创造之"骥"的"图"。事实上，人们通过对大量创造案例和经验的总结，已提出了许多指导多向思考的线索，这些线索也称为创新提示表或创新检核表。由于大多数检核表是以设问的形式进行提示的，所以归结为设问型创新方法。

检核表法就是创新者通过查阅创新检核表，对创新检核表提示的内容——核对、思考，从而发掘出解决问题的创新设想。它引导人们根据检核项目的各思路求解问题，从而形成比较周密的思考和创新设想。

检核表法帮助人们从许多方面提出问题、强制思考，实质上是一种多路思维的方法。它要求人们从多角度、多侧面、多渠道观察和研究问题。检核表法的核心是"变"。它把创新的思路科学化和系统化，克服了那种漫无边际的没有目标的乱想，节约了创新时间，有效地帮助人们突破旧框框、闯入新境界，适用于任何类型和场合的创造活动，因此享有"创造技法之母"的称号。

最常用的创新检核表是奥斯本提出的检核表。奥斯本在其著作《创造性想象》一书中，介绍了许多新颖别致的创意技巧，有些创意技巧就成了后来各种创造方法的基础。麻省理工学院创造工程研究室的学者从这本书中选择出 75 个激励思维的思考角度，分成九个方面，编制出"新创意检核用表"，以此作为提示人们进行创造性设想的工具。这种建立在奥斯本创意检核表基础上的检核表，被称为奥斯本检核表。

二、奥斯本核检法的应用过程

应用奥斯本核检法解决具体问题时，主要是从能否他用、能否借用、能否改变、能否扩大、能否缩小、能否替代、能否调整、能否颠倒、能否组合这九个方面不断进行创新思考，提出新设想，筛选设想。

（一）明确问题

确定当前需要解决的问题。通常是一项需要改进的产品或方案。在明确问题阶段，需要清晰准确地界定问题的范围、内容。

（二）提出设想

1. 能否他用

能否他用，即现有的事物有无其他用途，保持原状不变能否扩大用途或稍微改变原状，有无别的用途。某个东西"还能有什么其他用途？""还能用什么方法使用它？"这些设想能使我们的思维活跃起来。当我们拥有某种材料时，为扩大它的用途，打开它的市场，就必须善于进行这种思考。例如，有人想出了 300 种利用花生的实用方法，仅仅用于烹调的方法，他就想出了 100 多种。橡胶有什么用处？有家公司提出了成千上万种设想，如用它制成床毯、浴盆、人行道边饰、衣夹、鸟笼、门扶手、棺材、墓碑等。废料有什么用处？边角料有什么用处？当人们将自己的想象力投入这条广阔的"高速公路"，就会产生出更多的好设想。

2. 能否借用

能否借用，即能否引入其他创造性设想，能否模仿别的东西，能否从其他领域、产品、方案中引入新的元素、材料、造型、原理、工艺、思路。例如，当伦琴（Roentgen）发现X光时，并没有预见到这种射线的任何用途。因此，当发现这种射线具有广泛用途时，他感到吃惊。通过联想借鉴，现在人们不仅用X光来治疗疾病，还用它来观察人体的内部情况。同样，电灯在开始时只用来照明。后来，人们改进了光线的波长，发明了紫外线灯、红外线加热灯、灭菌灯等。科学技术的重大进步不仅表现在某些科学技术难题的突破上，还表现在科学技术成果的推广应用上。一种新产品、新工艺、新材料，必将随着越来越多的新应用而显示其生命力。

3. 能否改变

能否改变，即现有事物能否做些改变。例如，颜色、声音、味道、式样、花色、音响、品种等，改变后效果如何？有时改变一下车身的颜色，就会增加汽车的美感，从而增加销售量；给面包裹上一层芳香的包装，就能提高其嗅觉吸引力。此外，妇女用的游泳衣是婴儿衣服的模仿品，而滚柱轴承改成滚珠轴承就是改变形状的结果。

4. 能否扩大

能否扩大，即现有的事物能否扩大使用范围，能不能添加部件、拉长时间、增加长度、提高强度，延长使用寿命、提高价值、加快转速等。

举几个例子。

（1）为什么不用更大的包装呢？橡胶工厂大量使用的黏合剂通常装在1加仑（1加仑≈3.79升）的马口铁桶中出售，使用后便扔掉马口铁桶。有位工人建议黏合剂装在50加仑的容器内，容器可反复使用，从而节省了大量马口铁。

（2）能使之加固吗？织袜厂通过加固袜头和袜跟，使袜子的销售量大增。

（3）能改变一下成分吗？牙膏中加入某种配料，形成了具有某种附加功能的牙膏。

5. 能否缩小

能否缩小，即现在的事物能否缩小体积、减轻重量、降低高度、压缩、变薄、省略、进一步细分等。沿着"借助于缩小""借助省略或分解"的途径来寻找新设想，袖珍式收音机、微型计算机、折叠伞等就是缩小的产物；没有内胎的轮胎、尽可能删去细节的漫画就是省略的结果。

6. 能否替代

能否替代，即现在的事物能否由别的东西代替，能否用别的材料、零件代替，能否用别的方法、工艺代替，能否用别的能源代替，能否选取其他地点等。例如，在气体中用液压传动来代替金属齿轮；用充氩的办法来代替电灯泡中的真空，使钨丝灯泡提高亮度。通过取代、替换的途径，也可以为想象提供广阔的探索领域。

7. 能否调整

能否调整，即现有事物能否更换顺序、位置、时间、速度、计划、型号，内部元件能否更换。例如，在飞机诞生的初期，螺旋桨安排在头部，后来将它装到了顶部，成了直升机；喷气式飞机则把它安放在尾部。这说明通过重新安排可以产生种种创造性设想。商店柜台的重新安排，营业时间的合理调整，电视节目的顺序安排，机器设备的布局调整……

都有可能导致更好的结果。

8. 能否颠倒

能否颠倒，即现在的事物能否从里外、上下、左右、前后、正反、横竖、因果等角度倒过来使用。这是一种反向思维的方法，它在创造活动中是一种颇为常见和有用的思维方法。例如，将单人自行车进行颠倒改造后，可成为双向行驶的自行车。

9. 能否组合

能否组合，即能否进行现有事物的原理组合、材料组合、部件组合、形状组合、功能组合、目的组合。例如，把铅笔和橡皮组合在一起成为带橡皮的铅笔；把几种部件组合在一起变成组合机床；把几种金属组合在一起变成种种性能不同的合金；把几件材料组合在一起制成复合材料；把几个企业组合在一起构成横向联合企业等。

（三）筛选设想

针对提出的设想，从操作性、经济性、可控性、成本性等角度进行综合分析，选定其中最具价值和创新性的设想。

⟳ 课中互动

手电筒可以进行哪些改进

背景

手电筒是大家生活中常见的物品，但是随着市场竞争的加剧和客户需求的变化，手电筒的功能和特性也需要不断优化，那么如何改进手电筒的功能设计，使其满足社会的需要呢？

问题

如何改进手电筒的功能？

思考过程

第一步：明确问题——手电筒的功能属性。

第二步：提出设想。按照奥斯本核检表的指引，作出以下思考。

（1）能否他用——其他用途，如信号灯、装饰灯等。

（2）能否借用——增加功能，如加大反光罩、增加灯泡亮度等。

（3）能否改变——改一改，如改灯罩、改小电珠和用彩色电珠等。

（4）能否扩大——延长使用寿命，如使用节电、降压开关等。

（5）能否缩小——缩小体积，如1号电池—2号电池—5号电池—7号电池—8号电池—纽扣电池等。

（6）能否替代——代用，如用发光二极管代小电珠等。

（7）能否调整——换型号，如两节电池直排、横排、改变式样。

（8）能否颠倒——反过来想，如手电筒不用干电池，用磁电机发电。

（9）能否组合——与其他组合，如带手电筒的收音机、带手电筒的钟等。

第三步：筛选设想。

针对已经提出的设想，从经济性、操作性、便捷性等方面进行分析，得出当前可以实现的设想。

◎ 成功密钥

奥斯本核检表法具有强制人思考的功能，有利于人们突破不愿提问题或不善于提问题的心理障碍。提问，尤其是提出有创见的新问题，本身就是一种创新，它是一种多向发散的思考，使人的思维角度、思维目标更丰富。奥斯本检核表法有利于提高人们发现创新的成功率，创新发明最大敌人是思维的惰性。大部分人思维总是自觉或不自觉地沿着长期形成的思维模式来看待事物，对问题不敏感，即使看出了事物的缺陷和毛病，也懒于去进一步思索，不爱动脑筋，不进行积极的思维，因此难以有所创新。奥斯本检核表法的设计特点之一是多向思维，用多条提示引导人们去发散思考。例如，奥斯本检核表法中有九个问题，就好像有九个人从九个角度帮助你思考。你可以把九个思考点都试一试，也可以从中挑选一两个问题集中精力深思。

三、奥斯本检核表法的优点

（一）远离思维惰性

奥斯本检核表法提出九个维度（检核项目），以刺激大脑思考，使我们走出思维舒适区，引导我们深入思考、转换思路，远离思维惰性。

（二）突破思维定式

思维定式虽然使人能够应用已掌握的方法迅速解决问题，但在情境发生变化时，它会成为我们运用新方法的障碍。消极的思维定式是束缚创造性思维的枷锁。奥斯本检核表法通过从九个维度设置的有关问题，能有效帮助人们突破思维定式，激发人们的想象力。

（三）建立思维自信

思维自信是指相信自己有能力作出改变，拥有思维自信，拥有较强的自我效能感，相信自己拥有创造力和勇于挑战挫折的勇气。奥斯本检核表法提供的问题清单，有效帮助人们消除因不会提问而不愿提问的心理障碍，帮助人们建立提问、思考、想象和思维的自信。

（四）适用领域广泛

检核表可以应用于各领域，它为人们解决创造、创新问题提供了很多解决问题的思路。

四、奥斯本检核表法应用注意事项

（一）不遗漏
运用检核表法时，要联系实际逐条进行检核，以免遗漏。

（二）多次检核
通过多次检核，有利于更好地选择出所需的创新和发明。

（三）多创想
在检核每项内容时，要尽可能地发挥自己的想象力，产生更多的创造性设想。

主题四　5W2H 分析法

【主题导入】

陶行知的"八位顾问"

我有八位好朋友，肯把万事指导我。
你若想问真姓名，名字不同都姓何。
何事、何故、何人、何如、何时、何地、何去，好像弟弟与哥哥。
还有一个西洋派，姓名颠倒叫几何。
若向八贤常请教，虽是笨人不会错。

◎ 分析与启发

陶行知的这"八位顾问"，是从吉辅灵的一首以六个"什么"——什么事（何事）、什么缘故（何故）、什么人（何人）、什么方法（何如）、什么时间（何时）、什么地方（何地）为主要内容的小诗《六个裁缝》里"请"来的。他根据自己治学的经验，又加了两项：什么动向（何去）、什么数目（"几何"）。他说："这八贤是我们治学治事不用报酬的常年顾问。"陶行知把"八贤（何）"称为求知慎思的"八位顾问"，这充分体现出他善于提问、多方思考、求取真知的积极治学态度。这对现代教育启迪颇多。

【主题解码】

心理学家伊万·巴甫洛夫（Ivan Pavlov）说："质疑思维是创新的前提，是探索的动力。"质疑的过程是积极思维的过程，是提出问题、发现问题的过程，因此，质疑中蕴含着创新的萌芽，是创新的起点，对形成积极进取精神和独特的思维方式发挥着重要作用。质疑能够培养思维的独立性，增强打破思维惯性的能力，对于推动发明创造和科学发展起着重要作用。提出疑问对于发现问题和解决问题是极其重要的。创造力强的人，都善于提问题。提问题的技巧高，可以发挥人的想象力。相反，有些不好的问题提出来反而会挫伤我们的想象力。

5W2H 分析法又叫七何分析法，被广泛用于改进工作、改善管理、技术开发、价值分析等方面。它用五个以 W 开头的英语单词和两个以 H 开头的英语单词进行设问，发现解决问题的线索，寻找发明思路，进行设计构思，从而创造新的发明项目。

一、5W2H 分析法的内容

5W2H 法是从客体的本质（What）、主体的本质（Who）、物质运动的基本形式——时间（When）与空间（Where）、事情发生的原因（Why）与程度（How、How Much）这七个角度来提问，从而形成创造方案的方法。

1. 5W

（1）What（做什么）——明确所要进行的活动的内容和要求。

（2）Why（为什么做）——活动的原因和目的。

（3）Who（谁去做）——活动的具体执行者。

（4）Where（在什么地方做）——活动的执行地点。

（5）When（在什么时间做）——规定活动的执行时间。

2. 2H

（1）How（怎样做）——活动的执行手段和安排。

（2）How Much（花多少成本去做、要完成多少数量、利润是多少）——活动耗费成本的预估。

二、5W2H 分析法的优点

这七问概括得比较全面，基本包含要做的事情和可能遇到的问题。5W2H 法是一种重要的计划内容和策划思维的方法，它指导我们把事情做对，进而把事情做好。其主要具有以下优点。

（1）可以准确界定、清晰表述问题，提高工作效率。

（2）有效掌控事件的本质，完全抓住事件的主骨架，把事件打回原形并进行思考。

（3）简单、方便，易于理解、使用，富有启发意义。

（4）有助于思路的条理化，杜绝盲目性。有助于全面思考问题，从而避免在流程设计中遗漏项目。

三、5W2H 分析法的应用过程

我们在应用 5W2H 分析法解决实际问题时，需要依次遵循阐明要求、检验必要和优化资源的指引，分别针对 5W2H 分析法的各项内容来逐一提问。

（一）阐明要求

阐明 5W2H 分析法在要解决的问题中分别对应的具体内涵和要求。解释是使用 5W2H 分析法的前提，通过阐明要求，让参与者能够清晰知晓待解决的问题，以及在 5W2H 分析法中分别对应的具体内容，便于参与者更加有效地进行提问。例如，针对"如何打扫图书馆卫生"这一问题，通过提问，同学们清楚 5W2H 在此问题中对应的具体内容，分别是：Why——营造一个良好的学习环境；What——打扫自习教室；When——每天上午 9 时、晚上 8 时打扫卫生；Where——打扫两个自习阅览室的卫生；Who——由清洁工打扫；How——每个桌子层层递推清扫；How Much——花多少成本去做、要完成多少数量。通过阐明要求，让同学们清楚了 5W2H 在这个问题上的具体内涵和要求，为后续对于该问题的深入思考奠定了基础。

（二）检验必要

针对阐明的 5W2H 的各项要求进行必要的思考，保留必要的要求，取消不必要的要求。例如，针对"如何打扫图书馆卫生"的第二次提问，同学们围绕第一次提问的结果的必要性展开思考，从"为什么要这样做"的角度出发，思考必要性，取消那些不必要的要求；针对打扫图书馆的原因提出的必要性思考"为什么要这样做"，结论为"使同学们有个干净舒适的地方学习"。通过必要性的提问和思考，同学们能够及时发现并取消问题解决中不必要的要求，从而聚焦于真正影响结果的要求，做到有的放矢。

（三）优化资源

针对 5W2H 分析法中的必要要求，从提升效率的角度进行思考，采取合并、改变和简化的方式整合各项必要要求，形成更好、更高效的要求。例如，针对"如何打扫图书馆卫生"的第三次提问，对于"每天早上 9 时、晚上 8 时"这两个时间点，同学们对打扫图书馆卫生的效率进行提问："有无其他更合适的时间"，经过思考，结果为"有，在同学未到之前或离开以后进行打扫，这样就不会打扰同学"；针对由清洁工打扫图书馆卫生这个安排进行效率性提问："有无其他更合适的人"，经过思考，结果为"自习学生自己打扫用过的地方或者由勤工俭学的学生来打扫"。通过对要求的效率性提问，可以帮助同学们在现有解决方法的基础上，进一步挖掘更优的方法，更加高效地整合资源。

综上所述，5W2H 分析法的应用过程如表 4-4-1 所示。

表 4-4-1　5W2H 分析法的应用过程

角度	第一次提问 （现状是什么）	第二次提问 （是否必须要）	第三次提问 （能否再优化）	结论 （最终做什么）
目的（Why）	为什么做	是否必须这样做	有没有其他目的	最终达到什么目的
对象（What）	做什么	是否必须做这个	有没有更合理的实施内容	最终做什么
时间（When）	什么时间做	是否必须这个时间做	有没有更合适的时间	最终什么时间做
地点（Where）	在哪里做	是否必须在这里做	有没有更合适的实施地点	最终什么地点做
人员（Who）	谁来做	是否必须这些人做	有没有更合适的实施人员	最终谁来做
方法（How）	怎么做	是否必须按照这个方法做	有没有更合适的实施方法	最终怎么做
成本 （How Much）	多少成本去做	是否必须按照这个预算做	有没有更合适的成本	最终花费多少

🔁 **课中互动**

制订工作计划

运用 5W2H 分析法制作一份详细的工作计划。

◎ **成功密钥**

What——下一季度项目销售方案。

Why——让客户了解我们的产品和服务，为签订协议打基础。

Where——在公司办公室完成这项计划。

Who——由 A 来做，由 B 来配合，利益相关人有 C 和 D。

When——两天内完成这份计划。

How——通过了解潜在客户群体，制订符合客户需求的计划。

How Much——每个客户的预算和费用及成本。

四、5W2H 分析法应用注意事项

为了同学们更加科学有效地使用 5W2H 分析法处理现实中的问题，我们归纳出以下三项应用注意事项，供同学们参考。

（一）彻底思考

对待问题需要本着"提出最优方案"的原则，进行针对问题的提问和思考，确定了问题的 5W2H 的必要要求后，方可终止思考。

（二）现地现物

对于问题的任何一次回答，都要基于对问题现状的客观观察和分析，不能凭空妄下结论。

（三）目视化

以书面的形式，将每次提问的回答记录下来，以便真正知晓、明白其内容。不能仅将问题的回答储存在大脑中，以免因记忆丢失而导致信息失真。

知识链接　　　　关于大学生参赛的 5W2H 分析

参加各级各类比赛，对于大学生们而言很常见。据不完全统计，一名大学生在大学四年之中，人均参加各级各类比赛的次数可达 50 次之多。然而，有些学生只是看到同学们报名参赛就"随大流"地参与，进而使实践的价值大打折扣。同学们要想通过竞赛和项目学到更多的知识技能，首先要明确参加竞赛与项目的目的和意义，这样才能有的放矢，取得事半功倍的效果。

What——比赛是什么？

（1）宏观——比赛是一个平台。它连接学界和业界，贯通甲方与乙方，兼顾线上与线下，打通理论与实践；用企业真实营销项目作为命题，让课堂教学转化为实践项目，使学子们体验沉浸式教学，使教师们掌握全过程化教学。

（2）中观——比赛是一种模式。通过赛事教学的贯彻落实，教师可以弥补理论教学的不足，并进一步验证教学成果，逐步形成赛事教学体系的自洽。这不仅能够整合社会资源、服务教学改革，还强化了创新创业协同育人的理念。

（3）微观——比赛是一种工具。学生可以通过比赛了解自身的知识短板，以及专业特长，乃至思考以后的职业定位；不同于跟着导师做项目，也不同于在公司实习，参加比赛更像是一次理想主义的"创业"尝试，看到不足，保留梦想，接近现实。

Why——为什么参加比赛？

阐述完比赛是什么，学生应该理解"为什么要参加比赛"这个问题了。首先，参加比赛是为了完成教学任务，很多学校会把参赛作为课程作业，因此参加比赛就是一个学生的分内事；其次，参赛是为了积攒经验和经历，通过参加不同比赛，在比赛中担任不同工作，就像在公司实习轮岗一样，不仅了解了不同岗位的特点，还明确了自己真正的特长和兴趣；再次，参赛是为了能够确立自信、找到话语权，有的学生会在自我迷失和自我肯定中徘徊，即使是那些专业能力很强的学生，有时也会对自己产生怀疑；最后，当你在比赛中得到肯定、获得荣誉，甚至争取到在舞台上展示自己作品的机会后，就达到马斯洛需求层次理论的"自我价值实现"了。

When——什么时机参加比赛？

用学生们自己的话来说：大学一年级参加比赛往往是去"做分母"的。尽管如此，学生们仍然积极参赛，因为可以积累经验，为成为舞台上的分子而努力；大学二年级和三年级是最集中的参赛期，学生们除了参加固定的几大赛事，还会根据自身的兴趣自由选择比赛，这个过程是漫长而充满意外的，之所以使用"意外"这个词，是因为可能是惊喜，也可能是失望；很多学生在大学四年级会选择淡出"比赛圈"，大学四年级往往是收获的季节，有的时候只要再坚持一下，就会发现胜利的果实就在前方不远处。

Who——和谁一起参加比赛？

一个五人团队中真正认真工作的可能只有两三人，因此选择和谁一起组队比赛是个技术活。

（1）打破。比赛合作讲的是专业能力的匹配和互补，因此团队合作需要打破原有群体中的人情规则，不是我和谁关系好就合作，而是我适合与谁合作。也许你的队员是一个和你看上去完全不搭调的"路人甲"，懂得打破，才有惊喜。

（2）跨界。学生跨校、跨专业、跨年级合作会带来很多意外的思想碰撞。

（3）流动。团队合作可以是一个流动机制，不是合作有成果就一定要固定搭配，建议每次参赛能动态调整团队，不停碰撞思想。

How——如何提高参赛效率？

（1）基础工作。和区分比赛类别的道理一样，参赛前要做大量功课，如大量学习往年得奖作品、分析比赛的风格和得奖作品导向，这样一方面可以避免创意雷同，另一方面可以站在前人肩膀上思考。

（2）选择问题。选择相对不那么热门的命题。也许你觉得某个品牌陌生，从来没有听说过，你宁愿选择那个众人皆知的品牌和产品赛道，但这种感觉你的参赛对手也会有。因此，你可以考虑选择相对陌生的命题，以减少竞争。

（3）调整心态。很多学生在学习往年得奖作品的过程中，会产生微妙的心态变化，觉得这些作品不过如此，自己原来没有得奖的作品也很优秀。纵然得奖会有很多偶然性，但能得奖的作品，一定有过人之处，记得用发现"善"的眼光去学习。

How Much——参加多少次比赛？

参加比赛如人饮水，冷暖自知。有的学生为了交作业而比赛，于是只参加教师布置的参赛任务；有的学生为了得奖而比赛，积极参加所有比赛，以收集得奖证书为荣；也有的学生为了社交而比赛，不停参加比赛，结交志同道合的朋友……对于参赛的次数，每位学生应按需规划。

李四光：创新源于对本质的追问

有成就的人往往喜欢思考，经常问"为什么"。李四光是我国著名的地质学家，儿时的他喜欢和小伙伴一起玩捉迷藏。每次他都爱藏在一块大石头的后面。这块巨石孤零零地立在草地上。一听到小伙伴的脚步声，他就悄悄围着大石头躲闪。大石头把他的身影遮得严严实实的，小伙伴围着石头转来转去，也找不到他。时间长了，他对这块大石头发生了兴趣：这么大的一块石头，是从哪儿来的呢？

李四光跑去问老师，老师想了想，说："这块石头恐怕有几百年的历史了，我小时候它就在那儿了。

"是谁把它放在那儿的呢？"李四光问。

"听说天上常常掉下来陨石，也许它就是从天上掉下来的吧！"老师答复。

"这么重的大石头从天上掉下来，力量一定非常大。它应该把草地砸一个很深很深的大坑。可它为什么没陷进土里去呢？"李四光追问。

"这我可说不上来了。"老师回答。

李四光又跑去问爸爸，爸爸也回答不上来。

这块突兀的大石头到底是怎么来的？为什么它的四周都是平整的土地，没有一块石头呢？这个问题李四光想了许多年。直到他长大以后，到英国学习了地质学，才明白冰川可以推动巨大的石头旅行几百千米甚至上千千米。

后来，李四光回到家乡，专门考察了这块大石头。他终于弄明白了，这块大石头是从遥远的秦岭被冰川带到这里来的。经过进一步的考察，他发现在长江流域有大量第四冰川活动的遗迹。他的这一研究成果震惊了全世界。

创新方法是指人们为了适应经济的发展和社会的进步，不断提高创新能力的各种途径与手段，并在时间过程中不断更新与进取。

通过本讲的学习，使学生将各种创新思维方法与实践结合起来，从而基于自己的学习、科研实际有效开展创新活动。

自我评测：
创新方法

第
五
讲

利器善工　点石成金——创新理论

>> 假舆马者，非利足也，而致千里；假舟楫者，非能水也，而绝江河。君子生非异也，善假于物也。

——《荀子·劝学》

学习地图

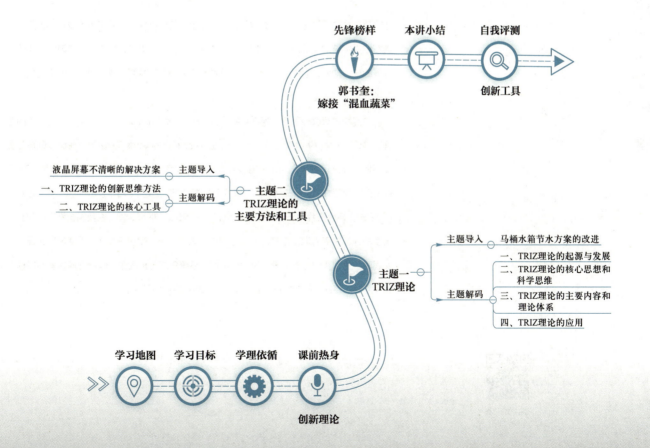

学习目标

● 知识目标

了解 TRIZ 理论的内容；理解 TRIZ 理论工具的现实应用要领。

● 能力目标

学会运用 TRIZ 理论解决现实问题；提高自主创新能力、多向思维能力、分析解决矛盾的能力、团队合作能力等。

● 素养目标

营造创新氛围，有意识地突破思维惯性，有目标地解决在技术创新中无法解决的问题；强化问题意识，涵养探究精神。

学理依循

随着全球经济竞争的日益激烈，国家在全球价值链中的位置和角色越来越被重视，创新成为突破的关键点之一。作为国家发展的重要战略支撑，创新成为实现经济高质量发展的核心动力，而创新理论则是经济学家研究创新的重要工具，创新理论工具是实现创新的手段和途径。

由苏联发明家根里奇·阿奇舒勒（Genrich Altshuler）于 1946 年创立的发明问题解决理论（Theory of the Solution of Inventive Problems,TRIZ），在科技经济等重要领域中发挥了重大作用，一直被作为苏联的国家机密加以保护。苏联解体后，TRIZ 理论开始为西方国家所知晓，并引起极大关注，迅速在美国、日本及欧洲国家得到普及。TRIZ 理论研究在我国于 2010 年前后迎来应用和推广的高峰期。在我国全面迈向创新型国家前列的关键时期，培养创新人才应该从教育抓起，积极开设 TRIZ 理论相关课程，加强对学生创新能力的培养，使学生掌握从系统角度分析问题、以最终理想解的目标去解决问题的路径，使学生在今后的学习、工作和生活中受益。

课前热身：
创新理论

主题一　TRIZ 理论

【主题导入】

马桶水箱节水方案的改进

背景

传统马桶水箱使用一个固定的水位来保持水量，而这种方式会导致水的浪费，因此需要一种新的节水方案。

问题

如何在不影响马桶冲洗效果的情况下，减少水箱的用水量？

分析

根据 TRIZ 理论，我们需要寻找冲突和矛盾，并通过创新的方式来解决问题。在这个案例中，我们可以发现存在矛盾：马桶需要一定量的水来冲洗，但是需要减少水的浪费。因此，我们需要找到一种方法来解决这个矛盾。

解决方案

根据 TRIZ 理论的创新原则，我们可以采用以下三种方法来解决问题。

（1）引入新的技术或原理。我们可以引入压力控制技术，使水箱内的水压力得到控制。这样，可以通过控制水压力来控制水的流量，从而达到节水的目的。

（2）采用新的结构或形状。我们可以设计一个可调节水位的水箱，这样就可以根据需要来调整水位，以达到节水的目的。

（3）利用新的物质或材料。我们可以使用新的材料来制造水箱，如使用高强度塑料，这样可以减少水箱的体积，从而减少用水量。

实施效果

通过以上三种方法的结合，我们可以设计出一种新的马桶水箱，可以根据需要来调整水位，从而达到节水的目的。这种新的节水方案不仅可以减少用水量，还可以保证马桶冲洗效果，提高水的利用率。这种方案已经得到了广泛的应用，并取得了很好的效果。

◎ **分析与启发**

TRIZ 理论是一个系统性的创新方法论，旨在帮助人们解决复杂问题并创造出更好的解决方案。它强调创造性思维和系统性思维，并提供了一套工具和方法来帮助人们解决问题。在以上案例中，我们可以看到 TRIZ 理论的一些核心思想，如矛盾分析、逆向思维和资源利用。通过分析问题中的矛盾，可以找到最优的解决方案。通过逆向思维，可以从不同的角度来看待问题，并找到新的解决方案。通过资源利用，可以将废物利用起来，从而实现节约资源的目标。

【主题解码】

TRIZ 理论通过培养学生的创新思维能力、系统思维能力、分析问题能力和解决问题能力，让学生掌握更加高效和创新的问题解决方法，使学生深刻体会寻找问题根本原因的步骤和方法。TRIZ 理论着重培养学生对技术创新方法的应用能力。本主题将结合实例，介绍 TRIZ 理论中的概念、解题方法及工具，同时帮助同学们学习使用相关工具进行实践演练，并在实战中不断加深对技术创新的体会与理解。

一、TRIZ 理论的起源与发展

TRIZ 理论简单来说就是依据技术进化理论，指导人们循序渐进地进行创新思维的方法。它起源于苏联，曾作为苏联国家机密和专有创新技术，在军事、工业、航空航天等领域发挥着巨大的作用。目前，TRIZ 理论广泛应用于众多"世界 500 强"企业，其以能够有效提升人们的创新能力和快速解决各行各业的技术与管理难题而蜚声全球。

国际 TRIZ 理论专家赛弗兰斯基（Sefransky）给出了 TRIZ 的定义：TRIZ 是一种基于知识的、面向人的解决发明问题的系统化方法学，主要具有以下内涵。

（1）TRIZ 理论是基于知识的方法。这种知识包括：一是解决发明问题启发式的知识，这些知识是从世界范围近 250 万份专利中抽象出来的，在抽象过程中采用为数不多的基于产品进化理论的客观启发式方法；二是自然科学及工程技术中的效应知识；三是技术问题领域的知识，包括技术本身及与该技术相似或相反的技术。

（2）TRIZ 理论是面向人的方法，而不是面向机器的。TRIZ 理论本身是基于某系统被分解为有益功能和有害功能的实践，这些分解取决于人对问题和环境的认识，其本身具有随机性。类似计算机这样的机器在问题解决过程仅起到一种支持作用，为处理这些随机问题的设计者们提供固定的工具和方法，而不能完全代替人的作用，因此人的中心地位得到完全肯定。

（3）TRIZ 理论是系统化的方法。运用 TRIZ 理论解决问题的过程就是一个系统化的、方便应用已有知识的过程。

（4）TRIZ 理论是发明问题解决理论。TRIZ 理论研究人类进行发明创造、解决技术难题过程中所遵循的科学原理和法则，并将此原理和法则运用到解决实际工作中遇到的新问题中。

TRIZ 理论是由苏联科学家阿奇舒勒创立的。1946 年，阿奇舒勒开始了 TRIZ 理论的研究工作。当时他在苏联里海海军专利局工作，在处理世界各国的发明专利过程中，他总是考虑这样一个问题：当人们进行发明创造、解决技术难题时，是否有可遵循的科学方法和法则，从而能迅速地实现新的发明创造或解决技术难题呢？答案是肯定的。阿奇舒勒发现任何领域的产品改进，技术的变革、创新和生物系统一样，都存在产生、生长、成熟、衰老、灭亡的过程，是有规律可循的。人们如果掌握了这些规律，就能进行产品设计并预测产品的未来趋势。首先，他从 20 万份专利中筛选出符合要求的 4 万份专利作为各种发明问题的最有效的解，然后从中抽象出了解决问题的基本方法，这些方法蕴含着人类进行科学研究和发明创新背后所遵循的客观规律，普遍适用于新出现的发明问题，可以帮助人们获得这些发明问题的最有效解。

1956年，阿奇舒勒在《心理学问题》杂志发表了他的第一篇文章——《发明创造心理学》，文中讨论了发明创造力理论的发展问题并提出以下观点：一是问题解决方法的关键在于对系统矛盾的发现与排除；二是可通过分析最重要的发明专利而得到问题解决方法的策略；三是问题解决方法的策略必须得到技术系统发展规律的支持。

1961年，阿奇舒勒出版了第一本有关 TRIZ 理论的著作《怎样学会发明创造》，文中提出了以下观点：一是有15 000对技术矛盾，运用发明的基本原理后可以相对容易地解决；二是存在无数的发明任务，但任务的类型却很少；三是存在典型的系统冲突和确认这些冲突的技术步骤。

1969年，阿奇舒勒出版了他的又一著作《发明大全》。在这本书中，他为读者提供的40条发明原理成为解决复杂发明问题的第一套完整的法则。至此，TRIZ 理论的核心理念已经确立，这是 TRIZ 理论在发展起点上就不同于其他发明方法学的最与众不同之处。在阿奇舒勒的领导下，苏联的研究机构、大学、企业组成了 TRIZ 理论的研究团体，分析了世界近 250 万份高水平的发明专利，总结出各种技术发展进化遵循的规律模式，以及解决各种技术矛盾和物理矛盾的创新原理和法则，建立了一个由解决技术、实现创新开发的各种方法、算法组成的综合理论体系，并综合多学科领域的原理和法则，建立了 TRIZ 理论体系。

苏联解体前，该理论对其他国家保密，而后，随着一批苏联科学家移居美国等西方国家，该理论逐渐被引入世界产品开发领域，并对该领域产生了重要的影响。TRIZ 理论传入其他国家，很快在世界各地得到了广泛的研究与应用。时至今日，在俄罗斯，TRIZ 理论已广泛应用于众多高科技工程（特别是军工）领域中；在欧洲，以瑞典皇家工科大学为中心，集中十几家企业实施了利用 TRIZ 理论进行创造性设计的研究计划；在日本，从 1996 年开始不断有杂志介绍 TRIZ 理论的方法及应用实例；在以色列，也成立了相应的研发机构；在美国，有诸多大学相继进行了 TRIZ 理论的研究。世界各地有关 TRIZ 理论的研究咨询机构相继成立，TRIZ 理论和方法在众多跨国公司得以迅速推广。

经过半个多世纪的发展，TRIZ 理论和方法已经发展为一套解决新产品开发实际问题的成熟理论和方法体系，并经过实践的检验，为众多知名企业和研发机构创造了巨大的经济效益和社会效益。20 世纪 90 年代末，TRIZ 理论被引入中国，天津大学牛占文教授在《中国机械工程》上发表论文《发明创造的科学方法——TRIZ》。此后，TRIZ 理论逐渐得到国内诸多专家、科研机构及公司的重视，并于 2010 年前后迎来应用和推广的高峰期。我国正处于创新驱动转型升级的历史阶段，因此作为一种重要的创新方法和理论体系，TRIZ 理论备受企业界和理论界的欢迎，得到各级政府和相关企业的大力推广，发展速度较快，并且应用范围从最初的工程技术领域逐渐扩展到管理、教育、医学、政治等领域。

二、TRIZ 理论的核心思想和科学思维

1. 核心思想

阿奇舒勒经研究获得了以下三条重要发现：一是类似的问题与解决办法在不同的工业及科学领域交替出现，即创新存在规律；二是技术系统进化的模式在不同的工程及科学领域交替出现，即"他山之石，可以攻玉"；三是创新依据的科学原理往往属于其他领域，即"拓宽思路，打破思维定式"。这三条发现构成了经典 TRIZ 理论的核心思想。

随着 TRIZ 理论的发展，学者们把现代 TRIZ 理论的核心思想归结为以下三个方面。

（1）无论是一个简单的产品，还是复杂的技术系统，其核心技术的发展都是遵循客观的规律发展演变的，即具有客观的进化规律和模式。例如，手机从黑白屏到彩屏，从按键输入到触屏输入、语音输入，从图形化界面到动态化界面。

（2）各种技术困难、冲突和矛盾的不断解决是推动这种进化过程的动力，即当一个技术系统的进化完成四个阶段（生长、成熟、衰老、灭亡）后，必然会出现一个新的技术系统来替代它，如此不断地替代，如整个产品的不断进化，气垫船的进化过程是按照"划船—帆船—轮船—汽船—水翼船—气垫船"不断进化的。

（3）技术系统发展的理想状态是用尽量少的资源实现尽量多的功能。例如，手机从按键输入到语音输入，实现了资源利用的最优化。

2. 科学思维

为什么用 TRIZ 理论能实现创新呢？

首先，TRIZ 理论是从数百万发明专利分析得出的创新理论，发明专利是人类发明智慧和方法的最前沿的体现；其次，TRIZ 理论总结了技术系统进化发展的规律，指导人们按照规律创新；再次，TRIZ 理论对技术系统的常见问题进行了分类，并根据不同类型的问题总结了解决问题的方法，指出了创新的途径；最后，TRIZ 理论将各行业的普遍真理、普遍发明原则提取并精化，提供跨行业的解决技术问题的通用方法，并可重复使用。TRIZ 理论蕴含着以下科学思维。

（1）矛盾的对立与统一思想。TRIZ 理论中指出，普遍存在的矛盾的解决是推动系统进化的唯一途径。例如，TRIZ 理论将技术系统分解为若干子系统，每个子系统可以由更小的子系统组成，而技术系统内部的功能子系统之间存在矛盾，由此产生了技术矛盾及其解法。系统内部的物理子系统之间存在矛盾，由此产生了物理矛盾及其解法。矛盾的普遍性是辩证法的核心，也成为 TRIZ 理论的核心内容之一。

（2）系统论的观点。TRIZ 理论认为系统应相对其环境独立，与环境有一定的边界，保持稳定。系统得到输入量，经过系统内部处理，向外输出需要的量。系统内部有功能组元和物理组元，物理组元是功能组元的载体，组元间网络状的联系和互动构成复杂而有序的系统，最终有目的地改变输入量。

因此，TRIZ 理论是一种面向人而非面向机器的、基于知识的系统化的方法。相对于传统的创新方法，如试错法、头脑风暴法等，TRIZ 理论具有鲜明的特点和优势。它成功地揭示了创造发明的内在规律和原理，着力澄清和强调系统中存在的矛盾而不是逃避矛盾；

它的最终目标是完全解决矛盾，获得最终的理想解，而不是采取折中或妥协的做法；它基于技术的发展演化规律研究整个设计与开发过程。

三、TRIZ 理论的主要内容和理论体系

TRIZ 理论的主要内容包括许多系统、科学且富有可操作性的创造性思维方法和发明问题的分析方法及基本工具。

目前，TRIZ 形成了九大经典理论体系，即技术系统进化法则、最终理想解、40 条发明原理、39 个工程参数及阿奇舒勒矛盾矩阵、物理矛盾和分离原理、物 - 场模型分析、发明问题的标准解法、发明问题的解决算法、科学效应和现象知识库。

（一）技术系统进化法则

针对技术系统进化演变规律，TRIZ 理论提出若干基本进化法则。利用这些进化法则，可以分析、确认当前产品的技术状态，并预测未来发展趋势，开发富有竞争力的新产品。

1. 技术系统

技术系统由多个子系统组成，并通过子系统间的相互作用实现一定的功能，简称为系统。子系统本身也是系统，是由元件和操作构成的。技术系统的更高级系统称为超系统。例如，汽车作为一个技术系统，轮胎、发动机、方向盘等是汽车的子系统，而每辆汽车都是整个交通系统的组成部分，因此对于汽车而言，交通系统就是汽车的超系统。技术系统进化是指实现系统功能的技术从低级向高级变化的过程。对于一个具体的技术系统来说，对其子系统或元件进行不断的改进，以提高整个系统的性能，就是技术系统的进化过程。

2. 技术系统进化的 S 曲线

通过对大量专利的分析，阿奇舒勒发现技术的性能随着时间的变化呈 S 曲线变化（图 5-1-1）。但进化过程是靠设计者推动的，新技术的引入使其不断沿着某些方向进化。TRIZ 理论中的 S 曲线描述了一个技术系统的完整生命周期，其中横轴代表时间，纵轴代表技术系统的某个重要性能参数（如在飞机这一技术系统中，飞机的速度、安全性等都是重要的性能参数），技术系统的进化一般经历四个阶段，分别是婴儿期、成长期、成熟期、衰退期，每个阶段都会呈现不同的特点。

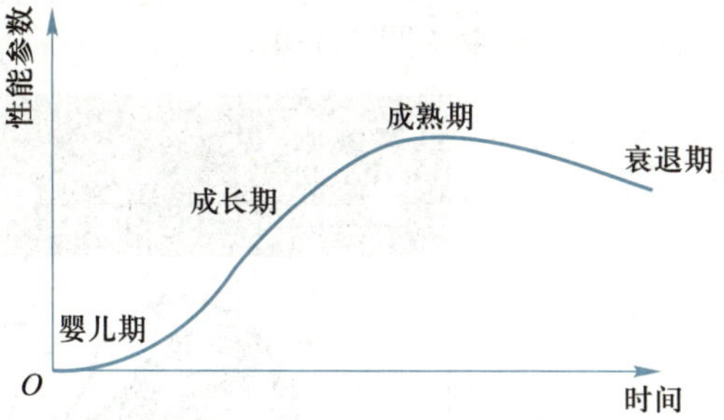

图 5-1-1　技术系统进化的 S 曲线

3. 技术系统进化法则

技术系统进化法则是技术系统为增强自身功能，从一种状态过渡到另一种状态时，系统内部组件之间、系统组件与外界环境之间本质关系的体现，即技术系统与生物系统一样，也有一个进化发展的过程，并且这个进化发展过程具有一定的规律性。这些技术系统进化发展的规律就是技术系统进化八大法则。

（1）系统完备性法则。

保证技术系统基本功能装置的最低工作能力是完备技术系统实现功能的必要条件。

完备技术系统（图5-1-2）的基本功能装置包括：执行装置、传动装置、动力装置和控制装置。执行装置是直接完成所创建技术系统要实现的主要功能的技术系统组成部分。例如，水磨的执行装置是将谷物研磨成面粉的磨盘。为了完成主要功能，执行装置应通过传动装置（转轴和齿轮）从动力装置（磨轮）获取能量。

图 5-1-2　完备技术系统

任何一个功能装置不能正常工作，技术系统都不能实现其主要功能。例如，电钻具有完备技术系统的全部基本功能装置。试想其中一个功能装置不具备最低工作能力，如钻孔时发动机（动力装置）没有足够的功率旋转钻头，这样电钻就不能完成其主要功能；如果卡头（传动装置）不能稳稳地夹住钻头使其旋转，那么电钻同样也不能完成其主要功效。

（2）能量传递法则。

来自动力装置的能量经传动装置传递到执行装置是技术系统存在的必要条件，具体表现在以下两个方面。

第一，能量从动力装置传递到执行装置不应该有损耗。理想模型中不存在能量损耗。实际上能量损耗不仅存在于传递过程中，也存在于能量形式转换过程中。例如，收音机在金属屏蔽的环境（如汽车）中就不能正常收听高质量的广播。尽管车载收音机内各子系统工作都正常，但电台传导的能量源（作为系统的组成部分）受阻，使整个系统不能正常工作。若在汽车外加一根天线，问题就解决了（图5-1-3）。

第二，技术系统的进化应该沿着使能量流动路径缩短的方向发展，以减少能量损失。例如，用刀片旋转运动代替垂直运动，能量传递路径缩短，能量损失减少，同时提高了效率（图5-1-4）。

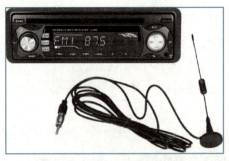

图 5-1-3　汽车天线解决车载收音机"信号"问题

图 5-1-4　刀片旋转运动代替垂直运动以提高效率

（3）动态性进化法则。

技术系统的进化应该沿着结构柔性、可移动性、可控性增强的方向发展，以适应环境状况或执行方式的变化。掌握了"动态性进化法则"，有助于提高技术系统的高度适应性。动态性法则包括以下三个子法则。

第一，提高柔性法则。提高系统柔性是指系统在进化过程中不断由刚性向柔性发展。例如，尺子由最初的直尺逐渐演变为折尺，进而演变为皮尺、激光测距仪等（图 5-1-5）。

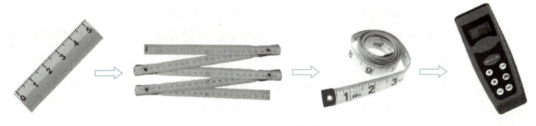

图 5-1-5　尺子柔性演变

第二，提高可移动性法则。技术系统的进化应该沿着系统整体可移动性增强的方向发展。例如，由四脚椅到转椅再到滚轮椅（图 5-1-6）。

图 5-1-6　椅子可移动性演变

第三，提高可控性法则。提高可控性法则是指技术系统的进化将沿着系统内各部件的可控性增加的方向发展。例如，电灯开关从拉线（绳）开关到拨动开关、翘板开关，再到声光控开关、智能开关（图 5-1-7）。

图 5-1-7　电灯开关可控性演变

（4）协调性法则。

技术系统子系统的功能和技术系统及其超系统进程的节律（振荡频率、周期性）协调是技术系统存在的必要条件。换言之，如果技术系统的子系统功能周期性是协调的，就能有效实现主要功能。例如，机械表机芯内部各个齿轮转速不同，但要协调它们的节律，使分针转一周的时间正好等于时针转一周的 1/12，也就是转 30 度。

还有一种协调可能性，即在一次动作的间歇时间完成另一个动作。例如，20 世纪初，发明了"穿过"机翼螺旋桨的射击装置：子弹在旋转的螺旋桨叶片未遮挡枪口的瞬间，飞速穿过螺旋桨。

某些情况下，这个法则表现为有意识的节律失调。例如，在危险地震带建造楼房时，特别要注意施工对象的固有振荡频率，要让其极度区别于大地构造的振荡频率。

（5）提高理想度法则。

提高理想度是技术系统进化的方向。提高理想度，即在降低创建及使用技术系统的消耗的前提下改善技术系统功能或为技术系统补充新功能。

科学中经常应用模型工具，如理想化。当揭示技术系统中一些重要的特性及趋势时，人们认为技术系统的理想化达到极限。在此模型中，可以忽略客体或过程中对具体研究不那么重要的其他性质、特征。理想化过程能够让现实客体发展形成逻辑极限即理想客体，如"理想气体"概念。

阿奇舒勒将理想技术系统概念引入 TRIZ 理论，理想系统是用于创建系统及完成功能的消耗为零的系统，这样的系统具有无限效益。当然，设计人员和发明家的目的就是追求这样的结果。在实践中如何实现提高理想度？计算机技术的发展是技术系统提高理想度最鲜明、直观的实例：仅仅几十年时间，计算机从要几个小时不间断工作的庞大设备发展为仅在有要求时起作用的微型结构，同时，其计算、存储、信息交换速度也在不可想象地增长。如果深入分析存储 1 比特信息所必须组织的原子数量，就会明白这是一个多么巨大的进步。如果 20 世纪 50 年代需要组织上千亿个原子，那么 70 年代需要组织几千万个原子，而现在只要一万个原子。现代化实验证实了向量子计算机发展的可行性，量子计算机只用一个原子就可以存储 1 比特信息甚至更多。

（6）子系统不均衡进化法则。

技术系统子系统不均衡进化，即系统越复杂，其子系统进化越不均衡。

技术系统进化过程中，其子系统进化是不均衡的，一部分子系统能够"跳跃"进化，而另一部分则可能停滞进化。"先进"子系统的潜力与其"滞后"子系统的特性产生矛盾，为促进"滞后"子系统发展，应采取新的技术解决方案。例如，微机处理器正在快速完善，而处理器冷却系统（表面冷却器）实际上没有改变，所以计算机尤其是便携式计算机的冷却往往是不起作用的，因而计算机维修的部分原因就是在于冷却器的损坏。

（7）向超系统进化法则。

在进化过程中，技术系统可能将部分功能转移到超系统或与其他技术系统组成新的超系统。其本质是在超系统中完成同一类技术系统的一种或几种功能比各系统独立完成快。例如，过去每栋房子都有独立的供热系统——火炉，现在加热载热体的功能转移到超系统——出现了中央加热系统。此时，一个锅炉可同时向几栋楼房供暖，而住宅内只有散热装置——暖气片。

两个技术系统联合所得到的新系统称为双系统，双系统是联合技术系统中任一技术系统的超系统，同类技术系统联合所得到的超系统会产生新的有益特性。例如，双筒猎枪的一个好处是狩猎者带一支枪顶替两支枪，另一好处在于枪筒可以装上不同子弹；双体船同单体船相比更加平稳，并且仅需一张帆；在辨别所观察对象的相对距离时，双筒望远镜的效果明显优于单筒望远镜。

仅在某个特性上有区别的相似技术系统常常联合为双系统，称为功能联合双系统。例如，红蓝铅笔一端是红色笔芯，另一端是蓝色笔芯。再如，双金属板是平行地硬性联合起来的具有不同线性膨胀系数的两块金属板，它具有新特性：加热或冷却时的温度变化决定双金属板向哪面弯曲，此性能广泛应用于电熨斗、电暖气等温度调节器。

具有互补功能或特征的技术系统也可联合为双系统。例如，钢筋混凝土是水泥和钢铁结构的结合。钢筋抗拉性能优良，而水泥抗压缩性能良好，性能叠加结果就是钢筋混凝土能有效抵抗两种作用力，此外，水泥还能避免金属被腐蚀。再如，在打印机联合扫描仪的双系统中还自动产生一个复印功能。

不仅是两个技术系统可以联合为一个系统，多个技术系统也可以联合为一个系统，这时建立的系统称为多系统。例如，带有一套彩色笔芯的圆珠笔是一个多系统，它联合了几个具有相近特性的技术系统。再如，现在的智能手机联合的系统除电话系统还有照相机、录音机、时钟、计算器、个人计算机及其他技术系统。

（8）宏观向微观进化法则。

技术系统执行装置先是向宏观水平进化，然后向微观水平进化。宏观水平适用于我们周围经常应用的客体及系统。形象地说，是那些显而易见并能触摸到的一切宏观客体：机床、宇宙飞船、飞机、公共汽车及日常技术设备、铅笔和别针等。向微观水平转化是技术进化的重要趋势，分子、原子、光子逐渐开始代替某种"小铁块""小东西"等，并完成其主要功能。

从宏观向微观进化的意义在于执行装置变得易于操控、调节，并出现新的可能性。例如，瞬间整体加工产品或可避免那些能引起结构不稳定的零件移动：激光切割取代刀具切割物体的粗糙机械方法，其基本优势是可以实现复杂形状（包括固体物质）精密细致的剖面；喷气式推进装置代替飞机螺旋桨这一机械推进装置，如今可以在微观水平上利用加热气体完成执行装置的功能。

现代 TRIZ 理论还在不断修改补充技术系统进化法则，如今需要在解决技术系统问题基础上建立更能够指导现实的工具方法。

（二）最终理想解

TRIZ 理论在解决问题之初，首先抛开各种客观限制条件，通过理想化来定义问题的最终理想解，以明确理想解所在的方向和位置，保证在问题解决过程中沿着此目标前进并获得最终理想解，从而避免了传统创新涉及的方法中缺乏目标的弊端，提升了创新设计的效率。如果将创造性解决问题的方法比作通向胜利的桥梁，那么最终理想解就是这座桥梁的桥墩。

（三）40 条发明原理

阿奇舒勒对大量的专利进行了研究、分析和总结，提炼出了 TRIZ 中最重要的、具有普遍用途的 40 条发明原理。它的作用主要是解决系统中存在的技术矛盾，为一般发明问题的解决提供了强有力的工具。关于 40 条发明原理的有关内容将在本讲主题二做详细介绍。

（四）39个工程参数及阿奇舒勒矛盾矩阵

1. 39个工程参数

TRIZ理论通过对大量专利的详细研究，总结提炼出工程领域内常用的表述系统性能的39个通用工程参数（表5-5-1）。在问题的定义、分析过程中，选择39个工程参数中相对应的参数来表述系统的性能，这样就将一个具体的问题用TRIZ理论的通用语言表述了出来。39个工程参数中常用到运动物体与静止物体两个术语，运动物体是指自身或借助于外力可在一定的空间内运动的物体，静止物体是指自身或借助于外力都不能使其在空间内运动的物体。

表5-1-1　39个通用工程参数名称汇总表

序号	名称	序号	名称	序号	名称
1	运动物体的质量	14	强度	27	可靠性
2	静止物体的质量	15	运动物体作用时间	28	测试精度
3	运动物体的长度	16	静止物体作用时间	29	制造精度
4	静止物体的长度	17	温度	30	物体外部有害因素作用的敏感性
5	运动物体的面积	18	光照度	31	物体产生的有害因素
6	静止物体的面积	19	运动物体的能量	32	可制造性
7	运动物体的体积	20	静止物体的能量	33	可操作性
8	静止物体的体积	21	功率	34	可维修性
9	速度	22	能量损失	35	适应性及多用性
10	力	23	物质损失	36	装置的复杂性
11	应力或压力	24	信息损失	37	监控与测试的困难程度
12	形状	25	时间损失	38	自动化程度
13	结构的稳定性	26	物质或事物的数量	39	生产率

2. 阿奇舒勒矛盾矩阵

阿奇舒勒通过对大量专利的研究、分析、比较、统计，归纳出了当39个工程参数中的任意两个参数产生矛盾时，化解该矛盾所使用的发明原理，这就是著名的40条发明原理。阿奇舒勒还将工程参数的矛盾与发明原理建立了对应关系，整理成一个"39×39"的矩阵，以便使用者查找，这个矩阵称为阿奇舒勒矛盾矩阵。矩阵的横轴表示希望得到改善的参数；纵轴表示相应参数改善引起恶化的参数；横纵轴各参数交叉处的数字表示解决系统矛盾时使用的创新原理的编号。

（五）物理矛盾和分离原理

当一个技术系统的工程参数具有相反的需求时，就出现了物理矛盾。例如，要求系统的某个参数既要出现又不存在，或既要高又要低，或既要大又要小。相对于技术矛盾，物理矛盾是种更尖锐的矛盾，在创新中需要解决这种矛盾。物理矛盾所存在的子系统就是系统的关键子系统，系统的关键子系统应该具有满足某个需求的参数特性，但另一个需求要求系统的关键子系统不能具有这样的参数特性。分离原理是阿奇舒勒为解决物理矛盾而提出的，分离方法共 11 种，归纳概括为四大分离原理，分别是空间分离、时间分离、条件分离和系统级别分离。

（六）物 – 场模型分析

阿奇舒勒认为，每个技术系统都可由许多功能不同的子系统组成，因此，每个系统都有它的子系统，而每个子系统都可以进一步细分，直到分子、原子、质子与电子等微观层次。无论大系统、子系统还是微观层次，都具有功能，所有的功能都可被分解为两种物质和一种场（三种元素组成）。在物 – 场模型的定义中，物是指某种物体或过程，可以是整个系统，也可以是系统内的子系统或单个的物体，甚至可以是环境，具体取决于实际情况；场是指完成某种功能所需的手法或手段，通常是一些能量形式，如磁场、重力场、电能、热能、化学能、机械能、声能、光能等。物 – 场模型分析是 TRIZ 理论中的一种分析工具，用于建立与已存在的系统或新技术系统问题相联系的功能模型。

（七）发明问题的标准解法

发明问题的标准解法是阿奇舒勒于 1985 年创立的，共有 76 个，分为 5 级，各级解法的先后顺序也反映了技术系统必然的进化过程和进化方向。标准解法可以在一两步中快速解决标准问题。标准解法是阿奇舒勒后期进行 TRIZ 理论研究的最重要的课题，同时也是 TRIZ 高级理论的精华。标准解法也是解决非标准问题的基础，非标准问题主要应用 TRIZ 理论来解决，主要思路是将非标准问题通过各种方法进行变化，转化为标准问题，然后应用标准解法来获得解决方案。

（八）发明问题解决算法

发明问题解决算法（Algorithm for Inventive-Problem Solving,ARIZ）是指发明问题解决过程中应遵循的理论方法和步骤，是基于技术系统进化法则的一套完整解决问题的程序，是针对非标准问题而提出的一套解决算法。TRIZ 的理论基础由以下三条原则构成：TRIZ 理论用来确定和解决引起问题的技术矛盾；问题解决者如果采用 TRIZ 理论来解决问题，则其惯性思维因素必须被加以控制；TRIZ 理论不断地获得广泛的、最新的知识基础的支持。TRIZ 理论经过多次修改才形成比较完善的理论体系，主要包括九大步骤：分析问题、分析问题模型、陈述最终理想解（Ideal Final Result,IFR）和物理矛盾、分析物 – 场资源、应用知识库、转化或替代问题、分析解决物理矛盾的方法、利用解法概念、分析问题解决的过程。

（九）科学效应和现象知识库

科学原理，尤其是科学效应和现象的应用，对解决发明问题具有超乎想象的、强有力的帮助。应用科学效应和现象应遵循五个步骤，解决发明问题时会经常遇到需要实现的

30 种功能，这些功能的实现经常要用到 100 个科学效应和现象。

许多文献把 TRIZ 理论体系分成了三个组成部分（图 5-1-8）：一是问题分析的基础理论，主要指技术系统进化法则；二是问题分析的工具，包括冲突分析、物 - 场分析、需求功能分析、ARIZ 算法等；三是基于知识的工具，包括 40 条发明原理、76 个标准解、科学效应和现象数据库等。基于知识的工具和问题分析的工具的不同之处在于，基于知识的工具指出了解决问题的过程中系统转换的具体方式，而问题分析的工具只用于改变问题的描述。以技术系统进化法则为基础，通过应用分析工具对待解决技术系统问题进行分解分析，建立相应的问题模型，然后选择相应的解决问题工具来获取问题解决方案。

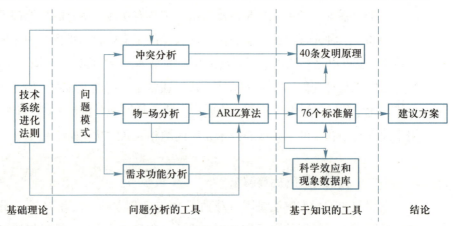

图 5-1-8　经典 TRIZ 理论的体系结构

概而言之，应用 40 条发明原理、39 个工程参数和阿奇舒勒矛盾矩阵来解决技术矛盾问题；应用分离原理来解决物理矛盾；应用物场模型与 76 个标准解，通过系统实施最小改变来解决问题；通过因果链分析来找出根源问题；应用 S 曲线分析和技术系统进化法则，可以预测下一代产品，实现渐进式创新或突破性创新；而对于相对比较模糊的问题，则可以采用 ARIZ 算法和功能导向搜索来寻求解决方案。如果问题的解决需要领域外知识，则可以借助科学效应与现象知识库来完成。现代 TRIZ 理论分析工具增加了功能模型与功能分析、因果链分析。TRIZ 理论同时包括了解决工程矛盾问题和复杂发明问题所需的各种分析方法、解题工具和算法流程。

课中互动　　　　　　　　　　神奇的斑马线

问题

一条马路要穿过校园，于是问题就出现了：怎样使所有通过该路段的司机全程都低速行驶呢？

方案

学生们讨论后得出两个方案。

方案 A：把这段马路全部画上斑马线。

方案 B：把该地段的道路改造成波浪形曲折道路。

应该选择哪种方案呢？这几种方案的利弊是什么？有没有更好的方案？

分析

第一种方案花费很少，但是成效很差；第二个办法代价昂贵，但相对牢靠。当然，最好的办法是把几个方案的优点结合起来。有什么好办法呢？

运用 TRIZ 理论这种神奇的方法来解决校园街道的问题，得到了一种新方案——在普通道路上画上扭曲的斑马线（图 5-1-9），使它看起来就像波浪路面上的斑马线一样，使司机们大脑中的条件反射精确地产生作用，从而达到了价格上和效果上的最优结合。

图 5-1-9 扭曲的斑马线

◎ 成功密钥

TRIZ 理论的强大作用在于它为人们创造性地发现问题和解决问题提供了系统的理论和方法工具。TRIZ 理论具有鲜明的特点和优势，它成功地揭示了创造发明的内在规律和原理，着力于澄清和强调系统中存在的矛盾，其目标是完全解决矛盾，获得最终的理想解，运用 TRIZ 理论，可大大加快人们创造发明的进程，并且能得到高质量的创新产品。它能够帮助我们系统地分析问题情境，快速发现问题本质或者矛盾，准确确定问题探索方向，突破思维障碍，打破思维定式，以新的视觉分析问题。

四、TRIZ 理论的应用

TRIZ 理论广泛应用于工程技术领域，目前已逐步向其他领域渗透和扩展。应用范围越来越广，由工程技术领域分别向自然科学、社会科学、管理科学、生物科学等领域发展。现在已总结出了 40 条发明原理在工业、建筑、微电子、化学、生物学、社会学、医疗、食品、商业、教育领域应用的案例，用于指导人们解决各领域遇到的问题。

TRIZ 理论是专门研究创新设计的理论，已建立一系列的普适性工具，帮助设计者尽快获得满意的领域解。TRIZ 理论作为解决技术问题或发明问题的一种强有力方法，并不是针对某个具体的机构、机械或过程，而是要建立解决问题的模型及指明问题解决对策的探索方向。TRIZ 理论解决问题的基本流程如图 5-1-10 所示。TRIZ 的原理、算法也不局限于任何特定的应用领域。它指导人们创造性解决问题并提供科学的方法、法则。因此，TRIZ 理论可以广泛应用于各领域并创造性地解决问题。

据统计，2003 年三星电子采用 TRIZ 理论指导项目研发，节约相关成本 15 亿美元，同时通过在 67 个研发项目中运用 TRIZ 理论成功申请了 52 项专利。仅仅一项创新技术就能对一个跨国企业产生如此大的影响，这种情况是不多见的，阿奇舒勒对此也始料未及。从 1997 年三星电子引入 TRIZ 理论到 2023 年的 20 多年间，三星电子应用 TRIZ 理论取得了显著的创新成果，很多创新环节都需要 TRIZ 专家的协助才能完成，这些专家往往都有 10 年以上的 TRIZ 应用经验并通晓不同的工程领域。我们因此称三星的这种创新模式为"专家辅助创新"。

图 5-1-10　TRIZ 理论解决问题的基本流程

TRIZ 理论以其良好的可操作性、系统性和实用性在全球的创新和创造学研究领域占据着独特的地位。在经历了理论创建与理论体系的内部集成后，TRIZ 理论正处于自身的进一步完善与发展，以及与其他先进创新理论方法的集成阶段，已成为最有效的计算机辅助创新技术和创新问题求解的理论与方法基础。

实践证明，运用 TRIZ 理论可大大加快人们创造发明的进程，并且能得到高质量的创新产品。它能够帮助我们系统地分析问题情境，快速发现问题本质或者矛盾，它能够准确确定问题探索方向，帮助我们突破思维障碍，打破思维定式，以新的视觉分析问题，进行系统思维，根据技术进化规律预测未来发展趋势，帮助我们开发富有竞争力的新产品。

🔗 知识链接

认识系统思考

系统思考是指从多个角度、角色、心态、时间、文化、环境因素组合等方面进行思考的思维方法。它把问题当成一个系统来研究、思考，关注系统的整体性、层级性、目的性，关注系统的关联性（系统的结构、系统与环境间的联系等）、动态性（系统随时间的演变、系统运行过程中各要素间动态变化等）。系统思考要求跳出点、线、面的限制，是能从上下左右、四面八方去思考问题的思维方式，即全方位思考。

空间维度上的思考

世界上的万物都存在于一定的空间内。系统思考首先要充分考虑事物存在的空间，从而跳出事物的本身，用更高的角度去观察、思考问题。空间上的思考可以让我们从事物的本来面目出发，明晰其外在全貌、环境因素，以及内在多级本质或全部规定性，从而极大地克服思想上的片面性。

一方面，在空间维度上要认清事物自身的内在构成、逻辑关系、角色分工等；另一方面，要认识事物与事物、事物与环境的关系，力求建立事物在空间上的全面认知，从而有效避免孤立地看待问题。

时间维度上的思考

时间维度上的思考可以让我们以动态的眼光准确把握事物演变、进化的脉络，从而有效避免静止地看待问题。世界上的事物都存在于一定的时间中，表现为一个发生、发展、变化的过程。从时间维度去思考，往往可以使我们作今昔的对比，发现规律，从而展望未来，具有超前意识。

在时间维度观察思考时，进化的观点具有重要指导意义。例如，达尔文的进化论提出了生命的演化和生物物种间的关系，是当代生物学的核心思想之一；TRIZ 理论揭示了人工系统进化的规律，使我们在思考创新问题时或在发明创造过程中能够统揽全局，准确有效地预测系统发展的未来。

万物联系的网络

大千世界，我们只做单一事物的时空思考显然是不够的。世间万物都不是孤立存在的。它们相互组成一定的联系。我们在事物间千丝万缕的联系的网络中去思考问题，就容易找出事物的本质，从而拓宽创新之路。

事物之间的联系有的是显性的、容易发现的，而更多是隐性的，不容易被发现的。一旦我们发现了事物的隐性联系，就很有可能诱发灵感，获得新的想法，产生新的方案。

主题二　TRIZ 理论的主要方法和工具

【主题导入】

液晶屏幕不清晰的解决方案

在 20 世纪 90 年代初期，三星电子开始生产液晶屏幕。然而，他们发现在制造过程中会出现一个问题：每个像素点的颜色无法准确控制，导致屏幕显示出来的颜色有些"糊"。这个问题一直困扰着三星电子的工程师们。于是，三星电子决定使用 TRIZ 理论解决这个问题。他们首先对问题进行了分析，发现这个问题的根本原因是在生产过程中，每个像素点的颜色控制器无法准确控制。为了解决这个问题，三星电子开始寻找解决方案。通过 TRIZ 理论的思维方式，三星电子的工程师们想到了一个解决方案：使用一个小型的光学镜片来调整每个像素点的颜色。这个小型的光学镜片可以通过微小的调整来准确地控制每个像素点的颜色，从而解决了屏幕显示不清晰的问题。

◎ 分析与启发

三星电子的工程师们在使用 TRIZ 理论解决这个问题的过程中，不仅解决了实际问题，还提高了他们的创造力和创新能力。这个故事告诉我们：首先，创新思维是企业成功的关键之一。面对困境，三星电子并没有一味地追求技术突破，而是通过重新审视问题，发现了一个全新的解决方案。这种创新思维，不仅可以帮助企业应对各种挑战，还可以带来新的商业机会。其次，TRIZ 理论能够帮助企业在解决问题时找到创新的思路和方法。同样，学生在学习 TRIZ 理论时也能够得到启发，学会用创新的眼光去看待问题，寻找解决问题的新思路和新方法。这种思维方式不仅可以帮助学生在学术上取得更好的成绩，还能够在未来的职业生涯中给予他们更多的竞争优势。

现实生活中，由于知识、阅历、经验等的限制，我们在看待一些事物或在思考问题时，难免会缺乏全面认识，出现"以点代面""以偏概全"的现象。要想建立对事物比较全面的认识，就应该从多个维度进行了解、观察和思考，不但要认识事物的内外关系、空间构成，而且要认识其不同阶段的发展变化，运用有效的问题分析工具。

一、TRIZ 理论的创新思维方法

在 TRIZ 理论中，为克服在创新和发明过程中存在的思维惯性，阿奇舒勒创建了以下五种创新思维方法。

（一）最终理想解

1. 概念

最终理想解（IFR）是解决问题的关键，能帮助设计者摆脱惯性思维，甚至帮助设计者摆脱最初的设计。虽然不是永远都能达到最终理想解，但是它能给问题的解决指明方向，有助于克服思维惯性。阿奇舒勒这样比喻最终理想解："可以把最终理想结果比作绳子，登山运动员只有抓住它才能沿着陡峭的山坡向上爬。绳子不会向上拉他，但是可以为其提供支撑，不让他滑下去。只要他松开绳子，肯定会掉下来。"

所有的系统都是朝着提高理想化程度的方向发展的。理想化是科学研究中创造性思维的基本方法之一，它主要是在大脑中设立理想的模型，通过理想实验的方法来研究客观运动规律。理想化模型涉及的要素包括理想系统、理想过程、理想资源、理想方法、理想机器、理想物质等。其中，理想系统没有实体、没有物质，也不消耗资源，但能实现所需要的功能；理想过程就是只有过程的结果，而没有过程本身，突然获得需要的结果；理想资源就是存在无穷无尽的资源供人们随意使用，并且不受其他条件约束；理想方法就是不消耗能量和时间，只是通过自身调节获得所需的功能；理想机器就是没有质量、体积，但能完成所需要的工作；理想物质就是没有物质，但功能得以实现。

在解决发明问题的过程中，虽然无法确定如何消除矛盾，但有可能归纳出理想化的解决方案，得到一个理想化的最终结果。理想化是系统的进化方向，无论是有意改变还是系统本身的进化发展，系统都是在向着更理想的方向发展。系统的理想化可用理想度来进行衡量。

（1）理想度的公式。

$$I = \frac{\sum B}{\sum H}$$

式中，I——理想度；B——有用功能；H——有害功能；$\sum B$——有用功能之和；$\sum H$——有害功能之和。

显然，理想度越高，现实理想解就越接近于理论解。当理想度为无穷大时，现实理想解就变成了理论理想解。

（2）理想化的方法。

TRIZ 理论中的系统理想化，按照理想化涉及的范围大小，分为部分理想化和全部理想化两种方法。在技术系统创新设计中，首先考虑部分理想化，当所有的部分理想化尝试失败后，再考虑系统的全部理想化。

第一，部分理想化。部分理想化是指在选定的原理上考虑通过各种不同的实现方式使系统理想化，是创新设计最常用的理想化方法，贯穿于整个设计过程中。

部分理想化常用到以下六种模式：一是加强有用功能。通过优化提升系统参数、应用高一级进化形态的材料和零部件，给系统引入调节装置或反馈系统，让系统向更高级进化，加强有用功能。二是降低有害功能。通过对有害功能的预防、减少、移除或消除，降低能量的损失、浪费等，或采用更便宜的材料、标准件等。三是功能通用化。应用多功能技术增加有用功能的数量。例如，手机包含了打网游、语音播放、照相、摄影、录音、卫星定位、上网等通用功能，功能通用化后，系统获得理想化提升。四是增加集成度。集成有害功能，使其不再有害或有害性降低，甚至变害为利，以减少优化功能的数量，节约资源。五是个别功能专用化。通过功能分解，划分功能的主次，突出主要功能，将次要功能分解出去。例如，近年来专用制造划分越来越细，元器件、零部件制造交给专业厂家生产，汽车厂家只进行开发设计和组装。六是增加柔性。系统柔性的增加可提高其适应范围，有效降低系统对资源的消耗和空间的占用。例如，以柔性设备为主的生产线越来越多，以适应当前市场的变化和个性化定制的需求。

第二，全部理想化。全部理想化是指对同一功能通过选择不同的原理使系统理想化，在部分理想化尝试失败后才考虑使用全部理想化。

全部理想化主要有以下有四种模式：一是功能的剪切。在不影响主要功能的条件下，剪切系统中存在的中性功能，以及辅助功能，使系统简单化。二是系统的剪切。如果通过利用内部和外部可用的或免费的资源可省掉辅助子系统，则能大大降低系统的成本。三是原理的改变。为简化系统或使过程更为简便，通过改变已有系统的工作原理来获得全新的系统。四是系统替换。依据产品进化法则，当系统进入衰退期时，需要考虑用下一代产品来替代当前产品，完成产品的更新换代。

2. 操作步骤

在一个技术系统中，一定有某些不理想的、需要改进的元件。确认系统中非理想化状态的元件，并确认 IFR 是问题解决的关键所在。IFR 的确定和实现可以根据以下六个步骤来进行。

（1）设计的最终目的是什么？

（2）IFR 是什么？

（3）达到 IFR 的障碍是什么？

（4）出现这种障碍的结果是什么？

（5）不出现这种障碍的条件是什么？

（6）创造这些条件时可用的资源有哪些？

上述问题一旦被正确地理解并描述（定性）出来，问题就得到了解决。当确定了创新产品或技术系统的IFR后，检查其是否符合IFR的特点，并进行系统优化，以确认达到或接近IFR为止。

IFR应同时具有以下四个特点：一是保留了原系统的优点；二是消除了原系统的不足；三是没有使系统变得更复杂；四是没有引入新的缺陷，或者新的缺陷很容易解决。

因此，设定了IFR，就是设定了技术系统改进的方向。IFR是解决问题的最终目标。即使不能100%获得理想的解决方案，也会引导创新者得到最巧妙和最有效的解决方案。

3. 注意事项

在应用IFR的过程中需要注意几个问题。

（1）对IFR的描述。阿奇舒勒在多本著作中提出，IFR的描述必须加入"自己""自身"等词语，也就是说需要达到的目的、目标、功能等在不需要外力、不借助超系统资源的情况下来完成，是一种最大限度的自服务。此种描述方法有利于设计者打破思维惯性，准确定义IFR，使解决问题沿着正确的方向进行。

（2）IFR并非"最终的"，根据实际问题和资源的限制，IFR有最理想、理想、次理想等多个层次。当面对不同的问题时，须根据实际需要进行选择。

（3）应用IFR的过程是一个双向思维的过程，从问题到IFR，从IFR到问题，可能达不到最理想的IFR，但是这是目标，通过达到次理想的IFR、理想的IFR的方式，最终达到最理想的IFR。

（二）九屏幕法

1. 概念

九屏幕法（图5-2-1）是系统性考虑问题的方法，是指在分析和解决问题时，不仅要考虑当前系统，还要考虑其超系统和子系统；不仅要考虑当前系统的过去和未来，还要考虑超系统的过去和未来，以及子系统的过去和未来。九屏幕法是按照时间和系统层次两个维度，针对事物（问题）进行思考的方法。它是一种系统的思考方法，将事物（问题）当成一个系统来研究，关注事物（问题）的整体性、层次性、动态性和关联性的变化。

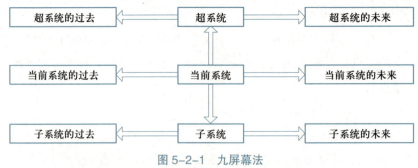

图 5-2-1　九屏幕法

关于九屏幕法的相关概念如下。

（1）系统。这里的系统是指实现某种特定功能的各种事物或事物关系的总和。当事物作为思考的主体时，即是一个系统。例如，当汽车作为思考的主体时，即是一个系统，它由发动机、变速箱、底盘、车身、内外饰材料等物件共同组成；西服作为思考的主体时，也是一个系统，它由布料、纽扣、饰品、棉线等事物共同组成。一个事物或一类事物能否被看作系统，取决于其是否为思考的主体。

（2）子系统。子系统是指构成系统特定功能的若干事物或事物关系。例如，当汽车作为一个系统时，发动机、变速箱、底盘、车身等就属于构成该系统的子系统；当西服作为系统时，布料、纽扣、棉线、饰品等则是构成该系统的子系统。由于事物在构成上的无限可分性，对于特定事物来说，系统与子系统的概念具有一定的相对性。例如，当汽车作为系统时，发动机就属于该系统的子系统，但是，如果思考的主体是发动机时，则发动机在该思考领域中就属于系统而不是子系统。

（3）超系统。超系统是指系统的特点功能涉及的应用领域，即从超系统的功能特点上来说，系统是超系统的"子系统"（图5-2-2）。例如，当汽车作为系统时，发动机是该系统的子系统，出租汽车公司、汽车制造企业则是该系统的超系统；当西服作为系统时，纽扣、布料属于该系统的子系统，服装店、商务领域、婚庆场合、服装设计公司则是该系统的超系统；当碗作为系统时，陶瓷属于该系统的子系统，餐具、陶制品制造工艺则是该系统的超系统。

图 5-2-2　相关系统的关系

九屏幕法又称为多屏分析。九屏的含义可延伸为多屏、无限屏之意。从空间上，对某个系统而言，子系统是有限数，超系统通常是若干个数。子系统由更小的"子子系统"构成；超系统中还存在系统的反系统、协作系统、相近系统、相邻系统等；超系统自身作为子系统归属更大的"超超系统"。就系统本身而言，每个系统都具有这样的特征：有相当多的级数（子系统、超系统）与其他系统保持联系。这意味着系统内部和外部的联系被发现得越多，系统完善的可能性就越大。从时间上，一个系统从诞生之日起就在不断地发展进化，每一次质的提升都代表一个时间节点，直到系统消亡。因此，系统在时间轴上可以表示为：系统、系统过去、系统过去的过去……系统未来、系统未来的未来……

九屏幕法的主要作用是帮助我们查找解决问题所需的资源，因此它又称为"资源搜索仪"。常言道"巧妇难为无米之炊"，解决任何问题都需要使用资源。有些资源以显性形式存在，一般都能被发现并加以利用，这类资源称为"显性资源"。有些资源则是以隐性形式存在，一般不易被发现，也就难以被利用，这类资源称为"隐性资源"。

概括来说，结合国内外关于 TRIZ 九屏幕法研究的成果，我们认为，其即针对当前所要处理（思考）的事物，按照过去、现在、未来的时间顺序，针对事物的内部构成、事物当前的功能、事物的应用领域三个层次的特点进行全面思考、分析，确定处理措施的方法。

2. 操作步骤

结合图 5-2-3，九屏幕法的基本操作步骤如下。

（1）画出三横三纵的表格，将要研究的当前系统填入格 1。

（2）考虑技术系统的子系统和超系统，分别填入格 2 和 3。

（3）考虑技术系统的过去和未来，分别填入格 4 和 5。

（4）考虑超系统和子系统的过去和未来，填入剩下的格中。

（5）针对每个格子，考虑可用的各种类型资源。

（6）利用资源规律，选择解决技术问题。

	过去	现在	未来
超系统		3	
当前系统	4	1	5
子系统		2	

图 5-2-3　九屏幕法基本操作步骤

3. 注意事项

在应用九屏幕法的过程中需要注意以下几个问题。

（1）TRIZ 九屏幕法中的子系统、超系统不是唯一的，可以单独绘制，也可以一起绘制。

（2）系统的过去、现在和未来并非一脉相承，是根据功能需求呈现出的跳跃式的发展状态，因此可以从系统的过去和未来的特点中寻找当前问题的答案。

（3）系统由子系统构成，也是超系统的一部分，解决当前问题可以从子系统和超系统获得直接资源或派生资源。

（4）对资源的挖掘、分析需要全面、循序渐进。

知识链接　　　　　　　　　　　　　　　　**思维屏幕法**

思维屏幕法是由日本发明家田中一光（Ikko Tanaka）提出的创新方法，用于激发创造力和解决问题。它通过将问题和解决方案映射到一个"思维屏幕"上，帮助人们从不同的角度思考和观察问题，从而找到更多的解决方案。

我们在思考问题时，会在头脑中建立一幅幅的图画，或回忆某件事情时，总是会在头脑中闪现当时的一些场景，这种画图画、过电影般的思维方式，实质就是我们右脑形象思维的方式，我们称之为思维屏幕。建立思维屏幕是实现思维形象化的重要方式。

温故思维屏幕

温故思维屏幕是指在学习过程中，在思维屏幕中有意识地、反复地、形象地以再现方式强化记忆。

回忆思维屏幕

回忆思维屏幕是指在头脑中重现过去经历事情的场景、过程。例如，某件东西找不到了，我们通常会从最后见到这件东西时开始，一幕一幕地回想，以便想起东西放在哪里或在什么时候、什么情况下不见的。

推演思维屏幕

推演思维屏幕是指根据事物的已知条件、逻辑关系、演化规律等，推演事物发展过程及未来，整个过程通过思维屏幕方式呈现。

联系思维屏幕

联系思维屏幕是指通过思维屏幕形象地呈现事物之间的联系，或呈现建立联系的过程。

再造思维屏幕

再造思维屏幕是指运用头脑中思维表象积累和思维经验，根据描述、已知条件等，在思维屏幕中建立原先不了解、不熟悉事物的形象。例如，根据文学作品的描述建立人物形象或景观，是再造思维在头脑中形成的思维屏幕。

幻象思维屏幕

幻象思维屏幕是指通过幻想在头脑中形成的虚拟的、超越现实的思维屏幕。

（三）聪明小人法

1. 概念

聪明小人法也称为小矮人模型，是指当系统内的部分物体不能实现必要的功能和任务时，就用多个小人分别代表这些物体，不同的小人表示执行不同的功能或具有不同的矛盾，重新组合这些小人，使其能够发挥作用，执行必要的功能。聪明小人法类似于一种拟人类比方法（认同方法），其实质在于在使用这种方法的过程中，把研究对象以很多小人的形式表现出来。这些小人有眼睛能看，有大脑能想，有手能做动作。聪明小人法是一种很好的工具，它可以打破技术或专业术语导致的思维定式，并可用于微观级别的分析系统。在实际分析过程中，应根据实际情况，对小人进行分组、组合，使小人能够发挥各自的作用，完成必要的功能，从而构成小矮人模型。

2. 操作步骤

（1）对物体的各部分进行划分，并把对象中各部分小人问题模型想象成一群小人（当前怎样）。

（2）根据问题的条件对小人进行分组，描绘出现有和曾抽象演绎过的情况（分组）。

（3）研究小人问题模型，并对其进行改造、重组，使其符合聪明小人法流程图，符合所需的理想功能，消除原始的矛盾（应该怎样）。

（4）将小人固化为所需功能的组件，将小人模型过渡至技术解决方案（变成怎样）。

3. 注意事项

长期的实践和应用经验表明，在应用聪明小人法时经常出现下列错误。

（1）将系统的组件用一个小人、一行小人或一列小人表示。聪明小人法的目的是打破思维惯性，将宏观转化为微观，如果使用一个小人表示，则达不到克服思维惯性的目的。

（2）简单地将组件转化为小人，没有赋予小人相关特性，使应用者面对"小人图形"时模棱两可，无法解决问题。需要根据小人执行的功能和问题环境给予小人一些特性，可以通过联想得到解决方案。聪明小人法的应用难点在于小人如何实现移动、重组、裁剪和增补，这也是聪明小人法的应用核心。聪明小人法变化的前提是必须根据执行功能的不同给予小人一定的人物特征，才能解决问题，而激化矛盾有利于小人的重新组合。

（四）STC 算子法

1. 概念

STC 算子法是从物体的尺寸、时间、成本三个方面来分析问题，进行一系列变化的思维实验。

S 代表 Size，即尺寸，是指可供人们在创新过程中自由选择创新尺度的一个空间，长、宽、高从 0 到无限大，如果这样还不能使物体的特性发生明显变化，就先固定一个维度的大小而改变另两个维度的大小，直到满意为止。

T 代表 Time，即作用时间，是指逐步增加或减少物体完成功能过程的时间。

C 代表 Cost，即成本，是指增加或减少物体本身功能所需的成本，以及物体完成主要功能所需辅助操作的成本。

STC 算子通过控制这三个因素的变化来找出相应的解决办法，如把系统想象为很小，来思考如何建立这样的系统、会遇到哪些难题、会带来什么益处。然后，在相反的极限上想象系统，即想象系统无限大，并思考如何建立这样的系统，会遇到哪些难题，以及它会带来哪些益处。

2. 操作步骤

STC 算子法是将尺寸、时间和成本因素进行一系列变化的思维实验，其步骤分析如下。

（1）明确研究对象现有的尺寸、时间和成本。

（2）想象其尺寸逐渐变大以至无穷大（$S \to \infty$）时会怎样？

（3）想象其尺寸逐渐变小以至无穷小（$S \to 0$）时会怎样？

（4）想象其作用时间或速度逐渐变大以至无穷大（$T \to \infty$）时会怎样？

（5）想象其作用时间或速度逐渐变小以至无穷小（$T \to 0$）时会怎样？

（6）想象其成本逐渐变大以至无穷大（$C \to \infty$）时会怎样？

（7）想象其成本逐渐变小以至无穷小（$C \to 0$）时会怎样？

3. 注意事项

（1）每个想象实验要分步递增、递减，直到物体新的特征出现。

（2）不可以在还没有完成所有想象实验时，因担心系统变得复杂而提前终止。

（3）使用成效取决于主观想象力、问题特点等情况。

（4）不要在试验的过程中尝试猜测问题最终的答案。

STC 算子法不是为了获取问题的答案，而是为了拓宽思路、克服惯性思维，从多维度看问题，为寻找解决问题方案做准备。

（五）金鱼法

1. 概念

金鱼法来源于俄国诗人普希金（Pushkin）的童话诗《渔夫和金鱼的故事》。金鱼法又叫情境幻想分析法，从幻想式解决构想中区分现实和幻想的部分，然后把幻想的部分通过附加一定条件进一步区分出现实和幻想的部分，通过这样不断地反复划分，直到找不出现实部分为止。金鱼法实际上就是对问题采取"一分为二"的方法，迅速"定位"问题的位置，寻找解决方案。金鱼法能够引导我们从理想境界出发，发现现实中存在的问题。它是能充分发挥人的想象力的一种思维方法。对于一个问题情境，我们可以进行这样的思考：在其初始情境中哪个部分是现实的，哪个部分是幻想的（不现实的）？然后对幻想的部分进行进一步思考，在这一部分中哪些是现实的、哪些是幻想的……以此类推，直到问题解决为止。这样就可以集中精力解决幻想部分，只要这个幻想部分解决，整个问题就迎刃而解。

2. 操作步骤

具体来说，金鱼法的应用可以分为以下五个步骤。

（1）将不现实的想法分为现实和幻想两个部分。精确界定什么样的想法是现实的、什么样的想法看起来是不现实的。

（2）提出问题并回答问题：幻想部分为什么不现实。尽力对此进行严密而准确的解释，否则最后可能得到一个不可行的想法。

（3）提出问题并回答问题：在什么条件下幻想部分可变为现实。

（4）列出子系统、系统、超系统的可利用资源。

（5）从可利用资源出发，对情境加以改变，才能实现看似不可行的部分，从而提出可能的解决方案。如果方案不可行，则再次回到第一步，将幻想构思部分进一步分解为现实和幻想两部分。如此反复进行，直至得到完全的、能实现的解决方案。

3. 注意事项

在应用金鱼法的过程中需要注意：在使用之前，需要明确要解决的问题，而这个问题应该是具体明确的，并且可以量化和测量。同时，需要收集与问题相关的信息和数据，这些信息可以是关于问题的描述、背景知识、现有解决方案等。金鱼法是通过类比思维来解决问题的方法，选择合适的"金鱼"对于解决问题非常重要，"金鱼"应该与问题具有相似的特征或功能，并且可以提供有价值的启示。

□ 课中互动　　　　　　　　　　聪明的草种

用割草机割草时，噪声大，会产生空气污染、消耗能源，高速旋转的草飞出时可能会伤害到人，请应用 IFR 提出改进方案。

下面我们通过逐步解决问题中的冲突，达到优化设计的目标。

（1）设计的最终目的是什么？

答：得到漂亮、整洁的草坪。

（2）问题的 IFR 是什么？

答：不用割草就能保持漂亮、整洁的草坪。

（3）达到理想结果的障碍是什么？

答：草要生长。

（4）出现这些障碍可能产生什么后果？

答：必须割草，否则就不能保持漂亮、整洁的草坪。

（5）不出现这些障碍的条件是什么？

答：不让草生长，使其保持一定的高度。

（6）创造这些条件的可用资源是什么？

答：生物技术的发展，可能有对草进行改良的方法。

◎ 成功密钥

通过一步步追问，可以找到解决问题的突破点，并得到启发性答案。经过以上分析，最小问题（根本原因）聚焦于对草进行改良的方法。较好的解决办法是发明一种"聪明草种"，这种草生长到一定高度后就停止生长，不用再使用割草机。该方案符合最小问题、最小改动、最小成本的要求，是一个符合 IFR 的解决方案。

二、TRIZ 理论的核心工具

任何问题的解决过程都包含两部分内容：问题分析和问题解决。TRIZ 理论作为一种创新的发明问题解决方法，包含了用于问题分析的分析工具、用于系统转换的基于知识的工具和理论基础。如前文所述，分析工具模块包含物 – 场分析、冲突分析、需求功能分析和 ARIZ 算法，主要用于问题模型的建立、分析和转换，即用于改变问题的描述方式。基于知识的工具模型包括发明原理、标准解和科学效应数据库，这些工具是基于前人创新经验和大量专利分析而发展起来的，主要用于指出解决问题的过程中系统转换的具体方式。

40 条发明原理是 TRIZ 理论中最为重要的解决问题的工具，其既可以作为一个独立的解决问题的工具来运用，也可以结合其他 TRIZ 工具来使用。

（一）40 条发明原理的由来

阿奇舒勒通过对大量的专利发明的研究发现，只有 20% 左右的专利称得上是真正的创新，许多宣称为专利的技术，其实早已经在其他的产业中出现并被应用过。因此，阿奇舒勒认为如果跨产业间的技术能够更充分地交流，一定可以更早开发出优化的技术。同时，阿奇舒勒也坚信发明问题的原理一定是客观存在的，如果掌握这些原理，则不仅可以提高发明的效率、缩短发明的周期，还能使发明问题更具有可预见性。如果一个发明原理融合了物理、化学等科学知识，那么此原理将超越领域的限制，可应用到其他行业中。

40 条发明原理（表 5-2-1）建立在对近 250 万份专利的分析的基础上，蕴含了人类发明创新所遵循的共性原理，是 TRIZ 中用于解决矛盾（问题）的基本方法。这 40 条发明原理是阿奇舒勒最早奠定的 TRIZ 理论的基础内容。

实践证明，这 40 条发明原理是行之有效的创新工具，比较容易学习和掌握，被练习和实际使用的频率也较高。40 条发明原理开启了一扇解决发明问题的天窗，将发明从魔术推向科学，让那些似乎只有天才可以从事的发明工作成为个人都可以从事的职业，使原来认为不可能解决的问题获得突破性的进展。

表 5-2-1 40 条发明原理

序号	原理	序号	原理	序号	原理	序号	原理
1	分割	11	事先防范	21	减少有害作用时间	31	多孔材料
2	抽取	12	等势	22	变害为利	32	颜色改变
3	局部质量	13	逆向作用	23	反馈	33	同质性
4	增加不对称性	14	曲面化	24	借助中介物	34	抛弃或再生
5	组合	15	动态特征	25	自服务	35	物理或化学参数改变
6	多用性	16	不足或过度的作用	26	复制	36	相变
7	嵌套	17	多维化	27	廉价替代品	37	热膨胀
8	重力补偿	18	机械振动	28	机械系统代替	38	加速氧化
9	预先反作用	19	周期性动作	29	气动与液压结构	39	惰性与真空环境
10	预先作用	20	有效作用的连续性	30	柔性壳体或薄膜	40	复合材料

（二）40 条发明原理的主要内容

1. 分割

（1）将物体分割成独立的部分。如用个人计算机代替大型计算机；将巨型载重汽车分解成卡车及拖车；将大型项目分解成若干子项目实施。

（2）使物体成为可组合的、易于拆卸的和组装的。如组合式家具；可组装的便携式桌椅；消防器材中可快速拆卸连接的铅管。

（3）增加物体被分割的程度。如用软的百叶窗代替整幅大窗帘；一列火车被分割为若干车厢。

使用技巧：对将要分割的系统进行分析和评价，以便对包含问题的部分进行分割或合并。它不仅适用于几何概念的分割，还适用于非实体领域的分割。

2. 抽取

（1）将物体中"负面"的部分或特征抽取出来。例如，在石油加工中，将一些油渣或其他有害物质提炼分离出来，以获得纯度较高的汽油或柴油；在发生交通事故时把容易引起爆炸的油箱扔掉。

（2）只从物体中抽取必要的部分或特征。例如，用狗叫声作为报警器的警报声；建筑中的隔音材料将噪声吸收或隔离，从而使噪声被分离出我们所处的环境。

使用技巧：识别系统中的有用部分或有害部分，并且在抽取后可增加系统的价值。寻求该部分的具体特征，以便将其轻松抽取出来。抽取原理同样应用于非实物或虚拟情况。有时，被抽取部分在系统外比在系统内具有更高的价值。抽取原理和分离原理非常相似，但有重要的区别。两种原理均将整个系统分为若干部分，但抽取原理是将一个或多个部分去除，因此又称为分离原理；而分割原理则在整体分为部分后将各部分都保留使用。

3. 局部质量

（1）将物体、环境或外部作用的均匀结构变为不均匀的。如将系统的温度、密度、压力由恒定值改为按一定的斜率增长。

（2）让物体的不同部分具有不同功能。如带橡皮擦的铅笔；带起钉器的锤头；多功能的工具（瑞士军刀等）。

（3）让物体的各部分处于完成各自功能的最佳状态。例如，在快餐饭盒中设置不同的区域来存放冷、热食物和汤。

使用技巧：不均匀的系统结构物和环境往往是最有适应性的。在食盒中设置间隔，在不同的间隔内放置不同的食物，避免相互影响味道。

4. 增加不对称性

（1）将物体的对称外形变为不对称的。如引入一个几何特性来防止不正确使用元件（如 U 盘插口、电插头的接地棒）；衣服上的拉链一边有拉头，另一边没有。

（2）如果对象已经是非对称的，则增加其非对称的程度。例如，为了防止将零部件装反，将相对的两定位柱（孔）设计成大小不一的。

使用技巧：此原理可以用来减少材料用量、降低总重量、维持更为高效的物质流、改变平衡、更为有效地支持负载、确保正确的装配、对零件进行检测及定位、对零件进行整理等。

5. 组合

（1）合并空间上的同类或相邻的物体及操作。如并行处理计算机中的多个微处理器；组合音响设备；将室内的多个灯串联在一起，共用一个开关。

（2）合并时间上的同类及相邻的物体及操作。如在摄影机拍摄影像时录音；冷热水混合龙头；同时分析多项血液指标的医疗诊断仪器。

使用技巧：此原理需要考虑当前系统及其提供的性能或输出结果。通常要改善实物系统的性能及输出结果，可将新材料或新技术引入旧系统中，以增强其有用功能。此原理可用于心理学或人力资源学等学科中，以改变联系或产生新的人力资源能力。

6. 多用性

使物体具有复合功能，以代替多个物体的功能。如智能手机；可移动的儿童安全椅，既可放在汽车内，也可单独作为儿童车；带电击器的手电筒；便携式水壶的盖子同时也是水杯。

使用技巧：多用性是一种普遍状态，包括特征、作用或状况在空间或时间上的均匀性；将某一对象均匀用于不同目的；将相同对象、作用或特征用于不同目的或以不同方式加以运用；将相同需求或特征应用于不同对象等。多用性还蕴含了综合性，将多种功能综合在一种物体上，即可冲裁掉其他物件。例如，一辆摩托车的车架既可充当支架，又可充当燃油储存系统。

7. 嵌套

（1）把一个物体嵌入另一个物体，然后将这两个物体再嵌入第三个物体，依此类推。如俄罗斯套娃；可伸缩式物品（电视机天线、摄像机镜头、钓鱼竿）。

（2）让某物体穿过另一物体的空腔。如卷尺、汽车安全带、抽屉。

使用技巧：该原理需要考虑不同方向上（如水平、垂直、旋转或包容）的嵌套，来增加系统的功能或价值。在许多情况下，嵌套可用来节省空间、保护对象不受损伤，以及使某个过程或系统变得简单。通过将具有不同功能的多个对象嵌套在同一个对象内，可以使该对象产生多种独特的功能。

8. 重力补偿

（1）将某一物体与另一能提供升力的物体组合，以补偿其重力。如救生圈、用氢气球悬挂广告牌。

（2）通过与环境（利用空动力、流体动力或其他力等）的相互作用实现物体重力补偿。如直升机的螺旋桨；赛车安装的阻流板。

使用技巧：此原理充分利用空气、重力、流体等进行举升或补偿，从而抵消现有系统、超系统、环境中的不利作用（如力或重量）。该原理适用于商业问题、人际关系或者其他学科。

9. 预先反作用

（1）事先施加反作用，用来消除不利影响。例如，在做核试验之前，工作人员佩戴防护装置，以免受射线损伤；为了让司机看到路面上比例合适的交通提示文字，路面文字的书写形状都是"横粗竖细"。

（2）如果一个物体处于或将处于受拉伸状态，则预先施加压力。例如，在用步枪射击时必须预先用肩膀抵紧枪托，以此化解射击的后坐力；给畸形的牙带上矫正牙套。

使用技巧：此原理用来消除、控制或防止非所需功能、事件或状况在未来的出现。预先了解可能出现问题的关键部位，对潜在问题进行模拟，并预先采取行动，来控制或防止潜在问题的出现。

10. 预先作用

（1）预置必要的动作、机能。如手术前将手术器具按所用顺序排列整齐。

（2）在方便位置预先安置物体，使其在最适当的时机发挥作用而不浪费时间。如道路上转弯或出口的预先提示牌；软件的快捷键功能。

使用技巧：此原理的应用通常是为了提高性能、增强安全性、维持正确作用、减轻疼痛、简化事情的完成过程、增加智力、产生某种优点、使过程简单化。

11. 事先防范

采用事先准备好的应急措施补偿物体相对较低的可靠性。如应急楼梯；防火通道；汽车安全气囊、备用轮胎。

使用技巧：使用该原理时，必须承认没有任何事物是完全可靠的。一个简单系统的可靠性是能控制的，但是对于复杂的大系统来说，则可能存在不可接受的故障。若这些故障不能完全消除，则对其可靠性进行预先防范或补偿是非常必要的。并且要事先防范具有高故障风险或高故障成本的情况出现。

12. 等势

改变物体的动作、作业情况，使物体不需要经常提升或下降。如电梯代替楼梯；工厂中与操作台同高的传送带；方便轮椅通行的无障碍通道。

使用技巧：此原理主要是以最低的能量消耗来实施一个过程，并使用各种方式，在整个过程或系统所有的点或者方面获得相等的位势；或建立关联来支持均匀位势；或使其支持均匀位势成为连续的或完整互联的位势。

13. 逆向作用

（1）用相反的动作替代要求指定的动作。如吸尘器的前身是吹尘器。

（2）把物体或过程倒过来。如把杯子倒置从下边喷水来进行清洗；用"倒计时"的方法制订应对时间紧的工作的计划。

（3）让物体可动部分不动、不动部分可动。如商场中的助步扶梯；健身房中的跑步机。

使用技巧：此原理采用逆向思维，若事物以一种特殊方式被制造或执行，则设法以一种"相反"的方式来制造或执行该事物，以避免固有的问题及缺陷。

14. 曲面化

（1）将直线、平面用曲线或曲面替代，将立方体变成球形结构或椭圆体。如将塑胶产品转角处由直线改为圆角，以避免应力集中。

（2）使用滚筒及球状、螺旋状的物体。如圆珠笔的球形笔尖使书写流畅；在家具底部安装球形轮以利移动。

（3）改直线运动为回转运动，使用离心力。如洗衣机利用高速离心力甩干衣物上的水分。

使用技巧：此原理不仅与几何结构有关，还与表现形式为线性的事物有关。在各种情况及各系统中寻找线性情况、关系、直线、平面及立方体形状，然后评估在改变为非线性状态后可以实现哪些新的功能。

15. 动态特性

（1）自动调节物体，使其在各动作、各阶段的性能最佳。如飞机中的自动导航系统、相机中的自动聚焦功能。

（2）将物体分割成既可变化又可相互配合的数个组成部分。如装卸货物的铲车在装卸货物时铲斗张开，在移动时铲斗闭合。

（3）使不动的物体可动或可自适应。如在医疗检查中使用的胃镜和结肠镜；可弯曲的饮用吸管。

使用技巧：此原理尝试让系统中的某些几何结构成为柔性的、可自适应的；使往复运动的部分成为旋转的；让相同部分执行多种功能；使特征成为柔性的；使系统可兼容不同的应用或环境。

16. 不足或过度的作用

如果期望的效果难以百分之百实现，那么稍微超过或小于期望效果会使问题大大简化。如为了防止迟到，可以将闹钟调快几分钟；在孔中填充过多的石膏，然后打磨平滑。

使用技巧：当系统不能获得最佳状态时，先从容易掌握的情况或最容易获得的东西入手，尝试在"多于"和"少于"之间过渡；尝试在"更多"和"更少"之间渐进调整。

17. 多维化

（1）将一维直线运动的物体变为二维平面运动或三维空间运动。如立体停车场可以减少占地面积。

（2）将单层排列的物体变为多层排列。如双层公交车、高层建筑。

（3）将物体倾斜或侧向放置。如垃圾自动卸载车。

（4）利用给定表面的反面。如在集成电路板的两面都安装电子元件；双面胶。

使用技巧：使用该原理时应考虑改善空间的使用效率、可达性等。如果将一个对象转换到一个新的维度上还不能满足要求，则需要对其进行第二次或第三次转换；考虑使用对象的另一个不同侧面。

18. 机械振动

（1）使物体处于振动状态。如振动式电动剃须刀；电动牙刷。

（2）使已振动的物体提高振动的频率。如利用超声波清洗物品；电钻。

（3）利用共振现象。如音叉；超声波碎石机。

（4）用压电振动代替机械振动。如高精度时钟使用石英晶体振动机芯。

（5）超声波振动和电磁场共用。如在电熔炉中混合金属，采用超声波使混合均匀；超声波加湿器采用超声波高频振荡，将水雾化为超微水珠。

使用技巧：此原理考虑多种方式，以运用振动或震荡；使一个物体发生震荡或振动；改变振动或震荡的程度；使频率改变为超声级别；利用一个物体的共振频率；组合机械场和电磁场等。

19. 周期性动作

（1）用周期性动作或脉冲替代连续性动作。如特种车辆使用的闪烁警示灯、汽车发动机内的排气阀门；警车将警笛改为周期性鸣叫。

（2）使周期性的动作改变其运动频率。如可任意调节频率的电动按摩椅；使用 AM（调幅）或 FM（调频）或 PWM（脉宽调制）来传输信息。

（3）在脉冲周期中利用暂停来执行另一动作，如每五次胸廓运动进行一次心肺呼吸、打鼓的鼓点。

使用技巧：若一种作用是连续的，则考虑使其变为周期性的或脉动的。若一种作用是周期性的或脉动的，则考虑改变其振幅或频率，然后运用脉冲来改变其作用。

20. 有效作用的连续性

（1）持续工作，使物体的各部分能同时满载工作。如汽车在路口暂停时，飞轮或液压蓄能器储存能量；发动机在适当的功率下工作，以便汽车随时运动。

（2）消除空闲或停止间歇性动作。如计算机后台打印，不耽误前台工作；在两辆并行的火车上进行货物的装卸。

使用技巧：任何过渡过程，尤其是"从零开始"的或使连续流中断的过渡过程，均可损害一个系统的效率。因此，搜寻动态系统的非动态时刻或已损失能量，并将其消除。

21. 减少有害作用时间

减少危险或有害的作业的时间。如为避免塑料受热变形而进行高速切割、照相时用闪光灯。

使用技巧：评估在一个动作执行期间可能出现有害或危险的功能，使有害或危险的流程或步骤在高速下进行。

22. 变害为利

（1）利用有害的因素得到有益的结果。如可回收物品的二次利用；处理垃圾得到沼气或者发电。

（2）将有害的要素相结合，变为有益的要素。如潜水氧气瓶中用氮氧混合气体，以避免单用使用纯氧造成人的昏迷或中毒。

（3）增大有害性的幅度直至有害性消失。如森林灭火时用逆火灭火，即在森林灭火时，为熄灭或控制即将到来的野火蔓延，燃起另一堆火将即将到来的野火的通道区域的易燃物烧光。

使用技巧：运用此原理时，创新者可以把自己不能使用的东西转变为自己可以使用的东西，或者让一种有害作用与其他作用相结合，从而将其消除，由此使系统获得新的价值。

23. 反馈

（1）引入反馈提高性能。如智能手机的语音唤醒功能；楼道的声控灯。

（2）若已引入反馈，则将反馈反方向进行改变，可以影响其作用。如根据环境的亮度自行决定路灯照度系统；电饭煲根据食物的成熟度来自动加温或断电。

使用技巧：系统或情境中的任何信息的改变，均可被用来校正系统行为。将任何有用或有害的改变均视为一种反馈信息源，若反馈已被运用，则寻找各自方式来改变其幅度。

24. 借助中介物

使用中介物实现所需动作。如用刷子涂眼影和腮红；用镊子拔眉毛；方便拿纸杯的杯套。

使用技巧：寻找与相关功能、事件、情况不相容或不匹配的功能、事件、情况、然后确定可以在不匹配系统之间充当链接（过程载体）的一个中介物，也可以在有害作用、对象、功能、特征中寻找中间阻挡物。

25. 自服务

（1）让物体具有自补充、自恢复功能。如全自动洗衣机；自补充饮水机；不倒翁玩具。

（2）灵活运用废弃的材料、能量与物质。如自用食物和草等有机废物做肥料；冬天用发动机的预热来取暖。

使用技巧：自服务是物理、化学或几何效应的一种结果，且在两个级别上起作用（主要功能和相关或并行功能）。可利用或采用一个系统的基本功能来实现自服务或实现辅助服务。另外，自服务是测量过程的一种功能，并且在测量过程后会跟随一个反馈过程，以校正某种系统的不足。自服务和反馈很难区分，因为自服务采用了某种反馈，但是没有一个特定的反馈系统。

26. 复制

（1）用简单、廉价的代用品替代复杂、高价、易损、不易获得的物体。如 VR 系统；电视直播。

（2）用图像替代实物，可以按一定比例放大或缩小图像。如用卫星照片测绘替代实地考察；用图片测量实物尺寸。

使用技巧：如果系统（或某种情况）缺乏可用性、成本过高或易损坏，就需要找到某种可用的、成本低的或耐用的复制品来代替，必须考虑改变复制物的比例。同时，不仅要考虑事物模型，还要考虑计算机模型、数学模型、流程图或其他能够满足要求的模拟技术。

27. 廉价替代品

用若干便宜的物体替代高价昂贵、耐用的物体，实现同样的功能。如用废钢炼钢，以减少原材料用量、降低成本；用废纸、破布或旧渔网等作为造纸原料；用一次性的物品、一次性的餐具。

使用技巧：简单替代复杂，廉价替代高价，"短命"替代"长寿"。可以替代的对象不单单是机器、工具和设备，还可以是信息、能量、人及过程。

28. 机械系统替代

（1）用光学或视觉、听觉、味觉、嗅觉系统替代机械系统。如洗手间水龙头红外感应开关；用声控开关代替机械开关。

（2）使用与物体相互作用的电场、磁场、电磁场。如为混合两种粉末，用电磁场替代机械振动使粉末混合均匀。

（3）用可变场替代恒定场，用随时间变化的可动场替代固定场，用随机场替代恒定场。如早期的通信系统使用全方位检测，而现在通过采用特定发射方式的天线可以获得更加详细的信息。

（4）把场与场作用粒子组合使用，如磁性催化剂，用感应的磁场加热含磁粒子的物质，当温度超过居里点时，物质变成顺磁，不再吸收热量，达到恒温的目的。

使用技巧：首先考虑用物流场替代机械场、用可变场替代恒定场、用结构化场替代非结构化场、用生物场替代机械作用。在非物理系统中，概念、价值或属性都可以是被替代的对象。

29. 气动与液压结构

将物体的固体部分用气体或流体代替，如利用气垫、液体静压、流体动压产生缓冲功能。例如，气垫运动鞋减少运动对足底的冲击；缓冲阻尼器减缓玻璃门开关速度；运输易损物品时常用的发泡材料保护。

使用技巧：该原理利用系统的可压缩性或不可压缩性改善系统。

30. 柔性壳体或薄膜

（1）使用有柔性的膜片或薄膜构造改变已有的结构。如农业上使用塑料大棚种菜；医生使用薄膜手套防止感染。

（2）使用柔性壳体或薄膜使物体与环境隔离。如超市里包裹蔬菜和副食品的保鲜膜；野营时使用的帐篷。

使用技巧：如果打算将一个问题与其环境隔离，或者考虑运用薄的对象代替厚的对象，则可以考虑使用该原理。

31. 多孔材料

（1）使物体变为多孔或加入多孔性的物体。如蜂窝煤；建筑非承重墙所用的空心砖。

（2）若物体已有多孔结构，则利用孔结构引入有用的物质或功能。如用海绵储存液态氮；用活性炭清洁室内空气。

使用技巧：使用空穴、气泡、毛细管等孔隙结构时，这些结构可不包含任何实物粒子（真空），也可以充满某种有用的气体、液体或固体。

32. 颜色改变

（1）改变物体及其周围环境的颜色。如在暗室中使用安全灯做警戒色；变色龙。

（2）改变物体或过程及其周围环境的透明度或可视性。如随光线改变透明度的感光玻璃；确定溶液酸碱度的化学试纸。

（3）在难以看清的物体或过程中使用有色添加剂或发光物质。如充电电池充电标示；利用紫外光识别伪钞。

（4）通过辐射加热改变物体的热辐射性。如在太阳能电池板上使用抛物面镜来提高能量收集性能。

使用技巧：当区别多种系统的特征（如促进检测、改善测量或标识位置、指示状态改变、目视控制、掩盖问题等）时，都可以使用该原理。

33. 同质性

把主要物体及与其相互作用的其他物体，用同材料或特性相近的材料制成。如以金刚石粉粒作为切割金刚石的工具，回收切割产生的粉末；用汽油去除衣物上的油渍；用泥土混合肥料做成花盆。

使用技巧：首先寻找两种材料或多种材料之间的等同性，即材料或属性足够接近，一起使用不会产生明显害处。这种等同性能给系统带来益处。

34. 抛弃或再生

（1）采用溶解、蒸发等手段废弃已完成其功能的零部件，或改造其功能。如胶囊药物的可溶性外壳；火箭助推器在完成其作用后逐级分离。

（2）在工作过程中迅速补充消耗或减少的部分，或恢复其功能及形状。如剪草机的自锐系统；汽车发动机的自调节系统、自动铅笔。

使用技巧：时间在此原理中起到了至关重要的作用，一旦某种功能已完成，就应立即将其从系统中去除，或者立即对其进行恢复，以进行再利用。

35. 物理或化学参数改变

（1）改变物体的物理状态。如用液态的肥皂水代替固体肥皂，可以定量控制使用，减少浪费；运输石油气时不用气态而是将气体液化，以减少体积便于运输。

（2）改变物体的浓度和黏度。如用液态的洗手液代替固体肥皂，可以定量控制使用，减少浪费；在水中加入气泡，以减少水对船的阻力。

（3）改变物体的柔度。如衣物柔顺剂可以让洗涤过的衣物更加柔软、蓬松，也可以消除静电；橡胶硫化后可改变其弹性和耐用性。

（4）改变物体的温度或体积。如用冰箱改变食物保存时的温度；降低医用标本保存温度，以备后期解剖。

使用技巧：使用此原理时，可以考虑改变系统或对象的任意属性（对象的物理或化学状态、密度、导电性、机械柔性、温度、几何结构等）来实现系统的新功能。

36. 相变

利用物质相变时产生的某种效应。如利用水凝固成冰时体积膨胀进行无声爆破；利用相变材料吸热特性做成降温服。

使用技巧：产生气溶胶、吸收或释放热量、改变体积及产生一种有用的力，都可以利用相变原理。典型的相变包括气体、液体、固体彼此之间的转换及相反过程。

37. 热膨胀

（1）使用热膨胀材料。例如，医用温度计利用水银的热胀冷缩特性进行温度提示；当办公楼内起火时，自动喷淋系统顶端装有热敏溶液的玻璃泡会因受热而胀裂，使水自动喷出。

（2）组合使用不同热膨胀系数的材料。如热敏开关（两条粘在一起的金属片，由于两片金属的热膨胀系数不同，对温度的敏感程度也不一样，温度改变时会发生弯曲，从而实现开关的功类）。

使用技巧：热膨胀可为正向或负向。热膨胀的适用范围并不只限于热场，重力、气压、海拔高度或光线的变化都可能引起热膨胀（收缩）。社会现象或者心理现象也可以被纳入考虑范围。

38. 加速氧化

（1）用富氧（浓缩）空气替代普通空气。例如，为延长水下呼吸时间，水中呼吸器内储存了浓缩空气；火箭的液体燃料就是液态氧等材料。

（2）用纯氧替代空气。如用纯氧—乙炔法进行更高温度的金属切割；用高压纯氧杀灭伤口的（厌氧）细菌；用高压氧舱治疗煤气中毒。

（3）将空气或氧气中的物体用电离放射线进行处理，使用离子化氧气。如离子空气清新机、在化学试验中使用离子化氧气加速化学反应。

（4）用臭氧替代离子化氧气。如将臭氧溶于水中去除有机污染物；杀菌洗衣机。

使用技巧：提高氧化水平的本质是从氧化的一个级别转变到下一个更高的级别。提高氧化水平的次序为：空气—富氧空气—纯氧—电离化氧气—复氧—单氧。在非物理系统中，可以将能导致过程加速或者失稳的任何外部元素视为"氧化剂"，可以将这些元素引入团队或者组织中，来提高活跃性和创造力。

39. 惰性与真空环境

（1）用惰性环境替代通常的环境。例如，用氩气等惰性气体填充灯泡，以延长灯丝使用寿命；在汽车轮胎中充氮气，提高轮胎行驶的稳定性和舒适性。

（2）在物体中添加惰性或中性添加剂。如添加泡沫吸收声振动。

（3）使用真空环境。如白炽灯泡；真空包装食品。

使用技巧：制造一种惰性环境，可以考虑各种可用的环境类型。如真空、气体、液体或固体。固体惰性环境包括中性涂层、微粒或要素，同时还要考虑"不产生有害作用的环境"。

40. 复合材料

（1）用复合材料替代均质材料。例如，混纺地毯有良好的阻燃性能；使用铝塑复合管来做暖气管道；用石英玻璃纤维来制作耐热防火材料（如防火服、隔热材料）。

（2）加入某种材料形成复合材料特性。例如，浇筑混凝土时加入钢筋形成钢筋混凝土；用植物纤维与废塑料制成的复合材料，可替代木制产品做托盘和包装箱。

使用技巧：对此原理的一种更为一般的看法是考虑改变成分。此原理中的术语"复合材料"是指高科技材料。若材料目前是均质的，则考虑使其成为多层的或同时运用相同或不同的作用、对象或特征（或不同的），并考虑此种做法可产生的影响。若结构是分层的，但是有一层是均质的，则考虑这一层可以怎样进行改变，使之成为不均质的。

综上所述，发明创新就是解决矛盾，而解决矛盾常用原理就是这40条发明原理。

（三）40条发明原理的内涵

与任何原理性工具相同，应用40条发明原理时通常需要更多的感悟和拓展。TRIZ理论的40条发明原理来自经验，来自对前人创新过程中成功结果的概括和归纳。详细地、逐条地对40条发明原理进行解读可能是枯燥无味的，要掌握并有效地运用40条发明原理，除熟记这些原理和它们的基本含义外，还必须对其基本的内涵有更多的了解。

（1）TRIZ理论的40条发明原理来源于近250万份高水平专利的分析研究，而它们显然不是高水平专利的全部。更进一步地说，假如认同"绝大多数的发明问题可以从40条发明原理中得到有用的提示"的说法，那么必将发现这样的事实："每一条发明原理都对应着无数个具体问题的解（领域解）"。为了更好地反映领域解的内涵，发明原理的表述通常是比较抽象的。尽管近年来有人试图使这些发明原理具体化，但收效不大。因此，要掌握发明原理的应用，首先需要真正理解发明原理所承载的、从多个领域解所得的内涵，也就是说必须要学会"悟"。

（2）发明原理所给的只是问题解决过程中的原理解，是一种思维的引导。阿奇舒勒从众多的领域解中总结出发明原理时，运用了多种创造性思维，因此，选择原理解并将它们转换为领域解时也需要创造性思维。经常性地将发明原理和具体的领域解决方案进行对应性练习，有助于对原理的理解，并提升自身应用原理解决实际问题的能力。

（3）需要注意的是，40条发明原理不是相互独立的解法，它们之间存在着关联性。这种关联性有两方面的含义：一是不同的发明原理之间是有联系的，这种联系可能是互补的，也可能是对立的；二是某一创新问题的解决，仅用一条创新原理通常是不够的，通常需要同时使用多条创新原理。

（4）绝大部分发明原理给出了"哪里有问题？""问题是什么？"的提示和解决问题的基本思想。但只有充分注意创新过程中的资源问题，才有可能使创新结果的理想度得到提高，因此细致的资源分析及在资源分析之上的原理选用是解决发明问题时必须重点关注的部分。

（5）TRIZ理论的40条发明原理无处不体现着人类的智慧和思想，如理想化的思想、"无中求有、有中求新"的思想、"分中有合、合中有分"的思想、"存同求异、存异求同"的思想等。所有这些思想并不是阿奇舒勒发明和首创的，数千年前的哲人就已经为我们指明了，如老子的《道德经》中就有"无名天地之始"这样的表述。因此，为了更好地理解40条发明原理中所蕴含的思想，要从哲人身上汲取必要的养分。

（6）有研究者认为在40条发明原理中，某些原理所给出的提示是含糊和不明确的。例如，第二条发明原理——抽取，仅仅描述了对象或系统的抽取，而未说明抽取的关系；第十二条发明原理——等势，强调了改变条件以获得一定的作用，但所给的例子描述的通常是条件被修改之后的情况等。事实上，在TRIZ理论中，这样的情况是普遍存在的。对于类似问题，要不拘泥于小节，关注其实质。

（四）40条发明原理的功能分类

40条发明原理的功能分类如图5-2-4所示。

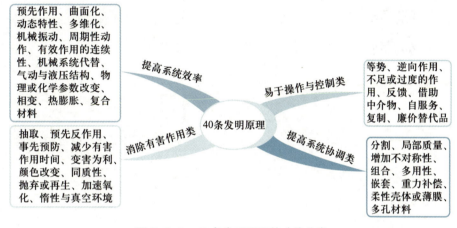

图5-2-4　40条发明原理的功能分类

先锋榜样

郭书奎：嫁接"混血蔬菜"

武汉生物工程学院生命科学与技术学院郭书奎的实验室里有十几棵奇怪的蔬菜，明明土地上是白菜叶，根部却长着萝卜。原来这是他嫁接培育的新品种"萝卜＋白菜"。由于都是冬季受老百姓欢迎的蔬菜，郭书奎还给它们起了个好听的名字叫"冬宝儿"。

郭书奎表示，此技术并不是太难，在萝卜长出第一片真叶2～3天后，去除真叶进行白菜幼苗的嫁接即可。嫁接技术在农业生产中运用较为广泛，属于无性繁殖方式，并非转基因，可放心食用。但由于萝卜和白菜的幼茎均太细，不容易操作，嫁接成活率仅为30%~40%，加上均需人工操作，成本较高，因此目前还不具备推广种植的可能，但这种远缘嫁接已开始运用于观光农业和科普教育中。

郭书奎曾于2005年前往加拿大国家植物生物技术研究所和美国犹他大学从事博士后工作。由于在硕博阶段攻读的是植物学，重点研究农作物，所以业余时间他总喜欢鼓捣一些新品种，除了"萝卜＋白菜"，他还尝试过"马铃薯＋番茄""菊芋＋向日葵""苦瓜＋芸豆"等不同农作物之间的结合。一是兴趣，二是为自己的一些研究收集数据。

本讲小结

　　本讲主要讲述 TRIZ 理论的主要内容、应用方法和工具，重点阐释 TRIZ 理论各工具所包含的主要思想及其应用。通过学习 TRIZ 理论，可以培养学生的发明创造与技术创新的思维与能力，引导学生了解创新方法、传播创新方法、突破惯性思维、树立创新有法可依的意识。

自我评测：
创新理论

足履实地　行稳致远——创新实践

>> 要敢于做先锋，而不做过客、当看客，让创新成为青春远航的动力，让创业成为青春搏击的能量，让青春年华在为国家、为人民的奉献中焕发出绚丽光彩。

——习近平

学习地图

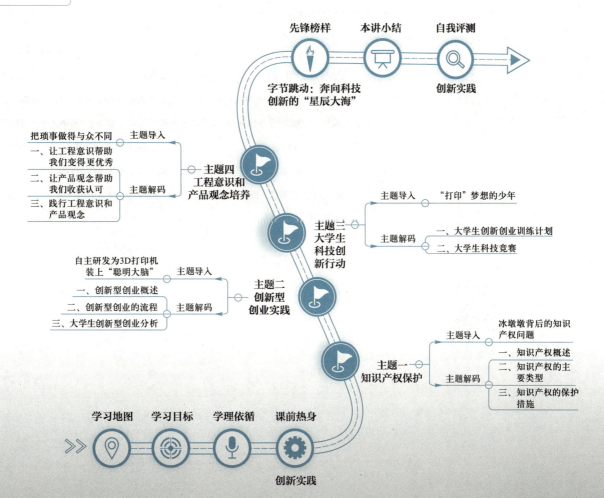

学习目标

● 知识目标

了解知识产权的含义及其在技术领域的重要性；明确专利的种类、作用，以及专利申请有关规定和申请办法。

● 能力目标

通过案例分析，提高知识产权运用能力；通过参加大学生创新创业训练计划和有关科技竞赛，增强科技创新实践能力，提高实战化水平。

● 素养目标

增强法治观念，能够自觉抵制各种侵犯知识产权的行为；掌握知识产权保护的方法和途径，加强技术方面的自我保护意识；培养工程意识、标准化意识和严谨认真的工作态度，培育家国情怀，强化责任担当。

学理依循

党的二十大报告再次强调，坚持创新在我国现代化建设全局中的核心地位，确立了"实现具有全球竞争力的开放创新生态"的发展目标。青年强，则国家强。当代中国青年生逢其时，施展才干的舞台无比广阔，实现梦想的前景无比光明。广大青年要怀抱梦想，脚踏实地，敢想敢为，善作善成，立志做有理想、敢担当、能吃苦、肯奋斗的新时代好青年。

党的十八大以来，习近平总书记在许多场合都勉励和支持青年要"勇于创新创造"，这为广大青年把握机遇、勇担使命指明了方向。当代青年是同新时代共同前进的一代，以聪明才智贡献国家，以开拓进取服务社会，这是成长成才的时代要求，也是强国有我的青春责任。

课前热身：
创新实践

【主题导入】

冰墩墩背后的知识产权问题

　　2022北京冬季奥林匹克运动会（以下简称北京冬奥会）吉祥物之一的冰墩墩在冬奥会闭幕后依然余热不散，因过于抢手，北京冬奥会官方旗舰店的冰墩墩没过多久便被抢购一空。在官方冰墩墩"一墩难求"的情况下，网友们开始纷纷要求用另一种形式实现"一户一墩"。为了回应网友的需求，面塑、橘皮、汤圆、堆雪……各种冰墩墩DIY大师纷纷大展身手，一时间掀起了自制冰墩墩的热潮。

　　冰墩墩的形象不是一蹴而就的，其是由广州美术学院的一支14人团队设计的，创作和修改的过程将近十个月，一次次地修改讨论，画出的手稿总共有上万幅。由于冰墩墩的原型是我国国宝大熊猫，该团队还专门飞往四川实地考察以完善设计细节。最终，以大熊猫为参考的冰墩墩形象从来自35个国家的近6 000幅作品中胜出，为北京冬奥会所采用。北京冬奥会组委会对身为冬奥会吉祥物的冰墩墩的知识产权保护十分重视，冰墩墩是其重要的财产，因而对于冰墩墩的知识产权进行了著作权、注册商标专用权及外观设计专利权的全方位保护。

　　2022年春节期间冰墩墩供不应求，"黄牛"溢价严重，盗版防不胜防。有人因此面临牢狱之灾。

◎ 分析与启发

　　如何认定是否侵害冰墩墩的知识产权？

　　（1）是否未经许可。身为冬奥会吉祥物之一的冰墩墩及其相关周边产品，作为受著作权保护的奥运衍生品不断地被模仿。未经授权擅自生产、销售冰墩墩玩具、玩偶是违反《中华人民共和国著作权法》（以下简称《著作权法》）规定的，更进一步讲就是冰墩墩作为美术作品的复制权和发行权受到了侵犯。同时，如果将冰墩墩的形象用于制造钥匙扣等周边产品，则除了违反《著作权法》，还违反了《中华人民共和国商标法》（以下简称《商标法》）的规定。将冰墩墩的形象做成钥匙扣会让消费者以为这是北京冬奥会组委会官方授权其制造的产品，从而导致消费者对产品来源的混淆，因为冰墩墩的形象设计同时也注册为了商标。

　　（2）是否出于商业目的。为了满足网友"一户一墩"的心愿，很多用户纷纷晒出了"冰墩墩自由DIY"的教程与成品，包括冰雕、窗花、汤圆、花馍等各种版本的冰墩墩，这类DIY"冰墩墩"是否会构成侵权？法律专家指出，这些行为并不会构成侵权，理由在于这些作品的目的是个人欣赏，根据我国《著作权法》第二十四条关于合理使用制度的规定，即"为个人学习、研究或者欣赏，使用他人已经发表的作品的，属于合理使用"。但是，上述DIY冰墩墩如果被用于商业目的，也就是用于赠与、售卖，就不属于合理使用的范畴了。

【主题解码】

创新是引领发展的第一动力，保护知识产权就是保护创新。党的十八大以来，习近平总书记高度重视知识产权保护工作，多次作出重要指示、发表重要论述，引领我国知识产权事业不断发展，走出了一条中国特色知识产权发展之路。

一、知识产权概述

知识产权
概述

世界知识产权组织发布的《2022年全球创新指数报告》显示，中国创新指数排名继续上升，位列第11名，位居中等收入经济体之首，成为世界上进步最快的国家之一。正如世界知识产权组织总干事邓鸿森所说，中国加强知识产权体系建设取得的成就有目共睹。

2021年9月，中共中央、国务院印发《知识产权强国建设纲要（2021—2035年）》，专门将"建设促进知识产权高质量发展的人文社会环境"作为六项重点任务之一，提出了"到2035年全社会知识产权文化自觉基本形成"的发展目标。2021年10月，国务院印发《"十四五"国家知识产权保护和运用规划》，专门将"推进知识产权人才和文化建设，夯实事业发展基础"作为五项重点任务之一进行安排。

近年来，我国将知识产权专业列入《普通高等学校本科专业目录》，有50余所高校建立知识产权学院、上百所高校开设知识产权专业。

知识产权人才是发展知识产权事业和建设知识产权强国最基础、最核心、最关键的要素。因此，作为新时代创新创业的大学生，需要熟知知识产权相关制度。

（一）知识产权的概念

知识产权的概念非常广泛，是指生产与工业、科学、文化及艺术领域智力活动法律权利。更通俗地说，知识产权与我们每个人息息相关，只要我们创造出的智力成果符合法律的相关规定，进行相关的申请或登记手续，我们就对这些创新成果享有专有权利，这就是所谓的知识产权。例如，小李爱好写作，在网上发表了他新创作的一本武侠小说，那么小李对他发表的小说享有著作权，任何出版社想要将他的小说进行出版，都必须得到小李的授权，这就是小李对他的小说享有的专有权，也是知识产权中一种重要的权利——著作权。

从范围来看，知识产权有广义和狭义之分。

（1）广义的知识产权，包括专利权、著作权及其邻接权、商标权、商号权、商业秘密权、地理标志权、集成电路布图设计权等权利。

（2）狭义的知识产权，包括著作权（含邻接权）、专利权、商标权三个主要组成部分，分为两个类别：一类是著作权，包括著作权及与著作权有关的邻接权；另一类是工业产权，主要是专利权和商标权。

（二）知识产权的特点

1. 专有性

（1）知识产权的专有性特征，主要表现在两个方面：一是知识产权为权利人所独占，没有法律规定或未经权利人许可，任何人不得使用相关知识产品；二是对同一件知识产品，不允许有两个或两个以上同一属性的知识产权并存。

（2）知识产权与物权所有权的专有性的区别，主要表现在两个方面：一是排他性表现不同。物权所有权的排他性表现为所有人排斥非所有人对其所有物进行不法侵占、妨害或毁损，知识产权的排他性则主要表现为排斥非专有人对知识产品进行不法仿制、假冒或剽窃。二是独占性不同。物权所有权的独占性更强。知识产权的独占性则是相对的，往往受到权能方面的限制。

2. 地域性

按照一国法律获得承认和保护的知识产权，只能在该国发生法律效力。

国民待遇原则是对知识产权地域性特点的重要补充，使得一国承认或授予的知识产权，根据国际公约在缔约国发生域外效力成为可能。但是，知识产权的地域性并没有被动摇，是否授予权利、如何保护权利，仍由各缔约国按照其国内法律来决定。

3. 时间性

知识产权仅在法律规定的期限内受到保护，一旦超过法律规定的有效期限，这一权利就自行消灭，知识产品即成为整个社会的共同财富，为全人类所共同使用。

二、知识产权的主要类型

（一）著作权

著作权概述

在我国的现行法律制度中，著作权也称版权，是指作者及其他著作权人对文学、艺术、科学作品依法享有各项专有的人身权和财产权的总称。

1. 著作权的主体与客体

著作权的主体有作者、依法享有著作权的公民、法人或者其他组织，以及继受者。著作权的客体，也称为作品，是指在文学、艺术和科学领域内，具有独创性并能以某种有形形式复制的智力创造成果。

我国《著作权法》规定的作品类型有以下几种形式。

（1）文字作品。文字作品是以语言文字的形式，或其他相当于语言文字的形式表达作者感情、思想的作品。

（2）口述作品。口述作品是指以口头语言创作的、未以任何物质载体固定的作品，如演说、授课、法庭辩论、祝词、布道等。

（3）音乐、戏剧、曲艺、舞蹈、杂技艺术作品。

（4）美术、建筑作品。美术、建筑作品，是指绘画、书法、雕塑等以线条、色彩或其他方式构成的有审美意义的平面或其他方式构成的平面或者立体的造型艺术作品。

（5）摄影作品。摄影作品，是指借助摄影器材，通过合理利用光学、化学原理，将客观物体形象再现于感光材料上的一种艺术作品。

（6）电影作品和以类似摄制电影的方法创作的作品。

（7）工程设计、产品设计图纸、地图、示意图等图形作品和模型作品。

（8）计算机软件。计算机软件，是指计算机程序和有关文档。

（9）法律、行政法规定的其他作品。

2. 著作权的内容

著作权的内容

（1）著作人身权。著作人身权，又称为著作权精神权利，是作者对其创作的作品所享有的与其人身不可分割的非财产权利。著作人身权具有无期限性、不可分离性、不具有直接的财产内容等特点。

第一，发表权，是决定作品是否公之于众的权利，是一项著作人身权，但与著作财产权联系紧密。发表权是一次性权利，作品一旦发表，作者就不能再行使发表权，他人也不可能侵犯发表权。作者将未发表的美术、摄影作品的原件所有权转让给他人，受让人展览该原件不构成对作者发表权的侵权。

第二，署名权，是表明作者身份、在作品上署名的权利。对于演绎作品而言，原作品作者也应享有署名权。

第三，修改权，是修改或者授权他人修改作品的权利，行使方式包括自己修改、授权他人修改、禁止他人修改作品等。

在如下情况下，修改权受到一定的限制：报社、期刊社可以对作品做文字性修改、删节，只要不涉及对内容的修改，则无须经过作者许可。著作权人许可他人将其作品摄制成视听作品，视为已同意对其作品进行必要的改动。计算机软件的合法复制品所有人有权为了把该软件用于实际的计算机应用环境或者改进其功能、性能而进行必要的修改；但是，合同另有约定的除外，未经该软件著作权人许可，不得向任何第三方提供修改后的软件。

第四，保护作品完整权，是保护作品不受歪曲、篡改的权利。对是否损害保护作品完整权的判断，应以所作的修改是否从根本上改变作者的原意及其表达的思想感情为标准。作者享有的保护作品完整权也受到一定的限制。例如，著作权人将作品著作权转让或者许可给第三人，受让人或者被许可人根据作品的性质、使用目的、使用方式，可以对作品进行合理限度内的改动。

（2）著作财产权。著作财产权，又称为著作权经济权利，是指著作权人依法享有的利用或者许可他人利用其作品并获得报酬的权利。著作财产权有一定的期限限制。我国《著作权法》规定的著作财产权主要由以下权利构成。

第一，复制权。复制权，即以印刷、复印、拓印、录音、录像、翻录、翻拍、数字化等方式将作品制作一份或者多份的权利。

第二，发行权。发行权，即以出售或者赠与方式向公众提供作品的原件或者复制件的权利。

第三，出租权。出租权，即有偿许可他人临时使用视听作品、计算机软件的原件或者复制件的权利，计算机软件不是出租的主要标的的除外。出租权构成发行权用尽原则的例外。

第四，展览权。展览权，即公开陈列美术作品、摄影作品的原件或者复制件的权利。作品原件所有权的转移，不改变作品著作权的归属，美术、摄影作品原件的展览权由原件所有人享有。

第五，表演权。表演权，即公开表演作品，以及用各种手段公开播送作品的表演权利。表演包括现场表演与机械表演。表演权不同于表演者权，表演者权是表演者对其表演所享有的一项邻接权。

第六，放映权。放映权，即通过放映机、幻灯机等技术设备公开再现美术、摄影、视听作品等的权利。

第七，广播权。以有线或者无线方式公开传播或者转播作品，以及通过扩音器或者其他传送符号、声音、图像的类似工具向公众传播广播的作品的权利。广播权控制的行为包括无线广播、有线转播和公开播放广播。广播权的调控范围囊括所有以有线或者无线方式非交互式传输作品的行为，广播的时间和地点由广播组织决定，受众不能自行选择获取作品广播的时间和地点。广播权不同于广播组织权，二者权利性质、主体不同。

第八，信息网络传播权。信息网络传播权，即以有线或者无线方式向公众提供，使公众可以在其选定的时间和地点获得作品的权利。

信息网络，包括以计算机、电视机、固定电话机和移动电话机等电子设备为终端的计算机互联网、广播电视网、固定通信网和移动通信网等信息网络，以及向公众开放的局域网络。

提供，是指使不特定的公众具有获得作品的可能性，至于公众是否实际获得该作品，在所不问。以提供网页快照、缩略图等方式实质替代其他网络服务提供者向公众提供相关作品的，构成提供行为，但若不影响相关作品的正常使用，且未不合理损害权利人对该作品的合法权益，则不构成侵犯信息网络传播权的行为。

第九，摄制权。摄制权，即以摄制视听作品方法将作品固定在载体上的权利。

第十，改编权。改编权，即改变作品，创作出具有独创性的新作品的权利。作者未经许可在其作品中使用了原作品的表达，但并未形成新作品的，属于复制行为，不受改编权控制。

第十一，翻译权。翻译权，即将作品从一种语言文字转换成另一种语言文字的权利。翻译作品的著作权一般由译者享有。翻译作品属于双重著作权的作品。

第十二，汇编权。汇编权，即将作品或者作品的片段通过选择或者编排，汇集成新作品的权利。著作权人向报纸、期刊等定期出版物投稿，可以认为同时许可报社、期刊社对作品进行汇编。

商标概述

（二）商标

在超市、商场面对大量商品时，应该怎么选择？你可能会选择经常购买的品牌。那么这个品牌实际就是我们要学习的商标。

1. 商标的定义与特征

（1）商标的定义。

根据《商标法》第八条，任何能够将自然人、法人或者其他组织的商品（服务）与他人的商品（服务）区别开的标志，均可以作为商标。商标由文字、图形、字母、数字、三维标志、颜色组合和声音等，以及上述要素的组合构成。

（2）商标的特征。

商标的特征主要体现在以下四个方面：一是商标是依附于商品或服务而存在的标志；二是商标是区别商品或服务来源的标志，区别来源是商标的本质特征；三是商标应当具有显著特征，商标的显著特征是指对于商品或服务来源的区别能力应当突出醒目，便于识别和记忆；四是商标是一种可以为人所感知的符号。

2. 商标权的主体

商标权的主体又叫商标权人，是指依法享有商标权的自然人、法人或者其他组织，包括商标权的原始主体和继受主体。商标权的原始主体是指商标注册人，继受主体是指依法通过注册商标的转让或者移转取得商标权的自然人、法人或者其他组织。根据我国《商标法》的规定，商标权的主体包括依法成立的企业、事业单位、社会团体、个体工商户、个人合伙及外国人或外国企业，它们是商标权利的享有者。

3. 商标的分类

根据不同的标准，可以对商标进行不同的分类。

（1）按照商标使用载体不同进行分类。

第一，商品商标。商品商标是指商品生产者在自己生产或经营的商品上使用的商标。

第二，服务商标。又称为服务标记或劳务标志，是指提供服务的经营者为将自己提供的服务与他人提供的服务相区别而使用的标志。

（2）按照商标与使用者的关系及作用不同进行分类。

第一，普通商标。普通商标通常是指自然人、法人或者其他组织在自己生产、制造、加工、拣选、经销的商品或者提供的服务上使用的用于区别他人商品或服务的标记。

第二，集体商标。集体商标是指以团体、协会或者其他组织名义注册，供该组织成员在商事活动中使用，以表明使用者在该组织中的成员资格的标志。

第三，证明商标。证明商标是指由对某种商品或者服务具有监督能力的组织所控制，由该组织以外的单位或者个人使用于其商品或者服务，用于证明该商品或者服务的原产地、原料、制造方法、质量或者其他特定品质的标志。

（3）按照商标构成要素不同进行分类。

第一，传统商标。传统商标通常是由文字、字母、数字、图形等要素或其组合构成。

第二，非传统商标。相比传统商标，非传统商标以人的接触、感知为基础，按照构成要素不同可分为立体商标、听觉商标（声音商标）、味觉商标（气味商标）及触觉商标（接触性商标）、颜色组合商标等。

4. 商标的注册申请

商标的注册申请是根据自愿注册原则进行的。办理注册申请是获准商标注册、取得商标专用权的前提。

（1）申请人主体资格。

第一，自然人、法人或者其他组织都可以向国家知识产权局申请商标注册。

第二，外国人或者外国企业在中国申请商标注册的，应当按其所属国和中华人民共和国签订的协议或者共同参加的国际条约办理，或者按对等原则办理。

商标的注册

（2）商标注册申请的提出。

第一，《类似商品和服务区分表》。申请人应当按照《类似商品和服务区分表》填报使用商标的商品（服务）的类别和商品（服务项目）的名称；《类似商品和服务区分表》是商标审查员判断商品或者服务是否类似的依据；《类似商品和服务区分表》按照《尼斯分类》的原则和标准，结合中国国情，依据商品的功能、用途、主要原料、生产部门、消费对象、销售渠道，以及服务的目的、内容、方式、提供者、对象和场所等相同或类似的标准，以一定顺序排列组成，分为商品和服务两大部分，共45个类别。其中，商品为第1—34类，共34个类别；服务为第35—45类，共11个类别。

第二，申请原则。可以"一标一类"（一类商品一件商标一份申请书的方式）提交注册申请。也可以"一标多类"（多类商品一件商标一份申请书的方式）提交注册申请。

第三，申请文件。可以以书面方式或者数据电文方式提出申请。商标注册申请等有关文件主要包括：《商标注册申请书》；申请人身份证明文件复印件；商标注册申请人的名义与所提交的证明文件应当一致；委托商标代理机构办理的，应提交代理委托书；自行办理有经办人的，应提交经办人身份证件复印件；商标图样，一件商标注册申请应当提交一份商标图样；申请注册集体商标、证明商标的，应当在申请书中予以声明，并提交主体资格证明文件和使用管理规则。

第四，办理途径。办理途径主要包括：申请人自行提交网上申请；申请人可到办事地点办理；申请人可以委托在国家知识产权局备案的商标代理机构和律师事务所办理。

第五，申请日期。商标注册的申请日期以国家知识产权局收到申请文件的日期为准。

（三）专利权

专利与大学生的关系非常密切。一方面，大学生正处于创造力旺盛的时期，现在不断有大学生作出创造性的发明；另一方面，理工科大学生将来的工作大多是研发工作，更离不开专利，研究方向确定前要检索专利，研究出成果后要申报专利，专利被侵权之后还要进行维权工作等。

1. 专利的概念及主客体

专利的英文为Patent，有"独占"和"公开"双重含义。汉语"专利"一词本没有"公开"的含义，但经过几十年来的使用和宣传，我国公民已经了解了专利一词的现代含义。一般情况下，专利是指受专利法保护的发明创造。发明创造，即专利权的客体。

专利权的主体，即专利权人，是指依法享有专利权并承担与此相应义务的人。发明人或设计人是指对发明创造的实质性特点作出创造性贡献的人。在完成发明创造的过程中，只负责组织工作的人、为物质技术条件的利用提供方便的人或者从事其他辅助工作的人，不是发明人或设计人。

2. 专利的种类

专利的种类在不同的国家和地区有不同规定，《中华人民共和国专利法》（以下简称《专利法》）中有发明专利、实用新型专利和外观设计专利；在部分发达国家中有发明专利和外观设计专利。发明专利是所有实行专利制度的国家都给予保护的对象。外观设计专利是大多数实行专利制度的国家给予保护的对象。实用新型专利是指水平较低的发明，只有少数国家单独立法给予保护。

（1）发明专利。发明，是指根据自然规律对某一特定问题提出的技术解决方案。它所制造的产品或提出的生产方法是前所未有的，或是对原有的产品、生产方法的改进。国家只对符合《专利法》规定的各种条件的发明授予专利。这些条件中最主要的是新颖性、创造性和实用性。取得专利的发明可以分为产品发明（如机器、仪器设备、用具）和方法发明（如制造方法）两大类。

（2）实用新型专利。实用新型，是指对产品的形状、构造或其结合提出的适于实用的新方案。它只保护具有一定形状的产品发明或某种产品的构成部分，但不包括方法发明。实用新型的创造性要求低于发明。例如，日用品、机械、电器等方面的有形产品的小发明，比较适于申请实用新型专利。产品的构造是指产品的各组成部分的安排、组织和相互关系。产品的构造可以是机械构造，也可以是线路构造。实用新型专利与发明专利相比，没有什么实质上的区别，只是前者的技术范围和技术水平都次于后者，一般称为"小发明"或"小专利"，多是机械领域内的发明。

（3）外观设计专利。外观设计的全称是"工业品外观设计"，是指对产品的形状、图案、色彩或其组合作出的富于美感并适于工业应用的新设计。这种设计可以是平面图案，也可以是立体造型，常见的是这二者的结合。授予外观设计专利的主要条件是新颖性，其审批程序、专利权期限和实用新型专利相同。

外观设计专利保护的客体应当符合以下要求。

第一，必须是形状、图案、色彩或其结合的设计。

第二，必须是对产品的外表所做的设计。

第三，必须富有美感。

第四，必须适于工业上的应用。

例如，齐白石的画是美术作品，但将其印在水杯、手帕、信封上，就成了运用于具体产品上的设计，并且可以批量生产。至于产品的造型、图案、色彩，三者很难截然分开。判断是否富有美感，不能仅从发明人或审查员的审美观出发，而应以是否能引起广大消费者的兴趣为准。我国给予外观设计专利保护是为了激发广大外观设计人员的创作热情，使其能设计出新式样，从而使市场中的商品更加丰富多彩，以满足人们的不同需求，同时提高我国出口产品的竞争力。

3. 专利的特点

（1）排他性。排他性也称为独占性，它是指在一定时间（专利权有效期内）和区域（法律管辖区）内，任何单位或个人未经专利权人许可都不得实施其专利，即不得为生产经营目的而制造、使用、许诺销售、销售、进口其专利产品，或者使用其专利方法及制造、使用、许诺销售、销售、进口其专利产品，否则属于侵权行为。

（2）地域性。地域性是一种有区域范围限制的权利，它只有在法律管辖区域内有效。

（3）时间性。无论是专利还是商标，都有一定的保护期限，过期即不再给予保护。商标虽可以无数次续延，但如果不按期办理续延手续，则也会失效。世界各国的专利法对专利的保护期限规定不一。我国的发明专利保护期限为 20 年，实用新型专利保护期限为 10 年，外观设计专利保护期限为 15 年，均自申请日起计算。

4. 专利权的授予

专利授权
审查

一项专利要想获得专利权，必须符合《专利法》规定的各种条件，这些条件包括形式条件和实质性条件。形式条件是指必须递交符合规定条件的专利申请文件，并在规定的期限内办理各种手续，同时要缴纳相关的费用，这是取得专利的基本条件。申请文件一般包括申请书以及专利文本的"五书"——权利要求书、说明书、说明书附图、说明书摘要及摘要附图。实质性条件是指申请专利的发明必须同时具备新颖性、创造性和实用性，且专利文本的内容也不属于不能授予专利权的条件。

（1）不能授予专利权的条件。

第一，来源于违法获得的遗传资源的发明创造。

第二，科学发现。

第三，智力活动的规则和方法。

第四，疾病的诊断和治疗方法。

第五，动物和植物品种，但关于动物和植物品种的非生物学的生产方法可授予专利权。

第六，用原子核变换方法获得的物质。

第七，对平面印刷品的图案、色彩或者二者的结合作出的主要起标识作用的设计。

第八，违反国家法律、社会公德或者妨害公共利益的发明创造。

第九，违反保密审查规定。

（2）授予专利权的条件。排除上述不能授予专利权的条件，也并不意味着只要申请专利就可以被授予专利权，申请的专利文本还应该满足专利的实质性条件。

第一，新颖性。新颖性，是指该发明或者实用新型不属于现有技术；也没有任何单位或者个人就同样的发明或者实用新型在申请日以前向国家知识产权局提出过申请，并记载在申请日以后（含申请日）公布的专利申请文件或者公告的专利文件中。新颖性是取得专利权的重要先决条件。它要求申请的专利是现有技术中所没有的，即发明必须是新的。所谓的现有技术是指人们在某一技术领域或某一技术问题方面的知识总和。现有技术是不断变化的，它和一定的时间相联系，因此采用先申请制的国家规定：申请日以前已经公开的技术不具备新颖性。这种公开应该是完整的、详细的和清楚的，并且必须达到本专业技术人员能够实施的程度，否则不能算作"已经公开"。"公开使用"也称"公用"，是指发明产品已经公开制造、使用或销售。判断公用的标准是：除发明人或有义务为他保密的人之外，任何人使用过就算公用。"以其他方式为公众所知"，也称"公知"，是指发明产品通过电影、广播、电视或以报告会、讨论会发言等方式为公众所知。

第二，创造性。创造性也称为先进性，是指与现有技术相比，该发明有突出的实质性特点和显著的进步。具备新颖性的发明不一定具有创造性。创造性的判断涉及许多因素。开辟一个全新领域的发明，可以称为开创性的发明，如电灯、塑料、激光器的发明等。但大部分发明是在已有技术基础上加以改进和发展，创造出能产生新的技术、经济或社会效益的发明，即认为具有创造性。有的发明把两个或两个以上已有的发明创造结合在一起而产生新的性能，如有人把放大镜和照明装置结合起来，制成带有灯泡的放大镜，即产生了新的性能。这项发明为老年人提供了方便，具有创造性。有的发明是把已知的发明产品，用于新的环境条件下而产生新的作用。例如，将医用胃窥镜用于观察树木内部结构，以了解树的生长及病虫害情况。显然，创造性并不都意味着技术上的重大创造或突破，它仅仅要求发明具有出人意料的特点和效能。此外，当一件发明与已有技术相比并不具备创造性，但在特殊情况下，将已有技术进行简单的组合后产生了意想不到的技术效果时，或者由于各要素之间的功能产生了内在联系，因而产生了一种与各要素本身具有的功能完全不同的新的技术功能时，应当说这种发明是具备创造性的。用降落伞阻挡矿井中的气流就是一例。降落伞及其通常的使用方法对人们来说并不陌生，但将其应用于矿井却独具匠心，一般人很难想到降落伞和矿井二者之间有任何联系，因此该发明具有创造性。衡量一项发明是否具有创造性，可以从发明目的（也称为发明的任务）、技术解决方案（也称发明的构成）和效果三个方面考虑。三种因素交织在一起，根据具体情况不同有所侧重。例如，发明一种新型交通标志线用涂料，在涂料中添加反光材料。在夜间行车时，可利用车辆本身发出的灯光与添加了反光材料的分隔线交通标志反射出来的光，提高夜间行车的安全性，同时可节省路面照明费用。在公路中心线上每隔大约 1 米就嵌入这种反光材料，夜间经汽车灯光照射后，嵌入处可反射出一道亮线，让左右行车自然分开。这项发明较为简单，但很实用。由此可以看出，发明不在大小，而在于是否具备新颖性、创造性、可行性。

第三，实用性。实用性是指发明或者实用新型申请的主体必须能够在产业上制造或者使用，并且能够产生积极效果。有些发明在当时得不到使用，但只要技术上能够实现，仍被认为具有实用性。例如，爱迪生发明的"自动计票机"，在本土进行公开试验获得成功，虽因美国国会反对未被采用，但该发明不失实用性，仍然被批准为专利。发明除必须具备可实施性的实用性外，还应具备再现性的实用性。例如，一个新的桥梁设计方案，虽合理且有益，但在不同地区、不同自然条件下建造桥梁必须重新计算和设计，不能照搬此方案，因此该方案不具备再现性。此外，实用性还反映在是否具备有益性上，如果不具备有益性，则即使发明具有可实施性、再现性，也不能被认为具有实用性，如严重污染环境、浪费能源或资源、脱离社会实际需要的发明就不具备有益性。

5. 专利申请准备工作

在实行专利制度的国家，发明人完成一项发明创造，面临的问题为是否向专利局提出申请和申请哪一种专利保护。一项能够取得专利保护的发明创造，需要具备多方面的条件，专利申请人在申请前应做好准备工作。所谓准备工作包括思想上的决策过程和物质上的准备过程。

（1）申请前的准备工作。

第一，自我评价发明是否具备专利性，以决定是否申请专利、申请哪一种专利（发明专利、实用新型专利、外观设计专利）、是否要申请外国专利。为了对发明的专利性有一个恰当的估计，应对照本国的相关法规及实施细则中的有关条文进行评价。

第二，对于要申请的项目，申请人应进行充分的技术调查，在广泛了解现有技术状况的前提下，决定是否提出专利申请，以减少申请专利的盲目性。

专利申请的复审

第三，凡已组织过或举办过新技术、新产品等的鉴定会或技术会议的，申请人应在6个月之内递交专利申请，以免其丧失新颖性。

第四，申请人应对自己的发明创造进行市场预测，估计其技术开发的可能性、范围及技术市场和商品市场的条件，并估计自己所能获得的经济收益等，以便在获得专利权后启动专利实施和技术转让。

第五，因为发明人或申请人往往不懂如何申请专利或如何撰写说明书、确定权利要求范围等，所以可能耽误申请时间。现在全世界范围内实行专利制度的国家，几乎都设有专利代理机构，也有一大批专利代理人从事代理工作。

第六，在当今的"专利战"中，时间就是资本，竞争异常激烈。同一发明谁先申请，专利权就可能被授予谁。为此，提交申请的早晚往往关系到申请专利的成败。

第七，申请前做好保密工作，任何方式的泄密都会使发明丧失新颖性。

第八，各国专利法对于专利申请文件的要求基本相似，随着国际化的发展，各国已经形成一些公认的做法。根据绝大多数国家的规定，除了对外观设计的专利申请文件另有要求，发明专利及实用新型专利的申请文件都包括请求书、说明书及其摘要、权利要求书等。

（2）申请日的确定。

申请日是专利局受理专利申请的标志，对专利申请有重要的意义。首先，在实行"先申请制"的国家，同一发明有两个以上申请人分别提出申请时，申请日是判断专利权归属的依据。其次，申请日是很多国家计算专利保护期的起始日。再次，实行"早期公开延迟审查制"的国家规定，自申请日起的一定期限内，申请人可随时提出审查请求，过期不提则视为自动放弃。最后，申请日是要求优先权的重要依据。

有关确定申请日的条件，各国规定不一。有些国家以收到全部申请文件和申请费作为确定申请日的必要条件。有些国家规定只要收到申请文件便可确定申请日，申请费可在一定期限内补交。我国采取后一种做法，国家知识产权局收到发明专利或实用新型专利申请的请求书、说明书、权利要求书、必要的附图，外观设计专利申请的请求书和外观设计的图片或照片，只要符合《专利法》的规定，就确定申请日并给予申请号，以书面形式通知申请人。申请费可以在递交申请文件的同时缴纳，也可以在提交申请文件后的一个月内补缴，如果过期不补缴，则该申请被视为撤回。

（3）申请人的确定。

申请人是本国人或组织时，申请人可以直接通过电子申请或者邮件申请的方式，将申请文本提交到国家知识产权局或者国家知识产权局指定的办事窗口。但是如果专利属于职务发明，则申请专利的权利属于单位。例如，高校教师申请专利，其申请人应该是高校，教师只能作为发明人；而非职务发明，申请专利的权利属于发明人。

申请人是外国人、外国企业或者外国其他组织，根据《专利法》第十八条规定，在中国没有经常居所或者营业所的外国人、外国企业或者外国其他组织在中国申请专利和办理其他专利事务的，应当委托依法设立的专利代理机构办理。

（4）发明人的确定。

《中华人民共和国专利法实施细则》第十三条规定，专利法所称发明人或者设计人，是指对发明创造的实质性特点作出创造性贡献的人。在国家知识产权局的审查程序中，审查员对请求书中填写的发明人是否符合该规定不做审查。发明人必须是个人，不能填写相关的机构或者组织，同时提交专利申请文本时，第一发明人还需要提供身份证号码。根据现有的《专利法》规定，对于发明人的年龄和学历原则上是没有限制的。

6. 专利技术交底书撰写

（1）写明发明创造属于什么领域。在技术交底书中，发明人应当写明发明创造属于什么领域。例如，想要保护的发明创造是"光纤切割机上的切割机构"，那么可以确定本发明创造属于光纤切割设备领域。如果无法确定发明创造属于哪个领域，则建议直接具体写明某个设备上的什么机构。例如，直接写"光纤切割机上的切割机构"。当然，建议能写多具体就写多具体，这样可以便于专利代理师理解本发明创造是运用于什么领域什么设备上的哪个机构。然后，可以写明现有产品的作用，以光纤切割机上的切割机构为例，简述光纤切割机是切割什么产品或简述所切割产品是怎样的。之后写明现有光纤切割机上的切割机构是怎么样、如何运作的。最后，写明现有光纤切割机上的切割机构的构造的缺点。

（2）本发明要解决的技术问题。描述完现有技术存在的缺点后，要写明解决的问题。例如，现有的切割工具结构复杂，使用不方便，且生产成本高，那本发明创造要解决的技术问题就要针对这些缺点来描述。

（3）技术方案。在这部分内容中，发明人须写明发明创造是怎样的。对于机械结构类的产品，须写明发明创造包括哪些部件、这些部件之间的连接关系，根据这些部件写明发明创造的工作原理，以及根据这些部件如何解决技术问题。需要注意的是，解决技术问题必须有理有据，要写明根据这些部件是如何解决技术问题的，这是专利申请文件的要求，若只有结论、没有过程，则审查员难以理解是如何达到该结论的，很可能会以不符合《专利法》为由驳回该专利申请，因此技术方案一定要有理有据。

（4）有益效果。写明发明创造所达到的技术效果或优点。需要注意的是，每个效果均需要根据发明创造的技术方案来支持，因此每个效果或优点均需要根据技术方案写明是如何实现的。

（5）附图。在技术方案中，对于涉及的部件、连接关系，需要出示附图表示，并在附图中标明每个部件的名称，便于专利代理师结合附图理解技术方案，这里的附图可以采用截图或CAD等方式。另外，还需要发明人提供STP格式或低版本的DWG格式的产品图，以便专利代理师整理编辑专利附图。

（6）技术关键点和欲保护技术点。说明本发明的技术关键点，或写明发明人最希望保护的技术点。

一种抗压航空电缆（内容提要）

　　要解决的技术问题：目前的航空电缆为了提高抗压性能主要采用改进电缆的材料或者叠加电缆芯材的方式，这两种改进方式不仅会提高电缆的造价，还无法使电缆具备同时抗外压和抗自身热胀的作用。

　　解决上述技术问题的方案：提供的抗压航空电缆（图6-1-1）包括外壳、抗压层和缆芯。通过对抗压层结构的改进，将现有的单一层结构改进为包括抗压航空电缆抗压层主体（图6-1-2），分别位于抗压层主体两侧的第一限位块、第二限位块，以及连接第一限位块和第二限位块的连接杆，且连接杆活动贯穿抗压层主体的结构（图6-1-3）。当电缆受到外界压力时，第一限位块推动连接杆带动第二限位块向内移动，缓解外界压力带来的冲击，具有抗击外界压力的作用；当外压消失时或者内部缆芯工作导致热胀时，第二限位块会推动连接杆带动第一限位块向外侧移动，一方面缓解外压消失后电缆压强的突变对电缆造成的损害，另一方面对内部张力的压迫进行缓释，保护电缆。抗压层侧视图如图6-1-4所示。

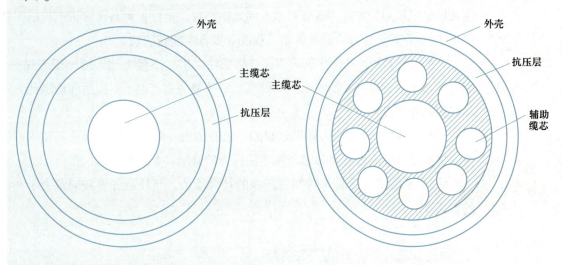

图 6-1-1　抗压航空电缆结构示意图　　　　　图 6-1-2　抗压航空电缆抗压层主体示意图

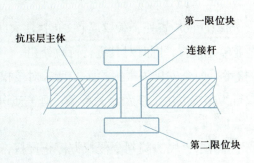

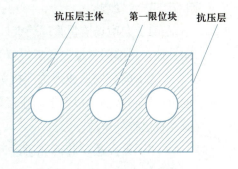

图 6-1-3　抗压层剖面结构示意图　　　　　　图 6-1-4　抗压层侧视图

知识产权保护你我他

教师设计角色扮演的环节，让学生扮演申请人、律师、审查员等不同角色，模拟知识产权申请的过程，帮助学生更深入地了解知识产权的申请流程和相关法律法规。

◎ 成功密钥

学生可以在小组内展示他们的申报材料或相关研究成果，让其他学生进行评价和提问。通过这种方式，可以帮助学生更好地展示自己的成果，同时也可以促进学生之间的交流和合作。

三、知识产权的保护措施

（一）个人保护知识产权的措施

（1）增强知识产权保护意识。遵守知识产权保护的有关国际公约和我国法律法规，遵循国际贸易通行规则。既尊重他人的知识产权，也注重对自己知识产权的保护。

（2）完善企业自主创新机制，积极开展自主创新活动。

（3）在日常生产经营活动中，严格依法办事。不侵害他人的知识产权；不盗用他人的专利技术；不制造、不使用、不销售、不传播假冒产品；不盗用和仿造他人的商标、产品标识和外观设计。

（4）坚决与侵害他人知识产权的不法行为做斗争，积极举报涉及知识产权的违法行为，主动配合政府做好对知识产权违法行为的遏制、查处和打击工作。

（5）积极参与宣传保护知识产权的社会活动，与社会各界共同致力于知识产权事业的健康发展。

（二）企业保护知识产权的措施

一般知识产权侵权行为发生时，可以先与侵权者协商解决，当协商不成时可以通过以下方式综合处理。

（1）向市场监督管理局查处、知识产权局查处、版权局（文化执法大队）举报。通过向上述有关部门举报，要求侵权企业停止侵权，同时对其进行行政处罚。

（2）向公安局或海关等机关检举。向公安机关举报检举，请求对侵权方责任人予以刑事处罚，从而从根本上制止侵权行为再次发生。涉及海关备案、海关知识产权保护的向海关提出查处申请。

（3）人民法院起诉。通过诉讼，请求人民法院判令侵权方停止侵权，赔偿损失。一般分为民事纠纷案件、行政诉讼案件、刑事案件。

此外，在制定策略时，需要考虑企业的实际情况、行业特点和国内外市场环境等因素。

主题二　创新型创业实践

【主题导入】

自主研发为 3D 打印机装上"聪明大脑"

　　长期以来，中国工业级 3D 打印机存在打印成型速度慢、精度低、核心部件系统依赖进口等问题。2016 年，还在滁州职业技术学院读大一的钱阵就萌发了革新 3D 打印技术的念头，他组建了由 5 人组成的团队，从打造硬件开始尝试。

　　"丝"是机械行业对 0.01 毫米的俗称，"一丝车八刀，刀刀见铁屑"被称为车床工人的最高境界，要把铁屑车到连仪器都难以测量的精细程度，一般人很难做到。钱阵向这个目标发起挑战。别人用好的车刀练习时，他专门挑拣被撞坏的、报废的车刀练习，一遍遍修复、打磨，觉得"这样更有挑战性"。在精密仪器公司做兼职时，得益于在工厂时的观察和训练，他悟出了自己的独家秘诀——"能大刀，不小刀；能高速，不低速；能一刀进，不二刀出"。后来，在带领创业团队设计 3D 打印机时，钱阵一直秉持高速度、高精度、高强度、国产化、无人化的思路。这一技术理念也帮助他将产品应用拓宽到工业、科研、机器人等领域，他甚至为宝马、奔驰、奥迪等汽车厂家打印过齿轮。几年来，钱阵历经了上万次的软硬件研发、测试。2019 年，钱阵发现大多数企业都是从国外进口打印设备核心配件，他决定从打造"原创"的激光器入手，力求提升打印精度。研究资料的缺失，让他跳出了传统的定式思维，自主研发出"闭环高速不失真振镜"，让打印速度提升了30%，从而突破了核心部件国外进口的限制，解决了"卡脖子"问题。

　　凭借长期积累的机械制造经验，经过设计模型、反复测试，钱阵团队最终自主研发出算法、主控板及控制系统，相当于给打印机更换了更聪明的"大脑"，这也打破了国外在 3D 打印算法系统上长期垄断的局面。

◎ **分析与启发**

　　钱阵制造出新型 3D 打印整机的经历，体现了大学生创业者的逆向思维、工程积累、工匠精神和产品意识。

【主题解码】

　　创新是创业的基础，创新的成效需要通过未来的创业实践来检验。创业是创新的载体和表现形式，本主题通过对创业过程的解析，分析创新对创业的积极促进作用，通过创业过程的介绍，助力同学们开展创新型创业实践，提升创业成功率，并促进初创企业快速发展。

一、创新型创业概述

（一）创新型创业的定义

创新型创业是基于技术创新、产品创新、品牌创新、服务创新、商业模式创新、管理创新、组织创新、市场创新、渠道创新等方面的某一点或几点创新而进行的创业活动。创新是创新型创业的特质，创业是创新型创业的目标。

（二）创新型创业的内涵与特征

创新型创业与其他类型的创业活动的根本区别在于创新程度不同。创新型创业的本质内涵是创业主体不断跨越已有的范式，转换思维模式，把握和利用各维度的变迁，通过识别与利用创新机会，引导开发新产品、新服务、新模式、新技术、新市场等"新的组合"。

总的来说，创新型创业有两个特征：一是创新型创业活动着重于创新；二是创新型创业的风险更高。以大学生为主导的高质量创业，多为创新型创业。

（三）创新型创业的类型

1. 技术驱动型创业

技术驱动型创业，即创业主体进行创业活动的核心竞争力来源于主体拥有的专业特长或已拥有的技术成果。

2. 创意驱动型创业

创意驱动型创业，即创业主体通过创新构想和运营理念，识别创业机会，探索新的经营模式的创业活动。

二、创新型创业的流程

创新型创业活动是一个复杂的过程，不同人、不同的起步条件、不同的创业动机，创新型创业活动的特点和过程都不相同，难有统一的模式。但就一般的共性而言，我们可以归纳出以下大致流程。

（一）确定创业方向

1. 发现创业机会

大学生创业者往往拥有富于想象力与创造力的思维和系统的逻辑分析能力，能够从所处的内部及外部环境中产生创意，并利用自己掌握的知识将获得的创意提炼为切实可行的创新型创业机会。

2. 分析创业的可行性

可行性分析是确定创新型创业是否可行的过程，内容包括产品／服务可行性、行业／目标可行性、组织可行性和财务可行性等。如果一个创意不能满足其中的一个或多个方面，就应该将其放弃或重新思考。

3. 设计商业模式

商业模式是企业创造价值的核心逻辑，其逻辑性主要表现在层层递进的三个方面：价值发现、价值匹配和价值获取。所有创业者都应该认真设计并深入了解自己商业模式中的每个环节，并不断精进。

（二）建立新企业

1. 组建创业团队

狭义的创业团队也称初始合伙人团队，由一群有创业心态、创业能力、共享创业收益、共担创业风险，并且有决心在相当长的时间里全身心投入创业事业，以组建和运营一家新企业为目标的人构成。

广义的创业团队不仅包括了狭义的创业团队，还包括了与创业过程有关的各种利益相关者，如风险投资人、专家顾问等。

2. 撰写创业计划书

撰写创业计划书可以迫使创业者系统地思考新创企业的各要素，在创立企业之前梳理自己的思路，带领整个创业团队一起努力工作，全力以赴地解决创新型创业过程中的各细节问题。创业计划也是企业的推销文本，可以为创业者向潜在的投资者、供应商、重要的职位候选人和其他人介绍创新型创业项目和新创企业提供一种有效方法。

3. 获得融资

对大学生创业者而言，所有能够获得资金的途径都可以成为创业融资的来源，包括私人资本融资、机构融资和政府背景融资。大学生创业者需要开动脑筋，广泛搜集信息，挖掘一切可能的融资渠道。

4. 完成企业注册

当一个大学生创业者看好一个市场或产品领域，并确定要进入该市场后，就要给企业一个合法的身份，也就是完成企业注册。注册企业首先要确定法人，明确法人职责和准备注册的企业类型，到市场监督管理部门申请注册，按流程完成注册手续，并办理企业公章，企业对公账户等。完成企业注册手续，才能依法享受国家政策更广泛的保护，便于融资和信贷等。

（三）经营新创企业

1. 管理新创企业

企业建立之后便进入运营阶段。新创企业的首要任务就是在市场中生存下来，提供被消费者认可与接受的产品，从而在市场中占据一席之地。新创企业要保障稳定的现金流。企业发展需要现金，现金不仅有助于企业当前的成长，还能为其未来的成长做好准备。

2. 规划企业战略性发展

企业成长是一个动态过程，是通过创新、变革和强化管理等手段积蓄、整合并促进资源增值，进而追求企业持续发展的过程。企业成长包括"质"和"量"两个方面。大学生创业者在成功创建新企业之后，需要正确认识企业成长的两个方面及整个成长的生命周期，对企业进行管理并制定成长战略。

访谈创业者

请结合本主题所学内容，设计一份访谈提纲，找一位身边的创业者进行访谈。具体要求如下。

（1）将访谈时间控制在1小时以内。

（2）认真准备和设计访谈提纲，问题可以来自本主题的主要知识点，也可以来自你对创业、创业者、创业过程及创业思维的理解，还可以是你不清楚的创业问题。

（3）创业者类型不限。

（4）访谈时做好记录，访谈结束后进行整理，对照访谈前自己的预期，总结新的发现。

（5）分享你从自己访谈的创业者身上学到了哪些经验。

完成一份不少于500字的访谈小结。

◎ 成功密钥

我们正处在一个创新的时代，创业已经成为当今时代的潮流，然而创业并非易事，我们无法一步登天，但可以吸取前人的经验教训，不断总结经验，改进思路方法，提高创业能力。

三、大学生创新型创业分析

（一）大学生创业优劣势

1. 大学生创业优势

（1）丰富的专业知识资源。高校是聚集各专业优秀人才的聚集地，拥有专业的科研教师团队，以及丰富的专业研发资源。大学生在校期间通过各种课程学习，提升个人技能素养，能将所学的知识很快内化为能力、外化为创造，同时可以依托高校强大的知识资源，开展各种科技研究，进行新项目研发。

（2）优越的高校创业环境。高校高度重视大学生创新创业活动，并根据学校实际情况建立创业孵化平台，在创业办公硬件、专业导师指导、技术转换、创业奖励等方面为大学生创业提供支持，减少大学生创业的风险和压力。

（3）多样的创业人才资源。大学生具有策划、组织、领导、管理、公关等方面的潜在特质，经过创业的体验，这些能力都将产生很强的外部性。高校聚集了各类各专业人才，因此大学生在校期间通过社团、班级等各种途径，可以认识各种专业人才，容易聚集志同道合的创业伙伴，组建创业团队，为创业做人才储备。

（4）多维度创业支持政策。大学生是实施创新驱动发展战略和推进大众创业、万众创新的生力军。为支持大学生创业，国家和各级地方政府出台了许多优惠政策，涉及融资、开业、税收、创业培训、创业指导等诸多方面。对计划创业的大学生来说，这些政策的落实可以有效地帮助其走好创业第一步。

2. 大学生创业劣势

大学生创业也存在劣势。由于大学生个人资金少，创业资金大多来源于亲戚朋友，没有大额度的银行贷款权限，这成为大学生创业的瓶颈。大学生缺乏企业经营管理经验，对于企业的运作流程不太熟悉，拥有的理论知识不能很好地应用到实践中。此外，大学生由于涉世未深，没有广泛的人际关系网络，在创业过程中未必能很好地把握市场环境的变化，难免会走很多弯路，这些都会或多或少地影响大学生创业的成功率。大学生创业面临的主要风险及应对措施如下。

（1）盲目选择项目带来的风险。大学生创业时如果缺乏前期市场调研和论证，只是凭自己的兴趣和想象来决定投资方向，甚至仅凭一时心血来潮，则会碰得头破血流。大学生创业者在创业初期一定要做好市场调研，在了解市场的基础上创业。

（2）缺乏创业技能带来的风险。部分大学生创业者眼高手低，当创业计划转变为实际操作时，才发现自己根本不具备解决问题的能力，这样的创业无异于纸上谈兵。大学生创业者应强化风险意识，在校期间，积极参加校外兼职活动，锻炼职业技能能力，了解盈利链的运作流程。

（3）融资渠道单一带来的风险。如果没有广阔的融资渠道，那么创业计划只能是一纸空谈。除了银行贷款、自筹资金等传统方式，大学生创业者还可以充分利用风险投资、创业基金等融资渠道。

（4）社会资源贫乏带来的风险。企业创建、市场开拓产品推介等工作都需要调动社会资源，大学生创业者在这方面会感到非常吃力。创业前，可以先到相关行业领域工作一段时间，通过这个平台为自己日后的创业积累人脉。

（5）管理过于随意带来的风险。一些大学生创业者虽然技术出类拔萃，但理财、营销、沟通、管理方面的能力不足。要想创业成功，大学生创业者必须技术、经营两手抓，可从合伙创业、家庭创业或虚拟店铺开始，锻炼创业能力。

（二）大学生创业可能面临的问题

1. 心态问题

拥有承受风险的良好心态，尤其是对创业风险具有清醒的认识，并拥有应对风险的心理准备，是创业成功的必要条件。但是大学生创业者受年龄及阅历等方面的限制，未必对创业风险具有清醒的认识，缺乏对可能遭遇到的风险的必要准备。在缺乏良好心态的情况下，大学生创业者的创业前景也会受到不利影响。

2. 知识限制

创业需要企业注册、管理、市场营销与资金融通等方面的丰富知识，在缺乏相应知识储备的情况下，大学生创业者仓促投身创业不仅难以融到必需的资金，还可能在残酷的市场竞争中处于劣势。

3. 经验限制

受年龄及相应学识的限制，大学生创业者很难拥有关于创业的直接经验与间接经验，创业知识一般限于"纸上谈兵"，在这种情况下，大学生创业及在公司运营中肯定会遇到各种不可预见的问题，造成创业困难。

4. 技术限制

对于大多数大学生来说，拥有可以创业的技术并非易事。技术的缺乏直接限制了大学生创业。在激烈的市场竞争中，大学生创业将遭遇较多的困难。

5. 资金问题

由于大学生很难有足够的创业资金，从社会上融资或获取无息及贴息贷款是必然选择。但是大学生创业风险较大，较难获得必需的资金。大学生创业在获取资金方面存在两种问题：一是因急于获得资金而不惜贱卖技术，二是过于珍惜技术而不肯作出适当的让步。这些问题都使大学生创业者在资金方面难以获得相应的资助。

（三）大学生创业的政策支持

在大众创业万众创新的时代背景下，国家出台了很多关于创业的优惠政策，了解这些政策，对大学生创业者走好创业第一步很有帮助。2022 年 4 月，教育部高校学生司、教育部学生服务与素质发展中心发布了《普通高校学生自主创业政策公告》，内容包括税收优惠政策、担保贷款和贴息政策、资金扶持政策、工商登记政策、户籍政策、创业服务政策、学籍管理政策等。具体内容如下。

1. 税收优惠政策

（1）持人力资源和社会保障部核发的《就业创业证》的高校毕业生在毕业年度内创办个体工商户的，可按规定在 3 年内以每户每年 12 000 元为限额（最高可上浮 20%，具体由各省、自治区、直辖市人民政府根据本地区实际情况确定）依次扣减其当年实际应缴纳的增值税、城市维护建设税、教育费附加、地方教育附加和个人所得税。

（2）对高校毕业生创办小微企业的，可按规定享受小微企业普惠性税费政策；创办个体工商户的，对其年应纳税所得额不超过 100 万元的部分，在现行优惠政策基础上减半征收个人所得税。

2. 担保贷款和贴息政策

（1）创业担保贷款和贴息支持。高校毕业生可在创业地申请创业担保贷款，最高贷款额度为 20 万元。对符合条件的个人合伙创业的大学生，可根据合伙创业人数适当提高贷款额度，最高不超过总额的 10%。对 10 万元及以下贷款、获得设区的市级以上荣誉的高校毕业生创业者免除反担保要求；对高校毕业生设立的符合条件的小微企业，最高贷款额度提高至 300 万元，财政按规定给予贴息。

（2）创业担保贷款申请程序。申请创业担保贷款贴息支持的个人和小微企业应向当地人力资源和社会保障部申请资格审核；通过资格审核的个人和小微企业，向当地创业担保贷款担保基金运营管理机构和经办银行提交担保及贷款申请，符合相关担保和贷款条件的，与经办银行签订创业担保贷款合同。

3. 资金扶持政策

（1）免收有关行政事业性收费。毕业两年以内的普通高校毕业生从事个体经营的，3 年内免收管理类、登记类和证照类等有关行政事业性收费。

（2）求职创业补贴。对在毕业学年有就业创业意愿并积极求职创业的低保家庭、贫困残障人士家庭、原建档立卡贫困家庭和特困人员中的高校毕业生，残疾及获得国家助学贷款的高校毕业生，给予一次性求职创业补贴。

（3）一次性创业补贴。对首次创办小微企业或从事个体经营，并且所创办企业或个体工商户自工商登记注册之日起正常运营一年以上的离校两年内的高校毕业生，试点给予一次性创业补贴。

（4）享受培训补贴。对大学生在毕业年度内参加创业培训的，按规定给予培训补贴。

4. 工商登记政策

简化注册登记手续。高校毕业生创办企业，只需填写一张表格，向一个窗口提交一套材料。登记部门直接核发加载统一社会信用代码的营业执照，"多证合一"。

5. 户籍政策

取消落户限制。高校毕业生可在创业地办理落户手续（直辖市按有关规定执行）。

6. 创业服务政策

（1）免费创业服务。高校毕业生可免费获得公共就业和人才服务机构提供的创业指导服务。

（2）技术创新服务。各地区、各高校和科研院所的实验室及科研仪器、设施等科技创新资源可以面向大学生开放共享，提供低价、优质的专业服务。

（3）创业场地服务。鼓励各类孵化器面向大学生创新创业团队开放一定比例的免费孵化空间。政府投资开发的孵化器等创业载体应安排30%左右的场地，免费提供给高校毕业生。有条件的地方可对高校毕业生到孵化器创业给予租金补贴。

（4）创业保障政策。加大对创业失败大学生的扶持力度，按规定提供就业服务、就业援助和社会救助。毕业后创业的大学生可按规定缴纳五险一金。

7. 学籍管理政策

（1）折算学分。各高校要设置合理的创新创业学分，建立创新创业学分积累与转换制度，探索将学生开展自主创业等情况折算成学分的方式。

（2）弹性学制。学校可以根据情况建立并实行灵活的学习制度，可放宽学生修业年限，保留学籍帮助大学生休学创新创业。

此外，全国各所高校积极响应国家号召，努力办好和参与各类创新创业大赛，以中国国际"互联网+"大学生创新创业大赛为例，各省纷纷出台了奖励措施，鼓励产学研相结合，深度融合企业需求，进行专创融合。

知识链接　　　　国内主要大学生创新创业类大赛

中国国际"互联网+"大学生创新创业大赛

大赛介绍：该大赛旨在深化高等教育综合改革，激发大学生的创造力，培养造就"大众创业、万众创新"的生力军；推动赛事成果转化，促进"互联网+"新业态的形成，服务经济提质增效升级；以创新引领创业、以创业带动就业，推动高校毕业生更高质量的创业就业。

大赛时间：1~10 月。

主办单位：教育部等 13 部委。

"挑战杯"系列竞赛

大赛介绍："挑战杯"系列竞赛（以下简称"挑战杯"）是由共青团中央、中国科协、教育部和全国学联共同主办的全国性的大学生课外学术实践竞赛。"挑战杯"在中国共有两个并列项目，一个是"挑战杯"中国大学生创业计划竞赛，另一个是"挑战杯"全国大学生课外学术科技作品竞赛。这两个项目的全国竞赛交叉轮流开展，每个项目每两年举办一届。

大赛时间：3~11 月。

主办单位：共青团中央、中国科协、教育部、中国社会科学院、全国学联。

中国创新创业大赛

大赛介绍：该赛事第一阶段为地方赛，由各省级科技管理部门组织举办。第二阶段为总决赛，按照新材料、新能源及节能环保、生物医药、电子信息、先进制造、互联网及移动互联网六个行业进行比赛。

大赛时间：具体时间不定，可关注官网查看准确资讯。

主办单位：科技部等相关单位。

"创青春"中国青年创新创业大赛

大赛介绍："创青春"中国青年创新创业大赛创办于2014年，该大赛发掘科技含量高、前瞻性好、示范带动作用强的项目，是青年喜爱、社会关注的创新创业示范赛事。

大赛时间：3~11 月。

主办单位：共青团中央、人力资源和社会保障部等。

"创客中国"中小企业创新创业大赛

大赛介绍：该赛事旨在围绕产业链，部署创新链，配置资金链。为深入贯彻落实党的十九届五中全会关于支持创新型中小微企业成长为创新重要发源地的决策部署，进一步提升中小企业创新能力和专业化水平，推动中小企业高质量发展。

大赛时间：具体时间不定，可关注官网查看准确资讯。

主办单位：工业和信息化部、财政部。

（四）大学生的创业准备

为了更好地实现自己的创业梦，将创新转化为创业，大学生创业者在创业过程中要如何做才能更好地避免及应对各种困难呢？

1. 做好充分的市场调研

如前所述，创业是一个系统工程，它要求大学生创业者在企业定位、战略策划、产权关系、市场营销、生产组织、团队组建、财务体系等一系列领域有一定的知识积累。大学生有了好的项目或想法，只是代表"创业的长征路"刚跨出了一步，而产品是否真的是社会所需、是否能够解决社会存在的问题、是否能让消费者愿意消费、是否能够获取利润等问题，都需要经过充分的市场调研来解决。有效的市场调研结果，能够帮助企业作出正确的产品决策。

2. 团队精神必不可少

一个人想独自创业是很难的，因此找到志同道合、有创业激情的人组成创业团队是明智之举，对计划创业的大学生来说，强强合作，取长补短，要比单枪匹马更容易聚集创业优势。

在风险投资者看来，再出色的创业计划也具有可复制性，而团队的整体实力是难以复制的，因此他们在投资时，往往更看重有合作能力的创业团队，而非徒有想法的单干者。

3. 积极利用现有资源

很多人会选择与工作密切相关的领域创业，工作中积累的经验和资源是最大的创业财富，要善于利用这些资源，以便近水楼台先得月。对能帮助企业生存的项目，要优先考虑。

4. 尽量用足相关政策

政府部门有很多鼓励创业的政策，这是对大学生创业的鼓励和支持，创业时一定要注意用好用足这些政策，如免税优惠、在某地注册企业可享受比其他地区更优惠的税率等。

5. 有坚持到底的信心

创业会遇到各种问题，如资金不足、市场竞争、经验不足等。从走出校园到吃了很多的苦、犯过很多错，你会发现再充分的创业准备都是不完善的，再周密的创业计划书也有顾及不到的地方，再团结的创业伙伴也可能出现摩擦，再厚实的资金也有周转不灵的时候……这些都说明在瞬息万变的创业环境中，能影响创业的不确定因素太多，谁都无法保证在下一个路口一定能选对方向，因此在创业过程中遇到挫折与失败是再正常不过的事情。失败和挫折会让大学生创业者得到宝贵的经验和教训，正确看待失败，坚持信心不动摇，方能取得最后的成功。

创业同时是一项庞大的工程，涉及融资、选项目、选址、营销等诸多方面，因此大学生决定创业前，要多咨询、多思考、多调查、多请教，进行细致的准备。

主题三 大学生科技创新行动

【主题导入】

"打印"梦想的少年

高中时期的陈天润醉心于创新，对科技有着天生的敏锐感觉。在不耽误学业的同时他自学了绘图和编程。入读浙江大学，恰好遇到了志同道合的室友。陈天润擅长从生活中寻找灵感，构思出一件件创新产品的设计方案，而室友具备很强的动手能力，协助他把创意变成了产品。

临近考试，同学们懒得下楼打印试卷，陈天润和室友一起发明了可以自行在纸上、衣服上边"跑"边打印的微型打印机——Goprint；嫌在校园走路太累，他们研发出一款可实现半自动驾驶的平衡车。此外，基于平时对魔方的兴趣，他们还研发出一款可自动解魔方的机器手臂。这些创新产品，都是基于深度学习计算、进行模型创建而创作出的作品。

在第七届中国国际"互联网+"大学生创新创业大赛中，陈天润团队凭借"Goprint——多功能智能打印机先行者"项目获得总决赛季军，也是全国唯一闯入冠军争夺赛的本科生项目。

陈天润说，浙江大学是一所创新氛围浓厚的高校，为学生提供了优质的科研平台和科研资源，不仅提升了学生追踪学术前沿的能力，还提供了施展创新灵感的空间，他的身边有很多学长创业成功的范例。在他和室友搞研发创作过程中，老师也给予了不少专业指导。

"2021年年底这款打印机就要在'小米有品'首发了，售价999元。我们的目标是在年底前卖出数万台。"陈天润眼中满是憧憬。产品即将投放市场，为保证充足的产能，这些天在创业园的一幢楼里，魔芯科技1 400平方米的厂房正在加紧装修，工作人员忙着搬运和安装设备，为投产紧锣密鼓地准备着。

"德清营商环境不错，让我的创业之路很顺利。"陈天润不禁感慨，能在短短5个月内成立公司，并让产品实现量产，多亏了德清县的优惠政策支撑。

"虽然是一名本科生，但这个孩子聪明、务实，他们的项目成熟度也很高，我很看好他的发展前景。"2021年6月，莫干山高新区科技局招商干部谢晓伟首次接触到陈天润，他回忆说，当时陈天润团队已经在和小米洽谈合作，急需生产几台3D打印机的样机。获知消息后，他们帮忙联系了德清当地一家企业帮助制造了样机。得知陈天润还是在校生，他们当即为陈天润的团队搭建场地，提供了临时办公场所和人才公寓。

"他忙起来，常常失联两三天。"聊起这位"00后"CEO，员工们总结出一个字，就是"拼"！团队初创，成员年纪最小的20岁，最大的不过34岁，他们决定跟随陈天润，正是因为他们都拥有一个共同的梦想：做一些"酷"的事情，让用户的生活与众不同。

用陈天润的话说，他的梦想就是让更多人享受科技带来的乐趣。

◎ 分析与启发

党的二十大报告提出，要"实现高水平的科技自立自强"。作为新时代大学生，我们应该勇敢地去探索前沿的一些科技成果，把一些先进的技术产业化，并且惠及更多的人。

【主题解码】

"以练促学、以练促用，以赛促练、以赛促建"，通过大学生创新创业训练计划和大学生科技竞赛的历练不仅可以激发学生科技创新的热情，培养学生创新精神和创新意识，还可以不断提高学生的科技创新实战化水平。

一、大学生创新创业训练计划

根据《教育部财政部关于"十二五"期间实施"高等学校本科教学质量与教学改革工程"的意见》和《教育部关于批准实施"十二五"期间"高等学校本科教学质量与教学改革工程"2012 年建设项目的通知》，教育部在"十二五"期间开始实施国家级大学生创新创业训练计划。

（一）大学生创新创业训练计划目标

实施大学生创新创业训练计划，旨在推动高校创新创业教育教学改革，促进高校转变教育思想观念、改革人才培养模式、强化学生创新创业实践，培养大学生独立思考、善于质疑、勇于创新的探索精神和敢闯会创的意志品格，提升大学生创新创业能力，培养适应创新型国家建设需要的高水平创新创业人才。

大学生创新创业训练计划促进了高等学校的科研回归，通过课题和研究活动培养大学生的创新意识和创新能力，推动了以大学生为主体的人才培养模式和教学形式的转变，培养大学生主动学习的意识，使大学生能够站在更高的层次看待研究。大学生创新创业训练计划提高了大学生的创新意识和创新能力，而创新意识和创新能力的培养不能局限于课堂，仅靠传统的教学方法很难培养大批高水平的创新型人才，这也直接促进了高校教育模式的改变。

大学生创新创业训练计划是基于教学计划展开的，涉及有关该项目的各类学科，目标在于快速拓宽大学生的视野，帮助大学生形成善于发现问题的能力，并积极寻找解决问题的方法。这不仅增强了大学生分析、思考和解决问题的能力，还使大学生在项目中不会局限于原有解决方法，而是在此基础上寻找新的方法，在一定程度上提高了大学生的创新能力和研究问题的实践能力。在大学生创新创业训练计划中，大学生提高了自身的学习能力，同时团队成员的沟通能力及团队协作能力也得到了加强。

（二）大学生创新创业训练计划的内容

大学生创新创业训练计划的内容包括创新训练项目、创业训练项目和创业实践项目三类。

1. 创新训练项目

创新训练项目是指大学生个人或团队，在导师指导下，自主完成创新性研究项目设计、研究条件准备和项目实施、研究报告撰写、成果（学术）交流等工作。

创新训练项目是三类项目中立项数量最多的，在一定程度上锻炼了大学生的自主学习能力，使得大学生能够自主思考问题、探究问题的解决方法，同时也培养了大学生科研信息的获取能力。大学生需要在已有研究的基础上，厘清项目的思路，分析项目的关键点，继而在原有方法上开拓新的方法。

2. 创业训练项目

创业训练项目是指大学生团队在导师指导下，团队中每个学生在项目实施过程中担任一个或多个具体的角色，进行编制商业计划书、开展可行性研究、模拟企业运行、参加企业实践、撰写创业报告等工作。

创业训练项目可加强大学生的创业意识和创业能力，同时为大学生提供创业的平台，培养大学生创新能力、创业精神、实践能力和综合素质，让大学生在创业训练中增强自己的知识储备，把课堂学到的内容转化为实践。

3. 创业实践项目

创业实践项目是指大学生团队在学校导师和企业导师共同指导下，采用前期创新训练项目（或创新性实验）的成果，提出一项具有市场前景的创新性产品或者服务，以此为基础开展创业实践活动。

创业实践项目为学生、导师、企业提供了一个良好的交流平台，通过导师和企业的指导使学生将学习到的理论转化为实践。这不仅锻炼了学生，还使学生和导师将新的理念融入企业经营中，为企业提供新的经营方法或创造有创意的新产品。实际上，导师在这一项目中充分发挥着引路人的作用，指导学生将理念融入企业，这在一定程度上改变了以往的教学模式，促进了大学生综合素质的全面提升。

大学生创新创业训练计划面向本科生，原则上要求项目负责人在毕业前完成项目。在创业实践项目负责人毕业后，可根据情况更换项目负责人，或在其能继续履行项目负责人职责的情况下，让其以大学生自主创业者的身份继续担任项目负责人。创业实践项目结束时，要按照有关法律法规和政策妥善处理各项事务。

（三）大学生创新创业训练计划申报流程

1. 自主选题

自己命题或联系教师并选择教师从事的课题。在通常情况下，大学生是以团队的形式来完成训练项目的，因此鼓励不同专业、不同年级的大学生组成团队进行创新创业项目的申报，这更有利于大学生创新创业项目的完成，因为不同专业的大学生在完成项目时能够发挥各自的专业优势。

2. 前期准备

前期准备是指大学生进行选题资料的准备、项目初期建模、概念设计或进行项目初期市场的调研。指导教师在此期间发挥着重要的作用。大学生须在指导教师的帮助下完成训练项目的可行性研究等工作。团队成员分工合作，并审核活动。

3. 教师指导

学生对接指导教师，由指导教师提出专业改进意见，确定项目前进方向。指导教师从专业的角度对学生申请书提出修改意见和建议，进一步完善项目的可实施性。

4. 申报答辩

学生丰富项目内容，填写大学生创新创业训练计划申报书，准备立项答辩 PPT。学校通过专家对申报项目进行综合评价，根据排名最终确定各类项目的名单。

撰写申请书时，需要注意以下几点内容。

（1）阐明所立项目较现阶段已有的相关研究成果的独特和创新之处。选题的题目不可过大或过小，应难度适中，与专业相关度要高。学生团队须做好前期的调研工作，避免临时拼凑，应熟悉国内外研究现状，并亮明创新点，使项目的研究具有实际的应用价值。

（2）较为细致地阐明项目实施的流程计划，体现项目的可行性。对于项目的规划，应尽可能详尽叙述，时间节点具体到月、周，这样不仅能使评审专家对项目有更加深入的了解，还能在实施的过程中起到事半功倍的效果。

（3）经费支出情况明细。科学的经费支出计划代表着自身对于项目实施的清晰思路。同时，项目的经费支持一般会有上限，合理、清晰的经费支出情况明细也可以作为专家评审的参考依据。

二、大学生科技竞赛

（一）大学生科技竞赛介绍

大学生科技竞赛是高校教学体系的重要组成部分，本质上是一种创新教育，是培养学生创新能力的重要途径。

1989年，共青团中央、中国科学技术协会、教育部、全国学联和地方政府举办了首届"挑战杯"全国大学生课外学术科技作品竞赛（图6-3-1），掀起了全国大学生竞赛的热潮，不同类型、不同层次的大学生竞赛先后展开。这些竞赛以培养大学生创新意识、合作精神和实践能力为目的，对高等学校开展创新教育和实践教学改革、推动学科创新活动、加强高校与社会实际需求之间的联系起到了积极的示范作用。

图6-3-1 "挑战杯"全国大学生课外学术科技作品竞赛标志

鉴于大学生竞赛在培养创新人才方面的突出作用，2007年颁布的《教育部、财政部关于实施高等学校本科教学质量与教学改革工程的意见》（教高〔2007〕1号）中指出，要"继续开展大学生竞赛活动，重点资助在全国具有较大影响力和广泛参与面的大学生竞赛活动，激发大学生的兴趣和潜能，培养大学生的团队协作意识和创新精神。随着"大众创业、万众创新"的提出，大学生竞赛日益受到社会各界的支持和关注。

大学生科技竞赛是高校第二课堂的重要组成部分。与实习、实验、社团活动等第二课堂其他教学手段相比，大学生科技竞赛需要学生具备知识综合运用能力、实践能力及一定的心理素质，是全面锻炼学生能力的有效途径。因此，各高校都针对大学生科技竞赛出台了一系列激励措施，以保研、奖学金等多种手段鼓励学生参与竞赛。对于参赛学生而言，要树立正确的竞赛观念，拿奖拿分不是参加竞赛的目的，在准备竞赛、参与竞赛的过程中所学的知识、锻炼的能力、经历的磨炼、收获的友谊，才是弥足珍贵的财富。

（二）大学生科技竞赛主要赛事

竞赛是激发潜能和创造力的最好手段，我国已经形成了由教育部、共青团中央、中国科协、全国学联，以及有关专业学会等权威机构主办，以"挑战杯""数学建模""电子设计"和"智能汽车邀请赛"等为代表的全国高校大学生学术科技竞赛体系，其中国际范围的科技竞赛包括"世界杯机器人足球赛""ACM 国际大学生程序设计大赛""国际企业管理挑战赛"等。

科技竞赛题目一般有基础题和发挥题两部分，既考核参赛学生的基础知识和能力，又给参赛学生较大的发挥空间。大部分学生能完成基本设计，而个别优秀学生也有创新发挥的余地。例如，全国大学生电子设计竞赛的赛题，注重新技术、新器件、新仪器应用方面的设计导向，促使学生走上创新的舞台，激发学生的创造潜能，从设计问题着手不断激发学生寻找解决问题的方法，培养学生的创新意识与创新精神。

（三）大学生科技竞赛参赛基本策略

科技竞赛以学生为主体，从选题、设计制作到论文写作，每个环节、步骤都由学生独立完成，充分发挥学生的主动思维意识，极大地挖掘了学生的主动探索能力。在不断地设计实验尝试中，培养了学生的发散思维能力，激发了学生的想象力。竞赛中用到的广泛知识促使学生大量学习课外综合知识，使学生在学习中学会归纳分析，培养了学生的逻辑创新思维能力。

科技竞赛对学生能力的要求及培养是多方面的。竞赛题目的综合性、系统性、灵活性，全面考查了学生的基础理论知识、动手能力及勇气、信心、意志力、团队精神等非智力因素。竞赛小组成员分工合作，配合默契，充分发挥了集体的智慧，团队精神得到了最好的体现，对以后学生的学习、工作产生深远影响。

主题四　工程意识和产品观念培养

【主题导入】

把琐事做得与众不同

有一个年轻人，他大学毕业后进入一家证券公司做秘书，而秘书的首要职责是将总裁的日常琐碎事务处理好。

这个年轻人是个爱动脑子的人，在端茶送水这些小事上，他揣摩出许多规律。例如，总裁的话讲得多时，便多倒几次水；总裁讲得慷慨激昂时，就不要去倒水，以免打断他。

他学的是英语专业，经常跟在总裁身边做随身翻译，很快便琢磨出了什么样的话可以一带而过，甚至不需要翻译，什么样的话需要逐字逐句地翻译，以便总裁在对方说话的语气中寻找对方的谈判意向，从而最大限度地将谈判向着自己利益最大化的方向倾斜。

同时，作为秘书，他平时做得最多的便是帮总裁整理文件，一般的秘书都是喜欢按文件的时间先后摆放，他却按照自己理解的文件重要性来摆放，并且将相互关联的文件放在一起，以便总裁随手便可找到最需要的文件。

当有人问他为什么要这么做时，他说，秘书凡事都应该站在总裁的角度而不是站在自己的角度去考虑问题，最大限度地为总裁提高效率是秘书的职责，哪怕是不被人瞩目的琐事。

如此，当他把所有的琐碎小事都做得与众不同时，总裁便知道，再让他做这种沏茶倒水的事便是屈才了。

他叫卫哲，24 岁便出任万国证券资产管理总部的副总经理，36 岁成为阿里巴巴的电子商务总裁。

◎ 分析与启发

再平凡无奇的工作也有其乐趣与价值，再普通的大学生也有自己未来发光发热的舞台。学历、专利、项目成果等可以被认为是展示个人能力的看得见的硬功夫，但其实，在其背后真正起到决定性作用的是看不见的软实力。例如，一名机械专业的学生对待课程设计时的严谨程度就像为藏有宝藏的宝箱配备开箱的钥匙；一名电气专业的学生焊接电路板的精细程度，就像战斗前不断检查武器的完备程度；一名大数据专业的学生对待程序错误时的意志力和创造力，就像面对强敌时不服输、不慌乱的勇气和信心，以及取得胜利的决心与智慧。

【 主题解码 】

在当今时代，我们该怎么通过提升自己的软实力来提升就业竞争力呢？不妨试试将工程意识和产品观念带入自己的工作中去解决实际问题，从实践中积累经验，实现快速适应工作及综合能力的提升。

一、让工程意识帮助我们变得更优秀

所谓工程意识，是指技术人员在对工程建设过程中对环境和其他影响因素的了解、认识并选择性地利用和优化，目的是更好地完成目标和生产任务。

据载，宋真宗在位时，皇宫曾起火。一夜之间大片的宫室楼台、殿阁亭榭变成了废墟。为了修复这些宫殿，宋真宗派当时的晋国公丁谓主持修缮工程。当时要完成这项重大的建筑工程，面临三大问题：一是需要把大量的废墟垃圾清理掉；二是要运来大批木材和石料；

三是要运来大量新土。无论是运走垃圾还是运来建筑材料和新土，都涉及大量的运输问题。丁谓研究了工程之后，制订了这样的施工方案：首先，从施工现场向外挖了若干条大深沟，把挖出来的土作为施工需要的新土备用，这就解决了新土的运输问题。然后，从城外把汴水引入所挖的大沟中，于是就可以利用木排及船只运送木材石料，解决了木材石料的运输问题。最后，等到材料运输任务完成之后，再把沟中的水排掉，把工地上的垃圾填入沟内，使沟重新变为平地。这就是工程意识的典型应用，它让创意变成创造，让理想变成现实。工程意识对我们的能力和反应有重要影响，因此培养工程意识能帮助我们在日后的工作中突破复杂的事物表象，发现事物本身的活动规律。

工程意识主要包括工程的质量意识、安全意识、创新意识、责任意识、环保意识、团队意识、经济意识。

（一）质量意识

松下幸之助（Konosuke Matsushita）有句名言：对于产品质量来说，不是"100分"就是"0分"。20世纪80~90年代，一些发达的工业国家掀起了一股"质量即用户满意的热潮"。经过数十年不断的技术进步和精益管理，工业发达国家可接受的验收质量限值（Acceptance Quality Limit，AQL）一般为2‰~3‰，高新技术产品平均合格率水平达到百万分之几，甚至10亿分之几，以及"一次成功""一次合格""零缺陷"的目标和水平。对他们来讲，达到"符合性"质量是最起码、最基本的要求，不再是质量工作中的突出问题。他们追求的是要让"用户满意"直至"用户忠诚"。同时期，中国制造业刚刚开始发力，"中国制造"一夜之间充斥全球的商品市场。但那时，"中国制造"意味着廉价和劣质，这严重地制约我国产品在国内外市场的竞争力，造成了许多产品"出口出不去、进口挡不住"和同类产品卖不上好价钱的局面。30多年过去了，我国制造业的总量已成为世界第一，我国产品的可靠性也已跻身世界先进行列，"中国制造"的质量和口碑随着工业4.0时代的到来必将越来越好。

产品终究是由人加工制造出来的，瑞士的钟表和军刀、德国的制造业享誉全球，与一代又一代的国之工匠、企之工匠密切相关。在我国，木匠祖师鲁班、金缕玉衣的制作者、故宫的建造师等，都是中国历史上百世流芳的能工巧匠。工匠在现代指的是职工队伍中的高技能人才，而一流工匠要从青少年培养。古语云："玉不琢，不成器。"习近平总书记强调，激励更多劳动者特别是青年一代走技能成才、技能报国之路，培养更多高技能人才和大国工匠，为全面建设社会主义现代化国家提供有力人才保障。工匠精神充分体现了匠人对自己所从事的工作和职业的态度和价值取向，内在包含了"执着专注、精益求精、一丝不苟、追求卓越"的精神品质。

（二）安全意识

"安全第一"不仅仅是一句口号，有了安全意识，人就能够主动地以安全为中心，指导自己的行为；有了安全意识，在长期的生产生活中就能从安全角度思考问题，进而表现为：任何事情首先从安全角度思考，有安全保障的可以做，没有安全保障的坚决制止。

安全意识是指人们对于安全理论和安全知识的了解所形成的观念、意识的总称，具体表现为风险意识、责任意识、红线意识（规矩意识）。

部分用人单位感到，近年来毕业的大学生的外语、计算机的应用水平虽然有了不少的提升，也掌握了一定的专业知识，但他们工作适应能力较差，如缺乏基本的安全意识和有关的安全知识，缺乏基本的辨识危险源的能力，"三违"①现象比较严重，企业安全经济管理方面的知识甚少、能力较弱，专业知识局限于单一的本专业范围。近几年，多起高校实验室安全事故的发生，更让大学生的安全意识培养受到广泛关注。

安全、舒适和健康是当今世界各国经济、社会发展的目标和制定政策的出发点，也是人类在生产、生活过程中追求的理想境界。因此，明显具有安全隐患的产品注定被市场所拒绝。

（三）创新意识

现在人类已进入"工业 4.0"时代，即实体物理与虚拟网络融合的时代。《中国制造2025》中的五条方针将创新驱动列在了第一位。在这样的时代背景下，社会对于人才的需求已发展为以"创新能力"为核心。那些具有创新意识，且善于运用自己的大脑去不断探索、开拓和创新的大学毕业生是企业最看重的人才，因为他们永远不满足现状，孜孜不倦地向更新、更高、更强的目标发起挑战。

（四）责任意识

古语云："夫祸患常积于忽微。"以"豆腐渣"工程为代表的工程质量问题，一方面与工程机制有关，另一方面也与工程人员的职业道德有关。工程人员的社会责任及伦理意识与引发社会伦理问题的可能性和危害程度有直接关系。

所谓的责任意识，就是清楚明了地知道什么是责任，并自觉、认真地履行社会职责和社会活动责任，把责任转化到行动中的心理特征。我国自古以来就重视责任意识的培养。"天下兴亡，匹夫有责"，强调的是热爱祖国的责任；"择邻而居"讲述的是孟母历尽艰辛、勇于承担教育子女的责任；"卧冰求鱼"强调晋代王祥恪守孝道的责任……一个人，只有尽到对父母的责任，才是好子女；只有尽到对国家的责任，才是好公民；只有尽到对下属的责任，才是好领导；只有尽到对企业的责任，才是好员工。只有每个人都认真地承担自己应该承担的责任，社会才能和谐运转、持续发展。有责任意识，再危险的工作也能减少风险；没有责任意识，再安全的岗位也会出现险情。责任意识强，再大的困难也可以克服；责任意识差，很小的问题也可能酿成大祸。有责任意识的人，受人尊敬，招人喜爱，让人放心。

（五）环保意识

在人类长期发展的过程中，给大自然带来了十分严重的环境污染问题，如果这些污染

---

① "三违"是违章指挥、违章操作、违反劳动纪律的简称。

源不能及时治理，则必然会引发更加严重的生态问题。这就要求人们提升环保意识，及时地承担相应的责任，治理污染，回报自然。我国"十三五"规划中明确提出创新、协调、绿色、开放、共享的新发展理念。习近平总书记在党的二十大报告中提出，推动绿色发展，促进人与自然和谐共生。绿色就是实现低投入、高产出，就是实现宜居，提倡人类与自然环境和谐相处，不能只对大自然索取而不进行回报。"环境就是民生""青山就是美丽""蓝天也是幸福"，大学生理应树立节约和保护自然资源的意识。例如，过去在工程施工中，可能会排出许多污染土壤的重金属废液，而一些新的工艺技术（如在材料中添加固化剂、废液回收等）可以将污染降至最低，为此工程实施的各方可以就新工艺成本、运用等进行协商、研究，积极将新工艺、新材料应用到环保工程中，以提高环保效率。

（六）团队意识

现代社会，依靠个人解决重大问题的可能性较小，更多事情需要依靠团队力量，团队意识及其培育的重要性日益凸显。团队意识是指个体对所在团队有强烈的认同感、归属感和荣誉感，自觉主动地与团队成员一起为实现团队目标而共同努力的一种积极意识，其核心是团队观念和合作精神。近年来，用人单位在选择录用人才时，十分重视考核其团队意识和团队精神状况，有的单位还把这一素质列为必备条件。但近几年越来越多的年轻人将独处称作社交恐惧，关键原因是自己不懂得在社交中如何与人交流和相处，在群体性活动中很容易出现不自信的情况。他们在现实沟通中的缺点非常影响其在团队的表现，久而久之，会让自己性格孤僻，最后被团队淘汰。

（七）经济意识

如何用更少的钱办更多或更大的事，决定了一项工程是否可施行的关键在于其能否带来可观的经济效益。建立良好的经济意识主要在于开源节流，因此，一名工程技术人员不仅要考虑如何增加原料来源、扩大产品的出路，还应在项目建设时从源头上考虑如何降低消耗、减少成本。这一点对于现代社会的大规模工业生产来说尤为重要。

当代大部分大学生日常开销基本依赖父母提供的经济支持，由于成长过程中较少感受经济压力，他们往往缺乏老一辈革命家艰苦朴素的生活作风和量入为出的经济观念，在经济上奉行"拿来主义"和"提前消费"观念。"啃老族""月光族"等群体的出现就是在上述经济观念下形成的。

综上所述，在学习过程中，工程意识的养成能够引导学生将所学的知识很好地应用于工程实践，让学生能动地改造实践环节，能够主动地运用工程思维去思考和解决问题，从而在较短的时间内适应自己的工作环境，并且能够主动地在工程实践中进行学习，丰富自己的经验，创新性地提出有建设性的意见和建议，从而尽快成长为用人单位需要的人才。当我们已经做好准备，积累了一定的实践经验时，应如何确定自己所做的创新或改变是符合市场和客户需要的呢？这时候我们就需要产品观念的指引。

二、让产品观念帮助我们收获认可

产品观念，是指以产品为中心，通过提高或改进产品质量和功能来吸引用户的营销观念。任何能够产生价值的东西，都可以认为是产品，不仅仅局限于在市场上的商品，也可以是我们在实践环节中制作的实物产品。但是，跟我们关系最紧密的产品是我们自己，我们的知识、思考，我们能够提供给外界的价值等。无论我们在做什么、无论在哪里，其实都是在售卖自己，出售自己的时间、知识获得相应的报酬。有的人靠写代码挣钱，有的人靠摆地摊挣钱，有的人靠帮别人解决问题挣钱……其实，本质上都是在出售产品。我们所有的价值都是通过产品实现的。你准备成为教师，那么授课内容就是你的产品；你去公司写代码，那份代码就是你的产品；你打算开公司生产手机，那么手机就是你的产品。我们总是在通过自己的产品实现自身的价值。

如果我们的产品不好，有各种各样的缺陷，那么用户就不会买单，我们的价值也就没有得到实现。你辛辛苦苦花时间做一件事情，却没有得到别人的认可，原因是你没有花足够的心思打磨自己的产品，因为用户需要的永远是一套成熟的解决方案，以完全满足其需求。例如，一个人可能觉得自己会包包子，但是如果让他从 0 开始包个包子，他就手足无措了。虽然他会包，但是也仅仅局限于包，并不代表着他能把包子这个产品按照用户的标准交付。产品也是如此，一个人有没有产品思维，或者说能不能践行产品思维，就在于他能不能将一个产品完整地交付。接下来，让我们看看该怎么做。

（一）如何了解你的用户

许多人认为自己很了解用户，知道用户是谁或者在哪里，但这些粗浅的了解对判断产品用途的作用并不大。曾经有个大学生暑假在停车场打工，他发现有些车主因从停车场离开的时间比较少的收费时间标准多了几分钟而需要多交停车费而很不开心，于是他决定研究开发一个寻车 App 以帮助那些在商场购物结束想要离开的车主们在偌大的停车场快速找到自己的爱车，缩短离开停车场的时间。但当 App 初步完成研发，他找到几个车主进行试用时，却得到了"其实相比于离场找车的时间，我觉得进入停车场后找车位更浪费时间……"这样的反馈。这时他才认识自己并不清楚车主们真正的痛苦，而 App 初期研发的所有投入顿时失去了意义。

那么如何了解你的用户呢？认知用户的基础，当然是众所周知的用户画像。我们要先通过对用户的微观描述具备初步的认知，然后从宏观层面观察用户群体，看看他们有哪些共同特征、能够如何抽象。

例如，小王在校园夜市摆了一个美甲摊位，他邀请社团活动中认识的女同学小李来做美甲，那么已知小李的年龄（21 岁）、性别（女）、籍贯（安徽合肥），可以保证她成为自己的客户吗？答案显然是不能的，我们并不清楚，这位同学的生活费水平怎么样、对美甲的要求高不高、是否适合做美甲等。因此，这些有限信息构成的用户画像未必能帮我们解决真正的用户认知问题。

让我们来看看典型的用户画像吧。小李,女生,21岁,老家是安徽合肥,来安徽芜湖读书,学市场营销专业，目前单身，但是朋友挺多，月生活费 1 500 元左右，自己做的自媒体账号有一定收入，平常课余时间在宿舍追剧，喜欢自己做 DIY 装饰，宿舍文化节时她们宿舍因为她的策划获得了学校二等奖。她周末跟朋友出去逛街、吃东西，喜欢用黄油相机和美图秀秀来拍照、修图，也会用 Keep（自由运动场）、微博、朋友圈来发健身和吃东西的照片。她购物基本都在淘宝和唯品会，比较擅长研究各种优惠券的使用技巧。看完这些，是不是跟"安徽合肥人，21 岁，女大学生"的感知完全不同？你甚至可以大致想象出一个穿着时尚，对形象十分在意，且充满活力的年轻女生站在面前。

有了这样的用户画像，我们就能让一个有真实感的用户停留在我们的脑海中，在需要判断时让这个有真实感的用户帮助我们。同时我们也能够跟别人解释自己的用户是什么样的人，让大家脑海中都能够有这样一个用户来帮助我们作出判断。

用户画像的种种特征和描述，延伸出来的是用户学习、生活、工作的环境，是他们日常的心理状态，还有他们的认知能力等。一旦把这个具体真实的用户角色放到我们搭建的产品空间里，就能发现种种问题。

但是喜欢美甲的学生肯定不仅有 21 岁的女生，还有 20 岁、22 岁的女生，不仅有学市场营销专业的学生，还有学车辆工程专业或英语专业的学生。这些特征排列组合出来的上百万人群，才是真实的用户群体。他们是活生生的人，有不同的生活经历，也有不同的想法。可是我们的产品只能有一种形态，这时候怎么做判断呢？这就是用户画像的一个必要补充了——用户群体及其特征。虽然有时候很多人也把这些称为画像，但实际上用户群体特征的重点并不是"描述"，更多的是"区分"。用户群体特征能帮我们区分哪些是真实用户，哪些是潜在用户，哪些是核心用户，哪些是边缘用户。不需要有太深的了解，我们就能根据用户群体特征判断出到底哪些人是美甲"达人"，哪些人是美甲"好奇人"，哪些人是美甲"陌生人"，根据特征划清边界。要对边界内的用户有深入认知，需要深入他们的心坎和生活状态，理解他的心理和场景。只有这样，才能作出准确的判断，这要借助用户画像。

网上有很多用户画像模板，也有很多用户画像示例。形形色色的用户画像涉及很多属性和特征，可以仿照它们设计调研或者访谈。但请记得，用户画像一定要真实和详细，如上面的例子，有 30 条特征描述的用户画像，会比"安徽合肥人，21 岁，女大学生"更有效、更好用，但是当遇到这些特征之外需要判断的问题时，也许就容易失效了。因此创造机会和自己的用户聊聊吧，详细了解他们的经历等信息，并仔细记录下来，这就是属于你的用户画像。

（二）如何判断你的产品价值是否符合用户的需求

产品思维的核心就是用户和迭代，而用户思维的核心就是认知用户，以充分了解他们的需求，弄清楚产品的价值，从而有效地开发出受欢迎的产品。用户画像帮助我们对用户需求有更深的认知，而对用户需求的理解决定了产品研发迭代的方向。

有些大学生会将亲戚朋友作为用户，他们并没有意识到产品面对的用户人群差异非常大，在亲戚朋友中获取的信息通常是失之偏颇的（会考虑到不打击你的积极性，违心表达）。了解真正的用户在哪里、他们是谁，特别重要。我们的需求只能源于我们想获得的这些用户，同时也要对这些用户的需求进行抽象。能解决现阶段实际存在的问题，这样的需求才有价值。有不少人认为"用户应该……""他们需要……"它们在可预见的未来内有可能发生，但只要用户还没有遇到这些问题，还没有面临解决问题的境况，用户就不需要这个产品，最后这个产品难逃被淘汰的命运。

同时要意识到，问题不分大小、不分场景，只要是用户需要解决的问题，就是需求。先满足哪个需求，再满足哪个需求，要视问题大小而定。先区分是不是问题，再区分是多大的问题，也就是区分所谓的"痛点""痒点"。这些问题不是我们强加给用户的需求，强加的需求都不是真实的需求。例如，我们认为凡是胖人都应该减肥，但肯定有许多胖人会觉得这不是他们的问题。还有一些问题源于用户的客观情况，暂时不需要解决，例如，一个要靠身边亲友资助、助学贷款和勤工俭学才能解决经济问题的贫困生，是不是需要购买一个最高端、最新款的计算机用于学习？存在购买计算机的实际需要，但由于经济能力所限，他可能只会选择满足学习需要的旧款、常规款计算机，这时候最高端、最新款的计算机就不是他的需求。

我们发现用户的问题并不难，但问题是客观的，需要解决是主观的。我们只看到了问题，却不考察用户是否需要解决问题，同样会偏离真相。

很多时候，用户很难表达准确的需求，他们表达的充其量是表面诉求。我们既不能无视这些诉求，也不能盲从于这些诉求。我们需要做的是，清晰认知这些诉求背后的需求，从海量的用户和用户需求里抽象分析、梳理整合出真正需要满足的需求，然后找到产品可以改进的地方，这才是产品的核心价值。

（三）怎样快速验证产品价值

当我们不断迭代自己的产品时，如何来验证产品的改进是符合用户需要的，而不是在做"无用功"呢？这时建议同学们遵循迭代思维的循环逻辑（图6-4-1）。

判断最重要的体验差　　　　　新体验的最小成本尝试

坚持对的，放弃错的　　　　　观察结果，识别正误

图6-4-1　迭代思维的循环逻辑

1. 判断最重要的体验差

判断最重要的体验差就是判断出用户需求中最基础（也是最重要）的需要和更高层次的需要分别是什么。例如，一些生活服务类产品，服务本身能够完成闭环，即外卖平台可以订到外卖，出行平台可以打到车。但如果是一个非常成熟的产品，那么接下来要关注的

是用户体验优化方向，例如，相对成熟的美团外卖，就会更关注减少异常场景的发生，尽量减少送餐超时等情况。

2. 新体验的最小成本尝试

新体验的最小成本尝试是指用最低成本去验证我们的方法是不是真的可以解决问题，例如，让用户订到外卖，未必需要功能完善且强大的外卖 App，即使大部分环节仍需要人工处理，也可以先让业务运转起来；再如，要优化一个派单算法、提升送餐准时送达率，同样可以先小范围做一轮试验，看看结果如何。

3. 观察结果，识别正误

充分运用大数据，清晰地认知所有行为与结果之间的关联（不是只统计订单量、用户数量），通过科学的分析和对用户的正确感知，我们就能知道所做的最小成本尝试是否奏效，以及不奏效的原因是什么。

4. 坚持对的，放弃错的

了解结果之后，接下来就是快速迭代，把正确的坚持下去，把有问题的那些错误判断、错误方案都摒弃掉。

以上四个步骤循环往复，在尊重客观规律、实事求是的基础上，放弃"我以为"的主观臆断，明确影响自己优化产品的约束条件，通过实践对有效方法加以验证，以一种自我批判的思维和可证伪的精神，坚持好的对的，修改坏的错的，作为一个旁观者、一个学习者，客观中立地去面对社会和用户群体，最终实现自己产品的价值。

三、践行工程意识和产品观念

目前，部分高校提出了工程思维向工程及产品思维转变的思维培养模式，围绕"课程体系、教材建设、实践教学、创新创业"改革人才培养方法，构建一种兼顾工程及产品思维的创新型人才培养体系。以安徽某高校提出的"工匠精神、工程能力和产品意识"的培养内容为例，该校瞄准产教协同育人，围绕产业、行业、企业、职业需求反向设计专业人才培养方案，一方面与企业共建教学资源和平台，利用合作企业资源和案例不断完善课程设置、更新教学内容，持续开发符合最新岗位技术需要的课程资源，将真实工程案例、真实工作过程、真实企业项目引入课堂，构建多维度项目化教学体系，明确项目设定、目标与产出，通过混合式线上、线下教学，完成线上资源的创建，融入教学目标；另一方面与企业联合建立"双师型"教师队伍，邀请相关企业每年直接派有丰富项目经验的团队驻校，承担专业方向课程和集中实践环节的教学，并定期选派教师赴企业挂职锻炼，从而结合国家经济发展、地方工程能力需求，提出创新型人才培养的新思路和新途径，逐年优化培养方案并持续改进，解决新理念和新技术背景下传统的专业教学与实践中面临的突出矛盾，拓宽专业人才发展空间，提升人才培养质量，提高毕业生就业的比例，教学改革效果显著。

对同学们来说，除了在本讲前三个主题所介绍的创新实践中践行工程意识和产品观念，还可以根据本书所教授的有关方法，在日常的学习工作任务中，将工程意识和产品观念融入行为习惯，真正实现个人的成长。我们相信，在"工业 4.0"和"中国制造 2025"的大潮下，具有工程意识和产品观念，既立足于当前应用，又懂得面向未来的前瞻技术，并且敢于创新、勇于创新的人才，必定能为中国制造业转型升级、由大到强，实现中国制造的进一步腾飞贡献力量。

先锋榜样

🔗 知识链接

微 创 新

创新真的有那么难吗？一定要从无到有、从 0 到 1 吗？一定要天马行空、惊世骇俗吗？事实上，可能只是一点点形式上的改变，就可能开创出一片大市场。多年致力于创造力研究的创新领域专家德鲁·博迪（Drew Boddy）和雅各布·戈登堡（Jacob Goldenberg），通过对强生公司、通用、宝洁、SAP、飞利浦等全球顶尖公司的上百种畅销产品的分析发现，通过在现有框架内进行微小改进的创新，结果非同凡响、创意无限。360 安全卫士董事长周鸿祎在 2010 年中国互联网大会"网络草根创业与就业论坛"上指出："用户体验的创新是决定互联网应用能否受欢迎的关键因素，这种创新叫'微创新'，'微创新'引领互联网新的趋势和浪潮。"

在面向知识社会的创新 2.0 逐步取代传统工业时代创新的大背景下，"微创新"更加强调从小处着眼，不在意有多宽、产品是否"高大上"，但一定要聚焦、专注于解决某一个问题，贴近用户，"以用户为中心"，让用户的使用体验更为简单、便捷，并以一种坚忍的态度持续不断地找用户的痛点，然后持续地去找用户的需求，持续"微创新"。以茶饮圈的茶颜悦色为例，踩着"中国风"这个大风口的茶颜悦色的定位是中式茶饮，从品牌名到产品再到视觉设计，无一不散发着浓浓的国风韵味。将中国传统文化运用得炉火纯青，是茶颜悦色能跟年轻人做深度沟通的基础，更是它通过"微创新"从同质化严重的奶茶市场突围的关键所在。

字节跳动：奔向科技创新的"星辰大海"

推进大众创业、万众创新，是培育和催生经济社会发展新动力的必然选择。随着我国资源环境约束的日益强化，要素的规模驱动力逐步减弱，传统的高投入、高消耗、粗放式发展方式难以为继，经济发展进入新常态，需要从要素驱动、投资驱动转向创新驱动。推进大众创业、万众创新，就是要通过结构性改革、体制机制创新，消除不利于创业创新发展的各种制度束缚和桎梏，支持各类市场主体不断开办新企业、开发新产品、开拓新市场、培育新兴产业，形成小企业"铺天盖地"、大企业"顶天立地"的发展格局，实现创新驱动发展，打造新引擎，形成新动力。创业是这个时代最强劲的"暖流"。2022 年 3 月 25 日，在字节跳动内部 10 周年年会上，字节跳动总裁、联合创始人梁汝波首次谈到公司使命"激发创造，丰富生活"，称该使命是字节跳动前进的动力。

2021 年 7 月，中国信息通信研究院发布的《中国互联网行业发展态势暨景气指数报告》

数据显示：全球市值排名前 10 的上市互联网企业中，中国仅占 2 席。由此可以看出，中国互联网企业虽然在国内有着较强的影响力，但是放眼国际市场，在发展水平及国际竞争力方面还有所欠缺。2022 年，我国互联网行业出现了一颗"重磅炸弹"，在全球互联网市场掀起了巨大的"水花"，这就是被誉为全球最有价值的独角兽企业，通过多轮融资后目前市场估值超 2 000 亿美元的北京字节跳动科技有限公司——一家宣称 2022 年全球月活跃用户超过 25 亿人次的互联网科技公司。作为一家成立仅 10 年的互联网公司，字节跳动是如何摘得全球最有价值独角兽企业桂冠的？

字节跳动是一家非常重视效率的公司，有非常浓厚的工具文化。数年前为了寻求一款符合数字化时代使用的协同工具未果，于是该公司建立自有团队，预期打造一款配得上这个时代的工具类产品，飞书应运而生。在因全球疫情带来的远程办公、在线协作场景激增的背景下，用户对协作工具的需求增加。飞书为帮助和服务全球化的高效协作而不断迭代和创新，坚持用工具创新为组织增值。

飞书的诞生实际上基于一个很早之前就已经存在的技术——语音识别和语音转文字技术。由于前人在此阶段没有继续深挖和探究，所以没有将技术能力转化成有效的产品价值。因此飞书研发中心设计负责人及其团队主要使用三步方法来完成这个过程：首先，寻找未来企业的诉求；其次，探究需求背后的意义，是否已有现有的技术在这个纬度上可以提供部分的解决方案；最后，在只能提供部分的或者不那么智能的解决方案基础上提供更加极致的体验。由此，把早已存在的技术应用到企业效率的提升中。

在追求团队协作高效的过程中，企业主要追求的就是三件事情：一是提升信息的有效的效率；二是降低团队内或团队间协作的成本；三是确保在企业类的信息安全及有效。飞书和飞阅会有效地保障了这三点的协同，因此能够有效帮助飞书和使用飞书的企业进行组织效率的提升。

"超级独角兽"会走向何方？未来让我们拭目以待。

本讲小结

本讲主要讲述创新成果保护与运用，以及工程意识和产品观念培养等内容，重点阐释创新实践对新时代大学生实现全面发展的重要意义。通过本讲的学习，引导学生坚持用全面、辩证、长远的眼光看待发展问题，坚持"向科技创新要答案"，通过积极开展创新训练与实践，增强创新创造的能力和本领，善于捕捉创新创造的每一个机会与灵感，勇做改革创新的实践者，将弘扬改革创新精神贯穿于实践中、体现在行动上。

自我评测：
创新实践

参考文献

[1] 吉家文，李转风．创新创业基础 [M]．北京：高等教育出版社，2021．

[2] 冯林．大学生创新基础 [M]．北京：高等教育出版社，2017．

[3] 冯林，张崴．批判与创意思考 [M]．北京：高等教育出版社，2015．

[4] 陈建．大学生创新与创业基础 [M]．北京：北京理工大学出版社，2021．

[5] 罗玲玲．大学生创新方法 [M]．北京：高等教育出版社，2017．

[6] 罗玲玲．创造力理论与科技创造力 [M]．沈阳：东北大学出版社，1998．

[7] 王滨．大学生创新实践 [M]．北京：高等教育出版社，2017．

[8] 赵明华．创意学教程 [M]．西安：西北工业大学出版社，2004．

[9] 曹福全，丛喜权．创新思维训练 [M]．北京：高等教育出版社，2019．

[10] 李成钢．创新创业基础 [M]．北京：中国纺织出版社，2019．

[11] 王亚苹．创意创新创造课程设计与实施 [M]．北京：北京邮电大学出版社，
2016．

[12] 孙雪琪．促进我国文化创意产业发展的税收政策研究 [D]．北京：首都经济贸易
大学，2021．

[13] 蓝荣东，高炳忠．大学生创意创新创业 [M]．哈尔滨：哈尔滨工程大学出版社，
2021．

[14] 李玉萍．创意创新创业基础 [M]．北京：中国林业出版社，2019．

[15] 李焦明．大学生创意创新创业实用教程 [M]．北京：电子工业出版社，2020．

[16] 陈国胜．创新创业创意 [M]．北京：国家行政学院出版社，2018．

[17] 孟奕爽．创业思考力 从创意到产品开发 [M]．长沙：湖南教育出版社，2019．

[18] 罗玲玲．创意思维训练 [M]．北京：首都经济贸易大学出版社，2008．

[19] 徐起贺，刘刚，戚新波．TRIZ创新理论实用指南 [M]．北京：北京理工大学出版
社，2019．

[20] 张东生，张亚强．基于TRIZ的管理创新方法 [M]．北京：机械工业出版社，
2015．

[21] 李淑文．创新思维方法论 [M]．北京：中国传媒大学出版社，2006．

[22] 朱瑞富 . 创新理论与技能 [M]. 北京：高等教育出版社， 2013.

[23] 李彦霖 . 习近平关于建设社会主义文化强国重要论述的理论创新及实践探索研究 [D]. 成都：四川师范大学，2022.

[24] 张伟伟 . 习近平新时代决策思维方法研究 [D]. 北京：北京科技大学，2021.

[25] 龙小农 . 党的二十大精神读本——七一客户端暨《党课参考》全媒体系列党课二十讲 第十讲 激发全民族文化创新创造活力 [J]. 党课参考，2022（Z1）：129-139.

[26] 陈倩倩 . 新时代大学生劳动教育及其推进路径研究 [D]. 温州：温州大学，2020.

[27] 尹炳哲 . 辩证思维与企业管理 [D]. 北京：中共中央党校，2021.

[28] 姜春壮 . 创新思维在科技振兴中的地位探析 [D]. 长春：吉林大学，2020.

[29] 莫碧均 . 信息化环境下中职学生创新创意能力提升途径研究 [D]. 广州：广东技术师范学院，2019.

[30] 司俊芳 . 基于全员创新的创意管理研究 [D]. 北京：北京邮电大学，2012.

[31] 赵帅 . 创造力测量中两种非常规用途任务的比较 [D]. 上海：华东师范大学，2022.

[32] 刘明龙 . 大学生创新创业教育研究综述 [J]. 新西部 (下旬 . 理论版),2011(9):185,200.

[33] 苏屹，刘艳雪 . 国内外区域创新研究方法综述 [J]. 科研管理，2019,40（9）：14-24.

[34] 宁国然 . 数学创新思维培养与 "启发——创造" 的教学模式 [D]. 北京：首都师范大学，2000.

[35] 刘慧丽 . "六顶思考帽" 应用于小学生创新思维能力培养的实验研究 [D]. 镇江：江苏大学，2021.

[36] 贺英杰 . 论创新思维和创新能力的关系 [D]. 长春：吉林大学，2020.

[37] 李鸽 . 创新思维的脑生理、心理协同发生机制探析 [D]. 长春：吉林大学，2020.

[38] 袁佳玺 . 创新思维的核心因素探究 [D]. 长春：吉林大学，2019.

郑重声明

高等教育出版社依法对本书享有专有出版权。任何未经许可的复制、销售行为均违反《中华人民共和国著作权法》,其行为人将承担相应的民事责任和行政责任;构成犯罪的,将被依法追究刑事责任。为了维护市场秩序,保护读者的合法权益,避免读者误用盗版书造成不良后果,我社将配合行政执法部门和司法机关对违法犯罪的单位和个人进行严厉打击。社会各界人士如发现上述侵权行为,希望及时举报,我社将奖励举报有功人员。

反盗版举报电话　　(010)58581999　58582371

反盗版举报邮箱　dd@hep.com.cn

通信地址　北京市西城区德外大街4号　高等教育出版社法律事务部

邮政编码　100120

● 读者意见反馈

为收集对教材的意见建议,进一步完善教材编写并做好服务工作,读者可将对本教材的意见建议通过如下渠道反馈至我社。

咨询电话　400-810-0598

反馈邮箱　gjdzfwb@pub.hep.cn

通信地址　北京市朝阳区惠新东街4号富盛大厦1座

　　　　　高等教育出版社总编辑办公室

邮政编码　100029

防伪查询说明

用户购书后刮开封底防伪涂层,使用手机微信等软件扫描二维码,会跳转至防伪查询网页,获得所购图书详细信息。

防伪客服电话　　(010)58582300